Sharon McErlane
Das Lichtnetz wirken

Die Lehren der Großmütter

Sharon McErlane

Das Lichtnetz wirken...

...das uns halten wird in diesen Zeiten des Umbruchs

Bücher haben feste Preise.
2. Auflage 2024

Sharon McErlane
Das Lichtnetz wirken

First published by Net of Light Press 2015
unter dem Titel: *Casting the Net*

Übersetzt aus dem amerikanischen Englisch von Andreas Lentz

Umschlag:
Titelillustration: Meraylah Allwood, www.meraylah.co.uk
Gestaltung: Dragon Design, GB

Satz und Gestaltung:
Dragon Design, GB
Gesetzt aus der Minion

Gesamtherstellung: Appel & Klinger, Schneckenlohe
Printed in Germany

ISBN 978-3-89060-783-2

Neue Erde GmbH
Cecilienstr. 29 · 66111 Saarbrücken
Deutschland · Planet Erde
www.neue-erde.de

»Wenn die Weisheit der Großmütter vernommen wird,
wird die Welt heilen.«

Indianische Weisheit

Inhalt

Für die »Eine Liebe« in all ihren herrlichen Ausdrucksformen

Danksagung

Viele Menschen haben zu *Mit dem Lichtnetz wirken* beigetragen, und Sie finden im letzten Kapitel des Buches einige persönliche Beiträge. Aber es gibt noch Tausende mehr – zu viele, um sie alle aufzuzählen.

Nach diesen Vorbemerkungen möchte ich besonders Peggy Huddleston für ihre vielen kreativen Beiträge und die Herausgabe dieses Buches danken, Billy Carter für die großzügige Bereitstellung seiner fotografischen und künstlerischen Talente sowie Lin Evanko und Sandra De Graaf und Tim Brittain für das Layout des Buches und die Gestaltung des Einbands. Keiner von uns bei *Grandmothers Speak* kann Pat Cottrell genug für ihre endlose Arbeit und ihre Geduld danken. Was auch immer getan werden muss: Wenn Pat es tun kann, tut sie es. Das niederländische und belgische Großmütter-Team ist eine dynamische Quelle für uns – Jenneken, Babs, Lilium, Sandra, Catharina, Henya, Carla, Marion und Anne. Wir danken Christine und Carolyn, die die Großmütter-Teams in Australien inspirieren und koordinieren, und Debbie, die mit Freude die Botschaft der Großmütter im Vereinigten Königreich verbreitet. Jedes Leuchtfeuer der Großmütter – von Griechenland bis Litauen, von Brasilien bis Kanada – ist ein wertvoller Beitrag für diese Arbeit und ein Teil der Familie des Lichts.

Einführung

Bei einem Spaziergang vor vielen Jahren, als ich über Dinge nachdachte, die ich damals für meine eigenen Angelegenheiten hielt, fand ich mich plötzlich umgeben von einer Gruppe alter Frauen: geheimnisvolle, reizende und tatkräftige Frauen. So kam der Große Rat der Großmütter in mein Leben, und diese weisen Frauen begleiten mich seither – jeden Tag geben sie mir Impulse, unterweisen und fordern sie mich. Mehr als achtzehn Jahre sind seit ihrem ersten Erscheinen vergangen, und in dieser Zeit habe ich mich sehr verändert, wobei sich meine Sicht auf die Welt noch mehr verändert hat.

Als sie mich zu unterweisen begannen, sprachen die Großmütter von der Zukunft und sagten: »**Die Zeiten des Umbruchs stehen kurz bevor.**« Dann, vor ein paar Jahren, sprachen sie nicht mehr von der Zukunft, sondern von der Gegenwart und sagten: »**Die Zeiten des Umbruchs sind da.**« Zeiten, wie wir sie noch nie erlebt haben, sind da, und heute brauchen wir mehr denn je die Weisheit dieser weitsichtigen Lehrerinnen.

Als der Große Rat auftauchte – an jenem Tag, als ich meinen Hund am Strand ausführte –, änderte sich mein Leben grundlegend. Bevor ich den Großmüttern begegnet war, glaubte ich, Visionen, Lehrer aus anderen Dimensionen, außerkörperliche Erfahrungen – alles sogenannte Übersinnliche – geschähe nur ganz besonderen Menschen: besonders begabten oder von Natur aus weisen. Aber da habe ich mich geirrt. Sie passieren ganz normalen Menschen. Menschen wie du. Menschen wie ich.

Sobald ich meinen Schock überwunden hatte, dass ich für die Zusammenarbeit mit ihnen »auserwählt« worden war, begann das wirkliche Lernen. Diese weisen Frauen brachten mich auf die Überholspur; sie sorgten dafür, dass ich jeden Tag etwas Neues erfuhr: über mich selbst, über die Erde und über den Sinn der Menschheit im gewaltigen Kosmos, in den wir eingebunden sind. Das brachten sie mir alles bei, und sie wurden um nichts langsamer. Und wie ein Schwamm, der schon viel zu lange ohne Wasser gewesen ist, habe ich alles aufgesogen.

Die Großmütter sagen: »**Das gegenwärtige energetische Ungleichgewicht auf der Erde bringt alles Leben in große Gefahr. Die Erde hat zu lange unter einem Übermaß an *Yang* und einem Mangel an *Yin* gelitten. Es ist an der Zeit, zum Gleichgewicht zurückzufinden, und dafür müssen die Frauen die Führung übernehmen. Frauen müssen ermächtigt werden**«, erklären sie. »**Deshalb sind wir gekommen.**« Als sie anfingen, mich zu unterweisen, dachte ich, ihre Arbeit sei nur für Frauen, aber im Laufe der Zeit und als auch die Männer ein Interesse an dieser Rückkehr zum Gleichgewicht zeigten, wurden die Männer einbezogen. In dieser kritischen Zeit sind die Großmütter gekommen, um das tiefinnere Weibliche zu wecken und Frauen, Männer und alles Leben wieder in Einklang zu bringen.

Immer wenn ich ihre Unterweisungen erhielt, drängten mich die Großmütter, sie an andere weiterzugeben. Kaum hatten sie eine Lektion vermittelt, sollte ich sie gleich anderen beibringen. »**Wir haben keine Zeit zu verlieren**«, sagten sie, also verloren wir keine Zeit. Als ich mit ihnen den schnell fahrenden Zug bestieg, musste ich meine Neigung zu zaudern und die Angst überwinden, über diese (für mich) seltsamen Wahrheiten zu sprechen. Ich durfte nicht mehr schüchtern oder zurückhaltend sein. Ich konnte mir nicht mehr sagen: »Ich bin nicht würdig« oder fragen: »Warum ich?« Die Großmütter sagten: »**Macht weiter!**« und also taten wir es.

Viele Jahre sind seither vergangen, und ich bin nun viele Jahre älter, aber ihre Lektionen prasseln noch immer auf mich ein. Kaum denke ich, dass ich ein Konzept verstehe, das sie gelehrt haben, holen sie schon wieder ein neues Konzept hervor oder packen eine neue Lage auf die erste. Wir verschwenden wahrlich keine Zeit.

Ich sage »wir«, weil jetzt Frauen und Männer auf der ganzen Welt daran beteiligt sind, anderen diese Lektionen zu vermitteln, die Botschaft der Großmütter zu leben und ihre Ermächtigung in die Yin-Energie weiterzugeben. Und weil wir eine Gemeinschaft bilden, verbunden durch das Netz aus Licht, das die Erde hält, verbreiten sich die Lehren der Großmütter weiter und schneller als früher. Mit diesen weisen Ältesten unterwegs zu sein, ist bereichernd und spannend. Da kommt keine Langeweile auf.

Seit diese weisen Frauen in mein Leben traten, bezogen sie mich unablässig in ihre Aufgabe mit ein. Sie unterwiesen mich, und ich war begierig zu lernen. *Selbstermächtigung* und *Unsere Liebe ist unsere Macht* erzählen von ihren Methoden und Unterweisungen. Immer geduldig, mit Witz und auf den Punkt gebracht, haben mich diese weisen Lehrerinnen nie fallengelassen. Das werden sie auch nicht. Sie werden niemanden fallenlassen, den sie rufen, und wenn du das jetzt liest, bist auch du gemeint.

»Dies ist das Netz aus Licht, das die Erde halten wird
in diesen Zeiten des Umbruchs.«
Der Große Rat der Großmütter (Great Council of the Grandmothers)

Wenige Monate nach ihrem ersten Erscheinen begannen die Großmütter mir zu zeigen, was sie »das Netz aus Licht« nannten, und da sie solche hervorragenden Lehrerinnen sind, führten sie mich schrittweise in dieses Netz ein. Wenn ich auf diese Zeit zurückblicke, sehe ich, dass sie langsam vorangingen, damit mich die vielen Informationen nicht überrollten, und sie halfen mir, nach und nach meinen Weg zur Wahrheit des Lichtnetzes zu finden.

Sie begannen damit, es mit einem großen Fischernetz zu vergleichen, das die Erde bedeckt, und baten mich dann, meinen Platz darin zu finden. Von diesem »Platz« im Netz, wo zwei Stränge zusammentreffen, sollen wir das Licht für die Erde und alle Wesen halten. »**Wenn du auf diese Weise arbeitest**«, sagten die Großmütter, »**wird das Netz aus Licht alles, was es berührt – auch dich – erheben und segnen.**

Das Netz aus Licht wird vom Juwel des Herzens erhellt. Es ist das Strahlen deines Herzens, das das Netz zum Leuchten bringt, und die Ausstrahlung des Lichtnetzes wiederum erfüllt dein Herz mit Licht. Zu allen Zeiten bewegt sich ein wechselseitiger Strom von Liebe und Licht zwischen dem Netz aus Licht und denen, die damit arbeiten. Und je öfter man mit ihm arbeitet, desto stärker ist der Fluss.«

Später zeigten uns die Großmütter, wie das Netz aus Licht alles durchdringt – nicht nur horizontal, wie ich zuerst dachte, sondern auch vertikal, diagonal und in alle Richtungen. Es hält den Mikrokosmos und den Makrokosmos, durchdringt die Zellen unseres Körpers ebenso wie alle Sterne im Universum. Es durchdringt alle Landmassen und Wasserwelten auf der Erde. Ich erinnere mich, wie ich eines Nachts aus tiefem Schlaf erwachte und das Netz aus Licht in meinem Körper und um mich herum spürte. Es floss in meinem Blutkreislauf, und gleichzeitig wurde ich von ihm gehalten und gewiegt. Diese köstliche Empfindung lehrte mich auf innigste Weise, wie vollständig das Lichtnetz uns trägt und hält; wie sehr ich mit ihm eins bin und wie eins es mit mir ist. Von diesem Moment an wusste ich, dass – ob ich wach bin oder schlafe, ob Tag ist oder Nacht – das Lichtnetz da ist: in mir und überall.

Im Herbst 2013 »entdeckten« Wissenschaftler eine Lebensform, die ihrer Meinung nach das größte Lebewesen im Universum ist. Astronomen glauben, dass dieses aus dunkler Materie bestehende Netzwerk aus Fasern die Grundlage des Universums bildet, und nannten es das »Kosmische Netz«. Dieses Netz, so sagen sie, durchzieht alles Leben, und da es sowohl die kleinste Einheit des Lebens als auch das gesamte Universum durchzieht, *verbindet es alles miteinander.*

Im Frühjahr 2014 sahen mein Mann und ich einen Film in Los Angeles mit Fotos vom Hubble-Teleskop. Diese Bilder aus dem Weltall bewegen die Seele, und dann sahen wir ein Bild des »Kosmischen Netzes«, eine sichtbare Aufnahme des Lichtnetzes, der Matrix aus Liebe und Licht, von der uns die Großmütter in den letzten achtzehn Jahren erzählt hatten! Mir verschlug es den Atem, als das Bild auf der Leinwand aufblitzte, und ich war wahrscheinlich der einzige Mensch, der bei diesem Film geweint hat.

Was einst ein »Werkzeug« schien, eine Art Schaubild, das uns die Großmütter zeigten, um darzustellen, wie man sich in Liebe miteinander verbindet, ist Wirklichkeit – in jeder Hinsicht. Das Lichtnetz ist ein geistiges, ein mentales und ein physisches Gebilde. Das Lichtnetz oder kosmische Netz verbindet alles miteinander. Es hält, erhebt und segnet alles, was es berührt. Willkommen bei: *Mit dem Lichtnetz wirken.*

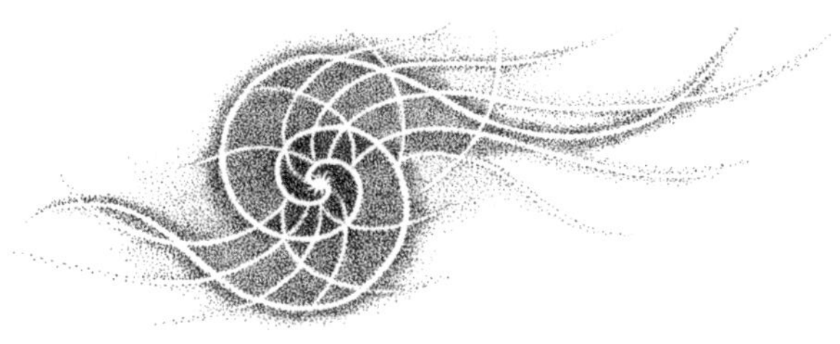

KAPITEL 1

Die Welt braucht jetzt Bemutterung

»Ihr wart gezwungen, ohne Mutter zu leben, euch ausschließlich auf das männliche Prinzip zu verlassen.«

An einem Sommertag, als ich mich von den negativen Nachrichten, die ich gehört hatte, überwältigt fühlte, rief ich den Großen Rat der Großmütter an. Ich kam gerade von der Ostküste zurück, wo es zwar grün und schön war, aber unerträglich heiß. »Hitze und Smog«, sagte ich zu den Großmüttern, »und dann die Ghettos! Ich kann nicht fassen, welches Leid einige Menschen ertragen müssen.« Die Armut, das Gefühl der Hoffnungslosigkeit, das ich gesehen hatte, und dazu die steigenden Temperaturen auf dem Planeten hatten mich wirklich schockiert. »Wo, Großmütter«, stöhnte ich, »ist das Gefühl der Einheit, das wir in einer Zeit wie dieser brauchen? Unsere Brüder und Schwestern leiden und sterben, und ich sitze hier wie betäubt. Ich weiß nicht, was ich tun soll, um ihnen zu helfen. Großmütter«, sagte ich, »was kann ich tun?«

Mir liefen die Tränen, als ich mich an die Armut und das Elend erinnerte, die ich gesehen hatte, aber als die Großmütter mich in den Arm nahmen, sagten sie: »**Wir wissen es, wir wissen es.**« Wieder fragte ich, was ich tun könnte, um zu helfen, und dann richtete ich meine Augen auf sie und dachte: »Ich werde mich nicht bewegen, bis sie antworten.« Also beruhigte ich mich und wartete.

»Die Zeiten des Umbruchs sind da«, sagten sie. **»Das ist es, was du gesehen hast und was dich so aufwühlt – die Zeiten, von denen wir dir erzählt haben, sind da. Also bleibe ruhig«,** sagten sie. **»Bleibe standhaft und sei ein Leuchtfeuer. Ein Leuchtfeuer sendet Licht aus.«**

»Großmütter«, sagte ich, »das sagt ihr immer, und ich versuche es auch immer – das tue ich wirklich – aber manchmal bin ich nicht sehr gut darin«, musste ich beschämt eingestehen. Sie lächelten nur über meine Antwort, nickten und betrachteten mich sinnend.

»Seit Tausenden von Jahren musste das Leben auf der Erde ohne Mutter auskommen. Das ist die *wirkliche* Ursache deiner Entmutigung«, sagten sie, und ich sah sie mit großen Augen an. **»Was du auf dieser Reise erlebt hast, hat dich erschüttert, aber die Ursache deiner Erschütterung reicht tiefer, als du denkst. Das Leben auf der Erde ist aus dem Gleichgewicht geraten, so sehr aus dem Gleichgewicht, dass heute der ganze Planet seine Mutter vermisst. Ihr alle spürt das Fehlen des weiblichen Prinzips, welches das Leben hält und nährt. Ohne die Mutter ist die Menschheit leidend und verloren.**

Seit Äonen seid ihr gezwungen, ohne Mutter zu leben; euch bei allem ausschließlich auf das männliche Prinzip zu verlassen. So geht das nicht!« Sie schüttelten energisch den Kopf. **»Die Energie von Yang allein kann nicht alles geben, was die Menschheit braucht. Aber«,** sie zuckten die Achseln, **»ihr hattet keine Wahl. Ihr musstet euch dem männlichen Prinzip zuwenden, weil es das weibliche Prinzip nicht mehr gab. Es war so lange von der Erde verschwunden, dass die Menschen, die heute leben, wenig oder gar kein Verständnis für die Schönheit und Macht von Yin haben. Zu viele Jahre hat die Menschheit ohne Mutter leben müssen. Die ›Große Mutter‹ wurde von der Erde vertrieben, als den Menschen vor langer Zeit falsche Geschichten über sie erzählt wurden. Eva aß zum Beispiel den Apfel.«** Sie schüttelten entrüstet den Kopf. **»Das sind Geschichten, die das Weibliche als schwach, doppelzüngig oder gar hinterhältig darstellten. Aber es sind Geschichten, ist nicht die Wahrheit.**

Aber die Mutter kommt jetzt wieder«, sagten sie, und ihre Gesichter hellten sich auf, »**und wir, die *Großmütter*, sind gekommen, um sie einzuführen. Diejenigen, die wir zu dieser Arbeit aufrufen, werden dazu beitragen, ihre Rückkehr zu beschleunigen, und je mehr von euch mit uns zusammenarbeiten, desto eher wird sie kommen. Die Welt muss jetzt bemuttert werden**«, sagten sie, und als ich das hörte, füllten sich meine Augen wieder mit Tränen.

»**Wir haben euch gezeigt, wie ihr mit uns zusammenarbeiten könnt, um diesen monumentalen Wandel, der stattfinden muss, zu beschleunigen. *Selbstermächtigung* und *Unsere Liebe ist unsere Macht* zeigen, wie dies geschehen kann. Lest unsere Bücher. Studiert sie und sprecht miteinander über unsere Lehren. Auf diese Weise werdet ihr ganz natürlich beginnen, unsere Botschaft zu leben.**

Kommt zusammen, werft das Netz aus Licht aus und vergrößert seine Macht für euren Planeten. Wir sind gekommen, um euch die Macht des weiblichen Schöpfungsprinzips zu lehren, um euch zu zeigen, wie ihr diese Macht *leben* könnt. Das weibliche Prinzip ist euer Geburtsrecht. Ihr müsst nicht länger in einer mutterlosen Welt leben, abgeschnitten von der Macht-gleich-Schönheit der eigenen Natur. Wir sind gekommen, um euch zu dem zu erwecken, was ihr *seid*.

Diesen Weg mit uns zu gehen, wird nicht schwer sein. Unser Weg führt *nicht* zu Leid, wohl aber der Weg, auf dem eure Welt jetzt ist.« Ihre Blicke fest auf mich geheftet, sangen zwölf leidenschaftliche Großmütter im Chor: »**Wacht auf! Ihr werdet gebraucht! Hört unsere Botschaft und nehmt das an, was zu geben wir gekommen sind. Nehmt unser Geschenk der Ermächtigung in das Weibliche an und gebt es an andere weiter. Studiert unsere Botschaft, lebt sie und verbreitet sie. Eure Welt hungert nach der Liebe der Mutter, und wir versichern euch, dass sie zurückkehrt. Wir, die *Großmütter*, bringen sie zurück. Also, leg los**«, lachten sie und gaben mir einen spielerischen Stoß.

»Großmütter, wie mache ich das?« fragte ich. Sie hoben den Kopf und betrachteten mich eingehend. Ich schaute sie verwirrt an. »**War es nicht deine Großmutter, die deine Mutter zur Welt gebracht hat?**« fragten sie, und ich nickte stumm. »**Nun?**« fragten sie, zogen die Augenbrauen hoch und starrten mich an. »**Hier ist es genauso. Wir sind die Großmütter**«, erklärten sie geduldig, »**und als solche sind wir gekommen, um der Menschheit die Mutter zurückzugeben. Deshalb bitten wir dich, dich darauf vorzubereiten, sie in Empfang zu nehmen.**

Kommt zusammen und studiert unsere Lehren. Teilt unsere Botschaft und gebt sie weiter. Wir sind für alle gekommen. Wir haben dir gesagt, dass wir die Arbeit zur Rettung deines Planeten tun werden, und dass wir dies mit oder ohne euch tun werden. Ihr braucht euch uns also nicht anzuschließen, aber wenn ihr die Gelegenheit verpasst, Teil dieser Arbeit zu sein, werdet ihr euch *in den Hintern beißen.*

Wacht auf!« wiederholten sie. »**Wir sind hier! Jetzt ist die Zeit! Ruft uns an. Beginnt heute, unsere Botschaft zu leben. Wir haben euch gezeigt, wie, also kommt mit uns auf die Reise**«, sie winkten scherzhaft, »**und gemeinsam werden wir euren Planeten erheben.**« Und etwas verwirrt fragten sie: »**Worauf wartet ihr noch?**«

Ich erinnerte mich immer wieder daran, wie sie mich anschauten, als sie mich zur Eile antrieben. Sie hatten mich daran erinnert, mein Leben nicht zu vergeuden, mich nicht im Auf und Ab des Lebens zu verlieren, sondern mit ihrer Botschaft weiterzumachen. Das war natürlich auch, was ich wollte. So wollte ich leben, und doch schien ich aus irgendeinem Grund immer wieder mal zu schwanken und die Bodenhaftung zu verlieren. Ich hatte mich oft darüber gewundert. Warum blieb ich nicht bei der Sache? Warum fühlte ich mich auch nach so vielen Jahren mit den Großmüttern ab und zu immer noch verloren und überfordert? Als ich darüber nachdachte, stellte ich fest, dass ich immer dann ins Schwanken kam, wenn sich das altbekannte Gefühl einstellte, ganz allein auf der Welt zu sein. Und obwohl es dafür keinen logischen Grund gab, kam es dennoch gelegentlich vor. Offensichtlich rührte dieser Glaube aus der Vergangenheit, war etwas aus der Kindheit – ein Glaube, der mir hin und wieder immer noch nachhing.

»Ihr wurdet einer Gehirnwäsche unterzogen.«

Als ich das nächste Mal zu meinen weisen Lehrerinnen ging, sagte ich eine Zeitlang nichts, sondern saß bloß still bei ihnen und trommelte in einem mäßigen Rhythmus. Es war schön, wieder bei ihnen zu sein, und das Trommeln muss mich in Trance versetzt haben, denn es überraschte mich selbst, als ich meine eigene Stimme hörte: »Bitte gebt mir Macht, Großmütter«, hörte ich mich sagen, »körperlich, emotional, mental und spirituell – damit ich diese Arbeit tun kann.« »**Wir werden dir Macht geben**«, antworteten sie. »**Nimm sie dir.**« Ich blickte auf und sah, wie sie mich mit ernsten Mienen betrachteten. »Okay, Großmütter«, sagte ich, »ich beanspruche sie; ich beanspruche die Macht, die ihr gebt.« Kaum war es ausgesprochen, richtete sich meine Wirbelsäule von ganz alleine auf, die Mitte meines Körpers schien sich zu füllen, und ich musste husten. »Nun«, sagte ich, »da bewegt sich etwas. Das ist sicher.« Mein Körper fühlte sich stark und ungewöhnlich gerade an, und dann sah ich mich selbst. So war es! Ich saß aufrecht, fast kerzengerade, und in diesem Augenblick war keine Spur von Sorge in mir – nur Wachsamkeit. Als ich dieses »Selbst«, das ich geworden war, weiter beobachtete, hörte ich mich flüstern: »Macht, Macht, unsere Liebe ist unsere Macht.«

Nun begann sich mein Körper zu dehnen und zu strecken, er wuchs in die Breite und in die Tiefe, und als ich zusah, wie ich mich veränderte, merkte ich, wie erstaunlich lang mein Hals geworden war. Er sah aus wie ein überaus hoher Sockel. Und meine Schultern waren weithin abgefallen. »Das ist eine neue Art zu sein«, sagte ich mir.

»Ich glaube, ich werde zu einem Baum«, kam es mir in den Sinn, und kurz darauf rief ich: »Ich *bin* ein Baum! Verwurzelung, Verwurzelung«, staunte ich, als ich zusah, wie die Wurzeln meines Baumes sich weit und tief ausbreiteten. Ich bewegte meinen Kopf ein wenig hin und her und merkte, wie eine leichte schwankende Bewegung mich durchfuhr. Eine Brise hob meine Blätter.

Ich war verzaubert von dieser Verwandlung und genoss die Empfindungen, die Teil meines neuen Baumbewusstseins waren, als mir klarwurde, dass mich *nichts* umwerfen konnte. Ich war so standfest, dass mich nichts bedrohen oder erschüttern konnte. Ich war *verwurzelt.* Dieser Baum, der ich geworden war, existierte außerhalb des Bewusstseins und der Reichweite der Menschen. Offensichtlich war ich *etwas anderes.* Ich schüttelte den Kopf, verwundert darüber, was geschehen war, zuckte mit den Achseln und sagte: »Ich bin einfach so.«

Als nächstes hörte ich mich sagen: »Ich trinke die Kraft aus der Quelle«, und fühlte, wie meine Wurzeln Nahrung aufnahmen. Dann begannen Vögel und kleine Kreaturen in meinem Geäst auf und ab zu laufen, sie nisteten dort und spielten. »Das gefällt mir!« Ich lachte vor Freude. Diese Geschöpfe bewohnen diesen Baum mit mir. »Hier stehe ich«, verkündete ich. »Ich bin fest verwurzelt. Nichts kann mich verrücken oder meinen Frieden stören. Kommt her«, sang ich den Vögeln und Tieren zu. »Ihr seid herzlich willkommen.«

Der Baum, der ich geworden war, war ein Zuhause für diese Geschöpfe. Für sie war ich ein Quell der Geborgenheit und der Freigebigkeit – eine Zuflucht. Und ihnen ein »Zuhause« zu sein, machte mich glücklich. »Kommt her«, sang ich wieder.

»**Lass dem, wie du es nennst, aktiven Teil deines Verstandes freien Lauf**«, sagten die Großmütter, und ich schaute sie erstaunt an. Sie zeigten auf die Kreaturen, die in meinen Zweigen umherhuschten, und sagten: »**Lass diesen Teil von dir tun, was er will. Und während du ihn das tun lässt, nimm dich zurück und schau liebevoll zu.**« Da beobachtete ich die Tiere genauer, die in meinen Zweigen spielten, jene Geschöpfe, die die Großmütter mit meinem Verstand gleichsetzten.

Hin und her huschten die Tiere eifrig von Ast zu Ast, und als ich ihnen zusah, dämmerte mir allmählich, wie sehr sie meinem Verstand ähnelten. Hier war der aktive Teil von mir – das, was Eckhart Tolle »unser kleines Ich« nennt, der Teil, der von Gedanke zu Gedanke huscht, von Aktivität zu Aktivität. Nach dem, was die Großmütter sagten, hatte dieser aktive Teil meines Verstandes im Drama hier auf der Erde seinen Part zu spielen.

»**Ja!**« antworteten die Großmütter auf meine Gedanken. »**Lass diesen aktiven Aspekt des Geistes seine Rolle spielen. Du musst dich nicht groß darauf einlassen, kannst einfach nur zuschauen. Bleibe einfach so, wie**

du bist, während du zusiehst. Ihr habt einen sehr aktiven Verstand. Euer Verstand muss beschäftigt sein«, sagten sie, »**also lass ihn.**«

Mir wurde klar, dass auch mein geschäftiger Verstand hier auf der Erde seinen Platz hat. Viele Jahre lang hatte ich versucht, meinen geschäftigen Verstand zu kontrollieren, ihn in Bahnen zu lenken und zum Schweigen zu bringen. Ich hatte meditiert, Mantras gesungen, visualisiert – alles vergeblich. Mein Verstand war so aktiv wie zuvor. Als ich aber sah, wie die Großmütter guthießen, was ich als »meinen lästigen Verstand« bezeichnet hatte, war ich erleichtert. Ihr Vorschlag, ihm nur zuzusehen und ihn tun zu lassen, was er wollte, war irgendwie beruhigend, und ich begann, ihn mit dem gleichen Wohlwollen zu beobachten, das ich gegenüber den Eichhörnchen und Vögeln empfand, die in meinen Zweigen spielten.

»Großmütter«, fragte ich schließlich, »werdet ihr diesem kleinen Teil von mir, diesem aktiven Verstand, helfen, die nächsten Schritte eurer Arbeit zu planen und auszuführen?« Mir war klargeworden, dass, wenn mein Verstand schon beschäftigt werden musste, er genauso gut etwas Nützliches tun konnte. »**Natürlich**«, sagten sie, »**haben wir das nicht schon immer getan?**« »Ja«, antwortete ich, »ihr habt mir immer die Richtung vorgegeben, und dafür danke ich euch wirklich.« Dann drehte ich etwas den Kopf, um sie besser zu sehen, und sagte: »Nun, was soll dieses fleißige, kleine Ich als nächstes tun?«

»**Verbreite diese Botschaft**«, antworteten sie. »**Erzähle, welcher Gehirnwäsche die Menschheit unterzogen wurde, um sie glauben zu lassen, Frauen seien das schwache Geschlecht, minderwertig und bestenfalls eine Unterstützung. Erzähle, wie Frauen dazu gebracht wurden, Angst vor den Männern zu haben, ihnen immer nachzugeben und sie zu beschwichtigen, um Konflikten aus dem Weg zu gehen**«, sagten sie und schüttelten müde die Köpfe.

»**Außerdem wurde Frauen wie Männern gesagt, dass sie etwas aus sich ›machen‹ sollen. Etwas *machen***«, sagten die Großmütter, Entsetzen in ihren Gesichtern. »**Als ob ihr nicht schon etwas wäret, als ob es euch an etwas mangele. Als ob ihr minderwertig wäret.**« Sie warfen lachend ihre Köpfe zurück. »**Dieses Denken ist absurd, und das sind nur ein paar**

Beispiele für die Gehirnwäsche, der ihr unterzogen wurdet.« Sie rollten die Augen und fügten hinzu: »**Aber das soll im Augenblick genügen.**

Denkmuster wie diese täuschen euch. Sie machen Männer und Frauen zu Gegnern oder gar zu Feinden. Im schlimmsten Fall bestärken diese Denkmuster Männer darin, kalt und gefühllos zu sein – nur aus dem Kopf zu handeln, während sie Frauen in Wut und Verzweiflung stürzen und sie in eine Opferhaltung drängen.« Die Großmütter schüttelten den Kopf über dieses düstere Bild und sagten: »**Wir sind gekommen, um euch aus diesem Alptraum aufzuwecken.**

Ihr seid weder männlich noch weiblich«, erklärten sie. »**Das ist so, denn der Kern eures Wesens, das, was ihr als eure Seele betrachtet, liegt jenseits der Geschlechtlichkeit. Aber«**, sie zeigten auf mich, »***du, Sharon,*** **lebst jetzt in einer weiblichen Form. Es gibt einen Grund, warum du gerade jetzt als Frau inkarniert bist, und das gilt für jede Frau, die sich von unserer Botschaft angezogen fühlt. Die Mutter kommt wieder«**, sagten die Großmütter, »**und ihr habt bei ihrer Rückkehr eine Rolle zu spielen. Ihr habt euch entschieden, in weiblicher Form geboren zu werden, weil es in dieser Zeit keine wichtigere Arbeit gibt als diese, und die Frauen sind es, die das meiste davon tun werden.**

Ihr wurdet für diese Chance geboren. Die Welt ist derzeit in einer verzweifelten Lage – sie sehnt sich nach dem weiblichen Prinzip. Deshalb bitten wir euch, euch bei uns zu melden, unsere Botschaft zu lesen und uns anzurufen.« Mit durchdringendem Blick sagten die Großmütter: »**Wir werden euer Leben transformieren, wenn ihr es zulasst.**

Im Kern eures Wesens seid ihr bereits eins mit dem Göttlichen«, erklärten sie, »**und das macht es euch leicht, euch mit uns zu verbinden. Ihr könnt euch dafür entscheiden, mit uns zu arbeiten, oder ihr könnt euch dagegen entscheiden, aber wie auch immer eure Wahl ausfällt, wir werden diese Arbeit mit euch oder ohne euch tun. Sie wird vollbracht.**

Ganz gleich, was man euch in der Vergangenheit erzählt hat, wir sind nicht getrennt von euch, und ihr seid nicht getrennt von uns. Schon lange sind sich die Menschen der Gegenwart des Göttlichen in ihrem Innern nicht mehr bewusst. Ihr seid in einen so tiefen Schlaf gefallen, dass ihr

diese Wahrheit vergessen habt. Wir stellen fest, dass sogar nachdem ihr von uns erfahren und unsere Ermächtigung erhalten habt, einige von euch immer noch fest schlafen. Wacht auf!« riefen die Großmütter. **»Soll euer Leben dem Schlaf anheimfallen? Oder wollt ihr euch lieber um die Angelegenheiten von Mutter/Vater kümmern?**

Die Transformation eures Planeten kann nur in den Menschen und durch sie stattfinden. ***Das ist das Gesetz: Auf der Erde muss das Göttliche durch die Herzen und Hände der Menschen wirken.*** **Da der Große Rat der Großmütter Teil des Göttlichen ist«**, erklärten sie mit einem liebevollen Lächeln, **»sind wir gekommen, um mit euch zu arbeiten. Wir dürfen den menschlichen Willen nicht missachten. Deshalb können wir uns nur mit eurer Zustimmung einmischen. Wenn ihr also an der Rückkehr der Mutter auf die Erde teilhaben wollt, müsst ihr uns anrufen. Und wenn ihr uns anruft, das versprechen wir, geben wir euch alle Macht, die ihr braucht.«**

Zu Beginn dieser Reise hatte ich sie um Macht gebeten, und endlich hatten die Großmütter meine Bitte erhört. Und sie hatten mich aufgerüttelt. Ich fühlte mich jetzt wacher als zuvor. Ich war mir auch deutlicher gewahr, wie einfach es war, die Ausrichtung zu verlieren und unversehens einzuschlafen; das wollte ich nicht mehr. Ich wollte nie mehr Zeit vergeuden, indem ich an den Großmüttern oder an mir selbst zweifelte. Ich war entschlossen, diese Lehre zu beherzigen. »Wach und achtsam«, sagte ich mir. »Wach und achtsam.«

»Risse im Netz aus Licht«

Eine Woche später kehrte ich zu meinen weisen Lehrerinnen zurück. Wir saßen ruhig da, und ich schaute sie an, bewunderte ihre Schönheit und badete in ihrer Liebe, als sie mich fest in den Blick nahmen und auf das Netz aus Licht zeigten. Als ich hinschaute sah ich, dass das Netz heute nicht wie sonst aussah. Irgendetwas daran war nicht in Ordnung. Ich blinzelte und sah, dass die leuchtenden Stränge des Lichtnetzes heute nicht gleichmäßig waren, sondern in einigen Bereichen heller leuchteten als in anderen. Ich reckte meinen Hals, um besser sehen zu können, und als ich zu dem Teil des Netzes kam, der den Nahen Osten bedeckte, schnappte ich nach Luft. Da war ein Riss im Netz aus Licht! Ein großer Riss!

Ich riss den Mund auf und wandte mich an die Großmütter, aber sie bedeuteten mir, meine Gedanken zu beruhigen und meine Inspektion fortzusetzen. Nun bemerkte ich weitere Risse im Netz – kleinere als die über dem Nahen Osten, aber es schienen viele zu sein; so viele, dass das Lichtnetz an einigen Stellen nur schwach schimmerte.

»Großmütter«, flüsterte ich, »was ist das? Was stimmt nicht mit dem Netz?« Aber sie lächelten nur unbestimmt und schüttelten den Kopf. »Das Netz aus Licht kann nicht so schwach und beschädigt sein«, sagte ich. »Es ist vollkommen! Es ist göttlich!« Meine Worte klangen überzeugt, aber so fühlte ich mich nicht. Was ich sah, erschütterte mich.

»**Das Netz aus Licht *ist* göttlich**«, antworteten die Großmütter. »**Es *ist* vollkommen. Das Netz aus Licht hat jedoch eine Schnittstelle zur Menschheit, und die Menschheit hat die Vollkommenheit noch nicht erreicht. Die Risse, die du im Netz siehst, wurden durch Handlungen von Menschen verursacht; sie wurden von der Menschheit verursacht und also müssen sie von der Menschheit ausgebessert werden. Wir haben eine Aufgabe für dich**«, sagten sie. »**Rufe Menschen zusammen, um das Lichtnetz zu reparieren. Das ist wichtig**«, betonten sie, und ihrem Blick entnahm ich, dass es *sehr* wichtig ist. »**Wir werden jeder von euch einen Auftrag erteilen**«, sagten sie, und ich schloss meine Augen und wartete darauf, mehr zu hören.

»Großmütter?« fragte ich in der Hoffnung, sie würden es genauer erklären, aber sie schüttelten nur den Kopf. »**Rufe sie zusammen**«, sagten sie.

»Wir werden euch zu Stellen auf der Erde geleiten, die liebevoller Fürsorge bedürfen.«

Ich tat wie geheißen, und weil die Risse im Netz, die ich gesehen hatte, so verstörend waren, verlor ich keine Zeit. Da die Großmütter diese Arbeit »in Auftrag gegeben« hatten, war ich zuversichtlich, dass sie uns zeigen würden, wie es ging. Als also an einem Samstag im Juli zwanzig Frauen und ein Mann bei mir zu Hause auftauchten, brachten wir den Tag mit diesem Vorhaben zu. Am frühen Nachmittag dieses Tages hatte jede von uns ihre Aufgabe – einen bestimmten Teil des Lichtnetzes zu betreuen.

Die Großmütter hatten gesagt: »**Macht diese Arbeit gemeinsam, denn Gruppenenergie wird euer Wohl und das des Planeten vervielfachen. Die Kraft, die ausgeht, wenn zwei von euch zusammenkommen, ist bei weitem größer als zwei mal eins. Da Gruppenarbeit die Kraft vervielfacht, werdet ihr durch diese Art der Arbeit viel wirksamer sein. Das Netz aus Licht muss gestärkt werden**«, sagten sie. »**Es muss stark sein, um die Aufgabe zu erfüllen, für die es gedacht ist– den Planeten und alles Leben auf ihm anzuheben, zu stabilisieren und zu halten.**

Wenn ihr mit dieser Arbeit beginnt«, sagten sie, »**betet, singt oder meditiert zuerst, um die Schwingung der Gruppe anzuheben. Und macht euch klar, dass der Grund für euer Zusammenkommen ist, euch heilsam mit dem Netz aus Licht zu verbinden. Wenn ihr das getan habt, ruft uns an und fragt, was ihr tun könnt, um die verletzten Stellen im Netz zu heilen.**

Wir werden euch an Orte auf der Erde geleiten, die liebevoller Fürsorge bedürfen, und euch eure Arbeit zeigen, und ihr werdet feststellen, dass die dortige Arbeit bei euch ganz persönlich eine Entsprechung findet. Denn die spezifische Wunde oder Schwäche im Netz aus Licht, mit der ihr jeweils arbeitet, wird einer Wunde bei euch selbst entsprechen. Eure jeweilige Arbeit wird euch heilen und gleichzeitig das Netz aus Licht instandsetzen. Zwei für einen«, kicherten sie.

»**Wir möchten euch erinnern, dass diese Arbeit selbstlos ist, und was wir mit ›selbstlos‹ meinen, ist, dass diese Arbeit von *allen* und für *alle* getan wird. Das schließt euch ein, ist aber nicht auf euch beschränkt, so dass ihr in der Ausübung dieses Dienstes an Weisheit und Verständnis wachsen werdet.**« Sie blickten mich über die Nasenspitzen an und fügten hinzu: »**Euer Mitgefühl für die Leidenden wird ebenfalls wachsen.**

Bittet uns, euch zu zeigen, wie ihr euch liebevoll um diesen besonderen Ort oder diese besondere Situation im Netz aus Licht kümmern könnt«, sagten die Großmütter, »**wie ihr es in eurem Verstand und in eurem Herzen wiegen könnt. Bittet darum, dass euch das größtmögliche Wohl für diesen Ort oder diese Situation gezeigt wird, und seht dann zu,**

wie es von Liebe überflutet wird. Achtet bei dieser Arbeit auch darauf, was in euch selbst geschieht. Achtet darauf, was ihr seht und fühlt. Auf diese Weise werdet ihr lernen.

Ihr könnt diese Ausbesserungsarbeit in etwa zehn Minuten erledigen«, sagten sie, und als sie meinen überraschten Blick sahen, fügten sie hinzu: **»Mehr ist nicht nötig. Wenn ihr fertig seid, nehmt euch Papier und malt auf, was ihr über diese verwundete Stelle im Netz erfahren habt. Hängt die Zeichnung an eine Wand, wo alle sie sehen können, und erzählt euch dann von euren inneren Bildern. Berichtet, was ihr gelernt habt«,** sagten sie. **»Wann immer ihr gemeinsam eine solche Arbeit tut und euch dann davon erzählt, wird das, was ihr jeweils gelernt habt, um ein Vielfaches verstärkt. Das ist ein weiterer großer Vorteil der Arbeit in einer Gruppe.**

Nachdem ihr euch ausgetauscht habt, setzt euch ruhig hin und meditiert über das Netz aus Licht. Bittet darum, dass seine Kraft, das Leben auf der Erde zu halten, zu segnen und zu festigen, um ein Vielfaches erhöht wird. Und während ihr auf diese Weise betet, seid euch bewusst, wie das Netz aus Licht euch in diesem Augenblick hält, segnet und stabilisiert.« Beim Zuhören erinnerte ich mich an das, was sie mir schon so oft gesagt hatten: **»Man kann anderen nicht helfen, ohne auch sich selbst zu helfen, und man kann sich selbst nicht helfen, ohne anderen zu helfen.«** Ich schaute auf die Großmütter, und als ich fühlte, wie die Liebe zwischen uns hin und her wogte, floss mein Herz vor Dankbarkeit über.

Wir haben durch die Zusammenarbeit an diesem Tag so viel gelernt – über einander, über unsere Welt und darüber, wie wir mit der Welt in einer sinnvolleren Weise in Kontakt treten können. Wir lernten auch viel über uns selbst, und wir alle stärkten unsere Verbindung mit dem Netz aus Licht. Als der Tag zu Ende war, fühlte ich mich erfüllt – voller Licht und voll des Guten.

Was ich damals nicht wusste war, dass die Großmütter diesen Prozess immer und immer wieder anleiten würden – in Arizona, in Rhode Island, in Belgien und vielen anderen Orten. Und bis heute wird die Arbeit am Unterhalt und der Instandsetzung des Netzes fortgeführt.

KAPITEL 2

Der Schaden, den der Mensch angerichtet hat, muss der Mensch wiedergutmachen

»Die durchgebrannte Yang-Energie ist so dominant, dass sie alles zerstört, was euch lieb und teuer ist.«

Bald nach diesen Ausbesserungsarbeiten war es wieder einmal an der Zeit, eine Botschaft der Großmütter zu versenden. Wir strebten einen monatlichen Rundbrief an, aber manchmal war es auch nur alle zwei oder drei Monate. Für jede Botschaft ging ich zu den Großmüttern, und diese Botschaft erhielt ich kurz vor den Präsidentschaftswahlen in den USA. Ich hatte die Großmütter gebeten, darüber zu sprechen, warum ihre Arbeit so wichtig war, und sich einer deutlichen Sprache zu bedienen, um wirklich Aufmerksamkeit zu erregen. Ich war mir nicht sicher, ob sich die Menschen bewusst waren, in was für einer kritischen Zeit wir leben. Was die Großmütter uns schließlich sagten, war so kraftvoll, dass ich etwas skeptisch war, wen es vielleicht vor den Kopf stieß, aber es war ihre Botschaft, also versendete ich sie.

»Euer Land ist von einer dunklen Flut aus Lügen und Korruption überrollt worden«, sagten sie, und mir lief ein Schauer über den Rükken. »Die durchgebrannte Yang-Energie ist so dominant, dass sie alles zerstört, was euch lieb und teuer ist. Nicht nur euer Land, sondern alles in eurer Welt ist aus der Harmonie geraten, und das wird sich in einer Abwärtsspirale fortsetzen, bis ihr aufwacht, aufsteht und die langverlorene Kraft des Weiblichen zurückgewinnt.

Wir, der Große Rat der Großmütter, sind in dieser Zeit auf die Erde gekommen, um das Weiblich-Göttliche zurückzubringen«, sagten sie, und zwölf ernste Gesichter blickten mich an. »Seit vielen Jahren bieten wir unsere Führung, doch manche, die wir zu dieser Arbeit berufen haben, sind noch immer unbewusst. Wir rufen, aber hört ihr zu?« fragten sie, und ihre Enttäuschung war ihnen ins Gesicht geschrieben. »Was, fragen wir, ist noch nötig, um euch aufzuwecken?

Wir drängen euch, eure Macht anzunehmen. Nicht morgen oder ›irgendwann‹, wie das Massenbewusstsein eurer Zeit flüstert, sondern *jetzt*«, sagten sie und schlugen mit der einen Faust in die andere Hand. »Tut es *jetzt*«, sagten sie und warfen mir einen grimmigen Blick zu. »Wir geben euch nicht auf. Wir warten, bis ihr uns hört.

Wir können jetzt nicht mehr darum herumreden und so tun, als ob die Dinge nicht so schlimm wären, wie sie sind«, sagten sie mit in die Hüfte gestemmten Armen. »Wir sagen euch, *sie sind schlimm*! Wir haben euch gezeigt, wie ihr diesen Schritt in eure Macht tun könnt, und wir geben gerne allen, die es wollen, unsere Ermächtigung. Sie wird den Funken von Yin in euch zur vollen Flamme entfachen und euch zu einer Macht werden lassen, mit der zu rechnen ist, zu einer Kraft des Guten in einer Welt, die nach dem Guten dürstet. Wir erinnern euch: Frauen sind das natürliche Yin-Reservoir dieses Planeten«, sagten sie und musterten mich. »Frauen speichern diese Energie, nicht nur für sich selbst, sondern für alles, was lebt. Heute ist die Yin-Energie auf eurem Planeten so erschöpft, dass jede Frau, die diesen Funken in ihrem Inneren entflammen lässt, zu einem Segen für die Erde wird. Die Erde ruft euch.

Tut diesen Schritt«, drängten sie mich und uns. »**Wartet nicht auch nur einen Tag.**

Ruft uns, und wenn ihr ruft, werden wir antworten. Lest unsere Botschaften und studiert unsere Unterweisungen. Wir sind hier, um zu dienen, aber wir müssen, wie jede Form des Göttlichen, *durch* Menschen wirken, also werden wir mit euch und durch euch arbeiten, wenn ihr es uns erlaubt. Mit uns zusammenzuarbeiten, wird euch nicht berühmt oder reich machen«, sie lächelten bei dem Gedanken, »**aber ihr werdet eurem Planeten helfen.**

Bitte wacht auf. Setzt euch für die Wiederherstellung des weiblichen Prinzips auf der Erde ein. Lest unsere Unterweisungen, empfangt unsere Ermächtigung, verbreitet unsere Botschaft und nutzt diese Möglichkeit zu dienen. Verpasst diese Chance nicht«, sagten sie. »**Sie wird nicht wiederkommen.«**

Ich versandte ihre Botschaft und hörte sofort von Menschen auf der ganzen Welt, die sich angesprochen fühlten. Nur wenige baten darum, von der Mailingliste gestrichen zu werden. Die Sprache der Großmütter hatte nicht so viele vor den Kopf gestoßen, wie ich befürchtet hatte.

Die »Alten«

Eine Woche danach kam Bär in einem Traum zu mir, aber diesmal zeigte er sich als kleines Jungtier mit hellem Haar, so kuschelig und lieb, dass ich ihn wie ein Haustier behandelte. Im Traum hatte ich ein paar Packungen mit Käse und anderen Leckereien, und als ich sie öffnete, riss er mir eine aus der Hand und packte sie dabei mit den Zähnen. Da ich ein Jungtier in ihm sah, versuchte ich, ihn dazu zu bringen, mich loszulassen, indem ich ihm spielerisch das Maul aufhebelte. Aber seine kräftigen Kiefer hatten sich geschlossen und seine großen Schneidezähne hatten sich durch meine Hand gebohrt.

»Au, aua!« stöhnte ich, als ich versuchte, seine Reißzähne zu lösen, »es wird eine Menge Blut fließen.« Und wild zerrend und schwitzend wachte ich auf. Mein Herz raste wie verrückt, und ich lag angstvoll unter der zerwühlten Decke, bis ich begriff, dass es nur ein Traum war. Schnell erinnerte ich mich daran, dass immer, wenn Bär in einem Traum wie diesem auftauchte und mir Angst machte, er es tat, um sicherzugehen, dass ich ihn nicht vergesse. »Ah…«, sagte ich mir. »Bär hat eine Botschaft für mich. Ich werde gleich morgen früh zu ihm gehen.« Dann drehte ich mich um und schlief wieder ein. Aber gleich, als ich morgens aufwachte, rief ich die Großmütter an, trat in ihren Steinkreis und reiste in die Untere Welt, um ihn zu finden.

»Du kamst letzte Nacht in meinem Traum«, sagte ich, kaum dass ich ihn sah, und fügte, verwundert den Kopf schüttelnd, hinzu: »Bär, mit diesem Biss hast du wirklich meine Aufmerksamkeit erregt. Das war ziemlich dramatisch. Was willst du mir beibringen?« Inzwischen wollte ich es wirklich wissen.

Er schwankte hin und her, während er etwas in sich hineinbrummelte, und ich stand da und beobachtete ihn. Als ich merkte, dass er nichts sagen würde, fuhr ich fort: »Ich möchte von dir lernen, Bär. Wann immer du mir also erscheinst, werde ich zu dir reisen. Das werde ich jedes Mal tun«, erklärte ich. Aber er sagte immer noch nichts, und als ich mich fragte, warum, hob er den Kopf und warf mir mit gerunzelter Stirn einen Blick zu, als wolle er sagen: »Du beeindruckst mich nicht.« Dann schnipste er abweisend mit einer Pfote, drehte seinen Kopf etwas und schlug mir leicht auf den Rücken. Er ging ein Stück von mir weg, ließ sich auf alle Viere fallen und bewegte mich mit einer Kopfbewegung dazu, ihm zu folgen. Ich verstand nicht, warum er nicht redete, aber ich folgte ihm, und weil er sich in einem guten Tempo bewegte, hatte ich Mühe, mit ihm Schritt zu halten. Er blickte regelmäßig über seine Schulter, um sich zu vergewissern, dass ich noch hinter ihm war, und als ich es merkte, murmelte ich: »Ich will dir ja folgen, ich will dir folgen, Bär«, während ich hinter ihm her trippelte. Als er meine Worte vernahm, blieb er in der Mitte des Weges stehen und nahm mich auf den Rücken. »Oh! Ich verstehe«, sagte ich zu mir, »er will, dass ich nicht vergesse, ihm zu folgen.«

Wir waren nicht weit gekommen, als er innehielt, ganz still dastand und über eine Klippe links des Weges hinausblickte, und da ich auf seinem

Rücken saß, konnte auch ich schauen. Hier fielen die Steilwände weit in ein Tal ab, und ganz unten in der Schlucht war ein Fluss. Die Weite, die sich vor uns erstreckte, erinnerte mich an etwas, das ich auf einer anderen Reise gesehen hatte – einer, die ich vor einiger Zeit unternommen hatte. Der Ort damals hatte ganz ähnlich wie dieser ausgesehen, und ich erinnerte mich daran, dass ich hier ein Wolfsrudel beobachtet hatte, das dem Fluss des Lebens folgte.

Nun fragte ich mich, wohin Bär mich genau gebracht hatte und warum. »Bär«, fragte ich erneut, »was willst du mir beibringen?« Er stand still, sein zotteliger Kopf bewegte sich nicht, seine Augen blickten in meine und er knurrte: »Ich will dich lehren.« »Oh bitte, tu es«, bettelte ich. »Ich habe noch so viel zu lernen, und ich will lernen. So viel!« fügte ich hinzu. »Uumpf«, grunzte er, und dann hob er eine Tatze über meinen Kopf und richtete selbstvergessen meine Wirbelsäule auf.

Als meine Wirbelsäule sich ausgerichtet hatte, holte ich tief Luft, und dabei wanderten meine Blicke wieder über die Schlucht. Ich bewunderte die rotgemusterten Felsen, und da kam mir meine bevorstehende Reise nach Arizona in den Sinn. Es war das Rot dieser Felsen – so rot wie die Felsen von Sedona. »Ich frage mich, ob ich heute mit Bär wegen der Arbeit hier bin, die in Sedona auf uns wartet«, sagte ich.

»Höre gut zu«, knurrte Bär, und dann begann er, wippende Bewegungen zu machen. Sein Kopf wippte immer tiefer und tiefer, schließlich bog er sich ganz zum Boden, und ich hörte ihn flüstern: »Die Alten.« Als ich den ehrfurchtsvollen Blick in seinen Augen und sein gebeugtes Haupt sah, verstand ich, dass er mit »die Alten« das ursprüngliche Volk dieses Ortes meinen musste. Und bei diesem Gedanken verwandelte sich etwas in der Atmosphäre, und ich wurde mir der Anwesenheit alter Wesen bewusst, die uns aus den Felsen anblickten. Das musste es sein, was Bär mit »die Alten« meinte.

Sie schienen mit Bär gut bekannt zu sein und sich dafür zu interessieren, was ich mit ihm an diesem Ort machte. Als sie mich betrachteten, bemerkte ich, dass ihre Gesichter, von der Wüstensonne tief eingeätzt, viel größer waren als menschliche Gesichter. Auch ihre Körper waren anders – von fast quadratischer Form. Die Alten sahen etwas menschlich aus, aber nicht so ganz. Sie schienen halb Mensch und halb Fels zu sein.

Auch ich verbeugte mich tief vor diesen alten Wesen, beeindruckt von ihrem hohen Alter und von der Verehrung, die Bär ihnen entgegenbrachte. Ich dankte ihnen, dass sie mir erlaubten, bei ihnen zu sein, und sprach davon, wie geehrt ich mich in ihrer Gegenwart fühlte. Dann bat ich sie um ihre Unterstützung für den kommenden Großmütter-Workshop in Sedona. »Ich verstehe nicht, warum wir uns in Sedona treffen«, gab ich zu. »Wir versammeln uns dort, um daran zu arbeiten, die Risse im Lichtnetz zu flicken, aber ich weiß nicht, warum wir uns dort treffen. Ich bin über all dies ziemlich unwissend«, gestand ich schließlich. »Dieser Workshop wurde von den Großmüttern angeregt, die uns aufforderten, nach Sedona zu fahren und die Risse im Lichtnetz zu flicken.« Als ich die Großmütter erwähnte, sah ich, wie die Alten einander zunickten.

»Hier gibt es einen Wirbel«, sagten sie, und als ich das hörte, antwortete ich: »Ja, hier gibt es einen Wirbel. Sedona ist berühmt für seine Wirbel.« Aber sie warfen mir einen Blick zu, der sagte: »Was weißt *du* denn?« Sie schüttelten den Kopf und sagten: »Nein, hier ist *ein* Wirbel.« »*Ein* Wirbel?« wiederholte ich. Hatte ich sie richtig verstanden?

Sie nickten und deuteten auf mehrere Formationen, die aus dem Land emporragten, wo wir standen. Jede von ihnen schien getrennt und von den anderen verschieden zu sein, aber als die »Alten« mir zeigten, wie man sie von unten, aus der Erde sehen kann, erkannte ich, dass sie alle Teil einer gewaltigen Erscheinung waren. Tatsächlich *ein einziger* Wirbel.

Nun stieg eine wirbelnde Energie vom Canyonboden auf und kam auf uns zu, und während sie wirbelte und sich drehte, begannen die Alten in einer Zeichensprache zu kommunizieren, die ich irgendwie zu verstehen vermochte. Nachdem sich das Meer zurückgezogen hatte, war es diese Energie, die die vor uns liegenden Felsformationen geschaffen hatte. Diese sich drehende Energie hatte die kolossalen Felsausbisse in Sedona geformt. Sie waren aus einer Kraft tief im Inneren der Erde hervorgegangen, die nach einem bestimmten Muster geschaffen worden war, das sich in den dortigen Felsen widerspiegelte. Sie sagten, dass all diese Formationen Teil desselben Wirbels oder Energieerzeugers seien, und obwohl sie getrennt und verschieden aussehen mögen, sind sie es nicht. »Warum«, fragte ich mich, »erklären mir das die Alten?« Und dann zeigten sie auf den mächtigen Generator, einen Wirbel unter der Erde und sagten: »Hier leben wir.«

Ich blinzelte und schüttelte den Kopf. Es schien, als seien die Alten Hüter oder Wächter dieses mächtigen Krafterzeugers hier in der Erde. »Ja«, nickten sie, und dann standen sie ruhig da und starrten mich erwartungsvoll an. »Ich verstehe«, sagte ich, holte tief Luft und entschloss mich, erneut zu fragen, warum wir hier herkamen.

»Die Erde ist in ernster Gefahr«, begann ich und verbesserte mich schnell, als ich erkannte, dass es Wesen, die sich schon seit undenklichen Zeiten an diesem Ort aufhielten, nicht als ernste Gefahr erscheinen mochte. »Scheinbar in ernster Gefahr«, sagte ich. »Es gibt so viel Leid auf der Erde, und wir möchten von ganzem Herzen helfen...« Da sah ich ihre teilnahmslosen Mienen und hörte auf zu sprechen. Diese alten Gesichter sagten mir: »Wir haben das alles schon gesehen, wir haben das alles schon einmal gehört.«

»Okay«, seufzte ich, eingeschüchtert von ihren leeren Blicken. Ich musste wohl neu überlegen, was ich ihnen eigentlich sagen wollte, nicht zu viel und schon gar nicht auf die Schrecken der Zeit eingehen, in der ich lebte. »Sie sind schon ewig hier«, gemahnte ich mich, »also ist das, was dir schrecklich erscheint, für sie nichts Neues.«

Ich versuchte es noch einmal: »Ihr lieben Alten«, sagte ich, und ein Kratzen im Hals machte mir deutlich, wie sehr mir daran lag, dass sie es verstehen. »Wenn ihr uns beibringen würdet, wie wir helfen können«, sagte ich, »wären wir euch sehr dankbar. Wenn es etwas gibt, das wir für die Erde, für alle Lebewesen tun können, dann wollen wir es tun«, und an diesem Punkt nahm eine von ihnen, eine uralte Frau von zwergenhafter Gestalt, meine Hand in die ihre. Als ich ihr in die Augen sah, fühlte ich, wie jung und unwissend ich war, aber dann drückte sie meine Hand, und da spürte ich, wie alterslos ich war.

Wie sie es schaffte, mein Gewahrsein mit nur einer Berührung zu verändern, machte mir bewusst, wie weise die Alten waren und wie mächtig dieser Ort war. »Die Schwingung der Alten ist beständig und anhaltend«, sagte ich mir. »Sie werden nicht von den Dramen des Augenblicks umhergescheucht. Nein, das nicht. Sie sind ganz und gar beständig. Sie sind Zeugen von allem«, staunte ich. »Dieser Ort und diese Wesen haben alles erlebt, was je geschehen ist, und sie haben alles ertragen.« Ich schüttelte verwundert den Kopf.

Irgendwie wusste ich, dass das, was ich sagte, stimmte, und als die Wahrheit sich gesetzt hatte, begannen mein Kopf, mein Leib und alle meine Glieder zu zittern. Als ich immer stärker zitterte, riss ich meine Augen auf und blickte meine alte Führerin an. Sie nickte, um mich zu beruhigen, und zog mich dann mit sich, bis wir endlich vor den anderen Alten standen. Hier überkam mich ein Gefühl der Zeitlosigkeit. »Zeit ist hier nichts«, sagte ich mir. »All die Veränderungen auf der Erde mögen kommen und gehen, aber dieser Ort wird bleiben. Immer. Die Alten haben diesen Ort schon vor Urzeiten bewohnt.«

Ich sog diese zeitlose Qualität in jede Faser ein und merkte, wie sich die Energie hier zugleich dynamisch und friedlich anfühlte. Jenseits dessen, was wir als ruhig empfinden, vibrierte der Strom hier mit Kraft und Beständigkeit, und als ich mir seiner besonderen Eigenschaften gewahr wurde, gelangte mein Körper mit ihm in Übereinstimmung. Plötzlich war auch ich über die Ruhe hinausgegangen. Ein elektrisches Surren dröhnte in mir und um mich her, und eingehüllt in diese Kraft war ich in der Lage, mein »Selbst« von irgendwo weit weg zu betrachten. Dann hörte ich mich sagen: »Die Energie hier ist fundamental«, und sofort begann das Wort ›fundamental‹ in meinem Kopf zu kreisen. »Fundament, Fundament, Fundament.«

Ich verstand nicht, warum mich dieses Wort nicht mehr losließ, aber so war es. Als ich am nächsten Tag »Fundament« im Wörterbuch nachschlug, fand ich als Definition: *Grundlage, Unterbau, Prinzip.* »Ja«, sagte ich dann, »so ist der Energieerzeuger in Sedona. So ist er. Er *ist* es.«

Als ich mit den Alten zwischen den roten Felsen stand, zog mich diese fundamentale Energie in einen Zustand der Harmonie mit ihnen und mit dem Land. Ich wurde so dauerhaft und beständig wie sie, und bald darauf begann eine ungeheure Hitze aus dem Generator, dem Wirbel in der Erde aufzusteigen. Seine Strahlung war so intensiv, dass ich anfing, stark mit ihr zu vibrieren. Jetzt wurde mir unglaublich heiß, so heiß, dass ich es kaum noch aushielt.

Die starke Hitze machte mir Angst. »Wird die Arbeit, die wir hier tun sollen, die Arbeit an den Rissen im Lichtnetz, zu viel für uns?« fragte ich mich. »Werden die Menschen, die zu diesem Workshop kommen, standhaft bleiben können, wenn eine solche Kraft durch uns und in das Netz aus Licht strömt?«

»Ja«, antworteten die Alten auf meine unausgesprochenen Fragen, »das werdet ihr hier können. Solche Arbeit ist nur für bestimmte Menschen«, erklärten sie, »und die richtigen werden kommen.«

Als ich ihre Antwort hörte, entspannte ich mich ein wenig und fühlte mich noch mehr mit ihnen verbunden. Mein Körper veränderte sich erneut, und jetzt wurde, wie bei den Alten, auch meine Gestalt quadratisch. »Eigentlich«, sagte ich mir, »bin ich eher rechteckig als quadratisch.« Dann bemerkte ich, dass sich mein neuer Körper nach unten bewegte und sich mit der Erde verband – sehr tief. Meine neue, quadratische Form mauerte das ein, was ich immer für »mich selbst« gehalten hatte, aber als ich zusah, wie die Wände um mich herum anwuchsen und mich in ein Rechteck verwandelten, stellte ich überrascht fest, dass ich mich durch sie nicht eingeengt fühlte. Für mich war diese rechteckige Form, die ich angenommen hatte, nur eine andere Form, die ich annehmen konnte. Ich erinnere mich, dass ich von dieser Reaktion wirklich überrascht war.

Es dauerte nicht lange, bis ich fühlte, wie ich zu einer Art Senkkasten wurde, einem felsartigen Anker, der tief in die Erde eintauchte, und in dieser seltsamen Gestalt wurde mir die Wichtigkeit der roten Farbe der Felsen von Sedona bewusst. Dieses Rot nährte mich jetzt und stärkte die rechteckige Form, die ich angenommen hatte. Ich schüttelte ratlos den Kopf, beobachtete weiterhin meine Metamorphose und merkte wieder, wie unberührt mich das alles ließ.

Dieses Gefühl der Distanziertheit hielt jedoch nur kurze Zeit an, dann hörte ich mich stöhnen. Mein Bewusstsein hatte sich verschoben. All diese Veränderungen überwältigten mich. »Was ist passiert?« schluchzte ich. »Was ist mit meinem ›Ich‹ geschehen? Wo ist mein Ich? Das, an das ich gewöhnt bin?«

Da begann mein Kopf zu hämmern, zu vibrieren. »Bamm, bamm, bamm, bamm, bamm.« Es war unmöglich, meine Gedanken klar auszurichten, und obwohl es nicht unbedingt schmerzhaft war, machten mir die ständigen Vibrationen und Geräusche in meinem Kopf Angst. »Dieses Vibrieren, das ich spüre, muss mit der Energie hier zu tun haben«, sagte ich und versuchte, mich zu beruhigen, wollte »vernünftig« sein und dem Geschehen einen Sinn abgewinnen.

Dann wurde mir bewusst, dass die Alten still zusammensaßen und mich beobachteten. Sie schienen über den Presslufthammer in meinem Kopf überhaupt nicht besorgt zu sein, und als ich ihre gelassenen Mienen sah, atmete ich tief ein und hoffte, etwas von ihrer entspannten Energie aufzunehmen. Vielleicht würde es den Druck in meinem Kopf verringern.

Ich würde das durchstehen, beschloss ich; ich würde diesem unablässigen Beben in meinem Körper standhalten. »Sei tapfer«, sagte ich mir, aber als das Beben, statt nachzulassen, stärker wurde, fühlte ich mich überhaupt nicht tapfer. »Ihr Alten! Helft mir!« schrie ich. »Helft mir, dieser Energie standzuhalten! Das ist mehr, als ich ertragen kann!«

Sie hörten mich und sahen auf, aber sie taten nichts – sie saßen nur da und schauten zu. Jetzt wurde ich allmählich wütend. Ich wusste, dass ich aus dem, was ich durchmachte, etwas lernen sollte, aber das war zu viel! Ich begann vor mich hin zu murren: »Für sie ist das Leben eines Körpers nichts – unwichtig. Wen kümmert's?« Ich rang die Hände. »*Es ist ihnen egal*! Diese Alten sind formlos; sie sind auch nicht wirklich physisch, und wenn ich sie bitte, mir zu helfen, diese Energie in meinem Körper auszuhalten, sehen sie mich an als wollten sie sagen: ›Was ist das Problem?‹«

Ich warf ihnen noch einen Blick zu, und als ich ihre selbstgefälligen Blicke sah, wurde ich wirklich wütend. »Wie können sie es wagen, mich so zu behandeln!« rief ich. »Haben sie kein Erbarmen?« Kochend vor Wut schrie ich schließlich: »Ihr *müsst* mir helfen, ihr Alten! *Ich halte das nicht aus!* Und wenn ich krank werde, kann ich mit der Arbeit nicht weitermachen.«

Als sie dies hörten, ließ die Energie etwas nach, aber sie zeigten immer noch keine Emotionen. Teilnahmslos wie zuvor, saßen sie einfach da und sahen zu. »Warum setzt ihr mich diesen Qualen aus?« fragte ich endlich. »Warum unterzieht ihr mich einer Erfahrung von solcher Intensität?« Ich war mit meiner Geduld am Ende und nicht bereit, noch mehr zu ertragen.

»Weil es die Wahrheit dieses Ortes ist«, antworteten sie, »und ihr kommt hierher.« »Oh....«, sagte ich leise, die Wut war verraucht. »Die Wahrheit dieses Ortes...«, wiederholte ich, »ich glaube, ich verstehe.«

Es war nicht so, dass die Alten sich nicht um die Menschen sorgten. Sie waren nicht grausam; es lag daran, dass sie keine Emotionen hatten. Sie waren einfach, wie sie waren, und das war nicht menschlich. Sie halfen mir jetzt so weit, wie sie konnten, und sie würden allen von uns helfen, die nach Sedona kamen, um mit dem Netz aus Licht zu arbeiten, aber sie würden nicht so »helfen«, wie es die Großmütter tun würden oder wie es ein Freund tun würde. »Die Alten sind Elementargeister«, erinnerte ich mich. »*Von der Erde,* also von ihrer Natur her sehr verschieden von uns Menschen. Aber auf ihre eigene Art sind sie bereit, mit uns zusammenzuarbeiten. Sie lieben die Erde«, sagte ich schließlich, »und auch wir lieben die Erde. Wir lieben das gleiche.«

»Danke, ihr Alten«, sagte ich, »ich verstehe jetzt besser und ich bin euch dankbar. Ich danke euch. Wir werden euch anrufen und euch bitten, mit uns zusammenzuarbeiten, wenn wir nach Sedona kommen.« »Ja«, nickten sie gütig, aber ihre Gesichter waren noch immer teilnahmslos.

Dreißig Frauen trafen sich in Sedona, um die Risse im Lichtnetz zu flicken, und die Arbeit, die wir gemeinsam verrichteten, verlief wunderbar. Wir verbanden uns mit dem Netz aus Licht und baten die Alten, Energie aus dem großen Wirbel, dem Generator im Land dort, in das Netz einfließen zu lassen, damit es seine Arbeit kraftvoller tun könnte. Die Alten waren die ganze Zeit, in der wir arbeiteten, anwesend. Sie verankerten die Energie und verteilten sie über die Stränge des Lichtnetzes, sagten aber nie ein Wort. Sie saßen schweigend mit uns im Raum und beobachteten schweigend.

»*Gefangene Energien.*«

Einige Wochen danach war ich auf dem Weg nach Rhode Island zu einem weiteren »Die Risse flicken«-Workshop. Ich hatte gerade meinen Platz im Flugzeug eingenommen, als mir der Gedanke kam, dass die Großmütter vielleicht mehr von diesem Workshop erwarteten, als ich gedacht hatte. »Hoppla!« sagte ich mir. »Ich finde es besser heraus.«

»Großmütter«, ich schloss meine Augen und rief sie an, »was ist der *eigentliche* Zweck dieser Reise nach Providence? Gibt es diesmal mehr zu tun als die Ausbesserung des Lichtnetzes?« Mit einem wissenden Lächeln sagten sie: »**Hör uns zu. Du glaubst, du gehst dorthin, um dasselbe zu lehren, was du schon früher gelehrt hast, und um Zeit mit Jane zu verbringen und einige wunderbare Frauen kennenzulernen.**«

»Ja, Großmütter«, antwortete ich mit leiser Stimme, »so hatte ich es mir gedacht. Aber wenn ich mich irre, klärt mich bitte auf.« Schnell fügte ich hinzu: »Was ist der *wahre* Zweck dieser Reise?« und inzwischen hatte ich ein wenig Angst davor, was sie antworten könnten.

»**Wir werden es dir zeigen**«, sagten sie, und mit einer leichten Drehung deuteten sie auf eine Karte der Ostküste Amerikas. »**Der Zweck dieser Reise ist es, dieses Gebiet zu seinen Ursprüngen zurückzuführen**«, sagten sie. »**Providence, also Vorsehung**«, sprachen sie und nahmen damit Bezug auf den Namen der Stadt (Providence ist das englische Wort für Vorsehung). »**Worte sind wichtig.**«

Ich hatte nie zuvor über die Bedeutung des Stadtnamens nachgedacht, aber jetzt beugte ich mich auf meinem Sitz vor, die Augen auf sie gerichtet. »Ich möchte den wahren Zweck dieser Reise kennen«, wiederholte ich.

»**Wir haben dich nach Osten gerufen, um mehr Macht zu verankern**«, sagten sie, »**um sie an der Ostküste zu verankern und damit die Macht, die bereits im Westen deines Landes verankert ist, auszubalancieren. Du wirst bei dieser Veranstaltung eine große Anzahl von Frauen aus verschiedenen Staaten Neuenglands haben, und deshalb werden auch ihre Staaten mit einbezogen sein. Viele Wesen werden gemeinsam an diesem Projekt arbeiten – mehr als ihr bei euch im Raum sehen werdet. Ureinwohner und Suchende unter den Europäern, die sich vor langen Jahren**

hier niedergelassen haben, werden sich zusammenfinden, um diese Arbeit zu tragen«, sagten sie. »**Die Vorfahren werden an der Heilung und Segnung des Landes teilhaben.**

Denke an das Gute dieser Zusammenkunft, das tief in die Erde geht und das Netz aus Licht im gesamten amerikanischen Nordosten stark hält. Es wird geschehen«, versprachen sie mit in die Hüften gestemmten Händen. »**Flüsse aus Licht werden aus diesem Treffen hervorströmen**«, und als sie sprachen, sah ich Licht, das in alle Richtungen hinausströmte, sich verzweigte und über ganz Neuengland verteilte. Diese Flüsse aus Licht stimmten mit den physischen Flüssen im Gebiet von Providence überein – dem Providence, dem Pawtuxet, dem Warren und anderen. »**Die Flüsse sind wichtig**«, sagten die Großmütter, »**ihr Wasser wird unsere Botschaft tragen. Vertraue uns und sieh zu, wie die Arbeit in die Tiefe geht. Beobachte, was an diesem Wochenende geschieht. Beobachte unsere Hände bei der Arbeit.**«

Ich habe mir dann vorgenommen, ihre Anweisungen genauestens zu befolgen und von dem Moment an, als wir auf dem Flughafen von Providence landeten, alles bewusst wahrzunehmen. Als wir bei Jane angekommen waren, holten wir eingedenk dessen, was die Großmütter über die Bedeutung von Wörtern gesagt hatten, ihr Wörterbuch hervor und schauten »Providence« nach. Und das haben wir gefunden:

»Vorsehung: göttliche Führung oder Fürsorge; das Gute als die Kraft, die das menschliche Schicksal erhält und leitet.

vorausschauend: von Weitsicht geprägt.«

Ich war mir nicht sicher, wie sich diese Begriffe zeigen oder wie sie den Absichten der Großmütter für das Wochenende entsprechen würden, aber mir gefielen die Bedeutungen.

Fünfunddreißig Frauen und ein Mann drängten sich in einen Raum in der Altstadt, und da einige von uns schon vorher zusammengearbeitet hatten, war die Atmosphäre nicht nur vertraut, sondern auch sehr inspiriert. Ich erzählte, was mir die Großmütter über den Zweck dieses Treffens erzählt hatten, und dann gingen wir an die Arbeit mit dem Netz aus Licht.

Wir konzentrierten uns zunächst auf das Land um Providence und riefen die Vorfahren der Ureinwohner, die dieses Gebiet einst bewohnt hatten, die Vorfahren des alten Neuenglands sowie die Vorfahren unserer eigenen Familienlinien im Geiste auf. Das erste Mal, dass eine Großmüttergruppe auf diese Weise mit den Ahnen gearbeitet hatte, war ein Workshop zum Flicken der Risse in Laguna Beach gewesen, und es hatte uns begeistert, wie die Anwesenheit der Ahnen alles, was wir taten, verstärkt hatte. Kaum hatten wir sie angerufen, waren sie schon da und zeigten uns in aller Deutlichkeit, was uns so oft gesagt worden war – dass es tatsächlich keinen Tod gibt. Und weil die Ahnen an der Reparatur des Lichtnetzes beteiligt waren, konnten wir viel mehr erreichen, als wir für möglich gehalten hatten.

Wie schon in Laguna Beach und wieder in Sedona begannen wir also auch in Neuengland mit der Arbeit, indem wir die Vorfahren anriefen. Aber dieses Mal waren wir noch nicht weit gekommen, als wir merkten, dass etwas nicht stimmte. Mehrere Frauen sahen verstört aus, und als wir das bemerkten, unterbrachen wir unsere Arbeit, um herauszufinden, was los war.

Fünf von ihnen sagten uns, sie hätten Angst, und als wir sie drängten, herauszufinden, warum, sagten sie, sie hätten Rückerinnerungen an frühere Zeiten – nicht aus ihrer Kindheit, sondern aus früheren Leben. Damit hatten wir überhaupt nicht gerechnet, und ihre Antworten machten uns besorgt. Also legten wir unser »Programm« erst einmal beiseite und schenkten ihnen unsere Aufmerksamkeit.

Wie sich herausstellte, durchlebten sie erneut die Schrecken im Zusammenhang mit den Hexenprozessen in Neuengland im siebzehnten Jahrhundert. Die Geschichte berichtet von Prozessen, Folterungen und Hinrichtungen von Frauen in Massachusetts und Connecticut wegen »Hexerei«, und einige Historiker vermuten, dass solche Prozesse auch in anderen Kolonien stattgefunden haben. Drei Frauen in unserer Gruppe waren durch die Angst so gelähmt, dass wir sie trösten und beruhigen mussten, und zwei andere sagten, sie hätten Angst, etwas zu sagen aus Furcht, anderen Frauen ihre Gefühle zu zeigen. »Das ist gefährlich«, sagten sie, und dabei schienen sie über ihre Reaktionen genauso verwirrt zu sein wie wir. »Ich weiß nicht, wo das herkommt«, sagte eine Frau. Wir wussten es auch nicht, aber wir konnten sehen, dass diese Gefühle echt waren.

Danach saßen wir zusammen, riefen die Großmütter an und baten sie, den Workshop zu übernehmen, uns anzuleiten und zu helfen. Sofort umringten und umarmten uns die Großmütter, und als sie uns hielten, zeigten sie uns, was es für Ängste waren, die in unserer Gruppe aufgekommen waren. Wie sich herausstellte, waren diese Ängste Teil einer Blockade, die durch die Verfolgungen in Neuengland entstanden war. »**Das ist eine alte Angst**«, erklärten die Großmütter, »**es ist nicht eure persönliche Angst. Macht euch darüber keine Sorgen**«, fügten sie mit beschwichtigender Geste hinzu. »**Wenn ihr zusammenarbeitet, werdet ihr diese Angst überwinden. Wir werden euch helfen.**«

Wir atmeten erleichtert auf, als wir dies hörten, und konzentrierten uns dann schnell wieder auf die anstehende Aufgabe. Gemeinsam riefen wir das Netz aus Licht an und baten es, all diese Ängste zu beseitigen, und in kurzer Zeit hatte sich der alte Schrecken aufgelöst. Als er verschwunden war, konnten wir uns wieder dem Zweck widmen, zu dem wir gekommen waren – die Risse im Lichtnetz in Neuengland und auf dem ganzen Planeten zu flicken.

Nun, da wir gesehen hatten, welchen Schaden eine Angstblockade, die vor mehr als dreihundert Jahren geschaffen wurde, unserer Gruppe zufügen konnte, waren wir erst recht motiviert. Wir dachten, wenn wir von einem alten Schrecken wie diesem überrascht werden konnten, könnte das jedem passieren. Also machten wir uns mit dem festen Vorsatz an die Arbeit, so viele Risse zu flicken, wie wir konnten.

Weil wir zusammengekommen waren, um mit dem Netz aus Licht alte Wunden zu heilen, und weil wir die Hilfe der Vorfahren in Anspruch genommen hatten, war unserer Gruppe eine große Aufgabe übertragen worden – eine sehr große Aufgabe. Der verdeckte Schmerz der Hexenprozesse hatte uns überrascht, aber indem wir ihn aufgedeckt hatten, gewannen wir ein besseres Verständnis für die Bedeutung der Arbeit, für die wir uns zusammengetan hatten. Dabei war unser Mitgefühl füreinander gewachsen, und wir lernten, dass emotionale Zustände, die bei einer von uns auftraten, nicht unbedingt zu dieser Person gehörten. Hier ging es zum Beispiel um eine kollektive Angst aus lang vergangenen Zeiten. Die Arbeit mit diesem Thema hatte uns auch die mitfühlenden Vorfahren nähergebracht, die uns nun zur Seite standen.

Die Erfahrung in Providence zeigte uns Blockaden aus negativem Bewusstsein, die an verschiedenen Punkten unseres Planeten in der Erde eingeschlossen sind. »**Eingeschlossen in den Elementen der Erde durch die negativen Handlungen des Menschen**«, erklärten die Großmütter. »**Welchen Schaden der Mensch auch immer angerichtet hat, der Mensch muss ihn wiedergutmachen. Wir werden euch dabei helfen**«, sagten sie, »**aber es sind die Menschen, die diese Arbeit tun müssen.**«

Auf solche eingeschlossenen Energien traf ich an vielen verschiedenen Orten auf der Welt, und ich begriff, dass nicht nur überall auf der Erde Energie vorhanden ist, sondern dass es sie in allen möglichen Abwandlungen gibt. Manche sind schön und voller Licht, andere jedoch ziemlich unangenehm und überhaupt nicht voller Licht. Ich hatte viel über die alten, eingeschlossenen Energien zu lernen, und auch wenn mir diese Lektionen nicht immer gefielen, so waren sie doch wichtig. Die Großmütter würden mit ihren Unterweisungen fortfahren.

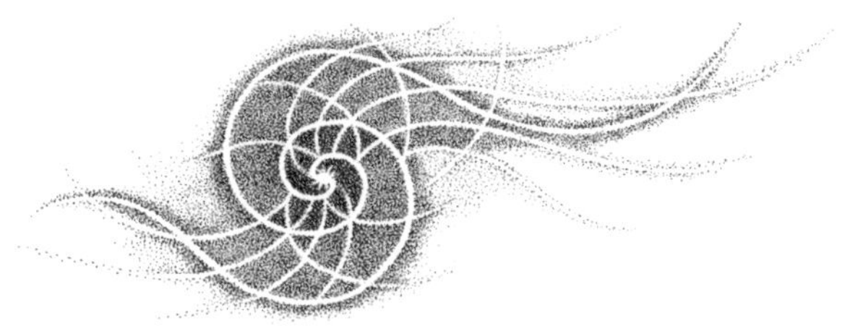

KAPITEL 3

Der Mensch ist das Instrument

»Wir brennen für unsere Ziele. Das werdet auch ihr.«

Nach meiner Rückkehr aus Providence hatte ich über vieles nachzudenken, und während ich Revue passieren ließ, was in Rhode Island geschehen war, dämmerte mir, dass die Großmütter bei diesem Treffen eine Tür geöffnet hatten, von der ich gar nicht wusste, dass es sie gab. Als ich daran zurückdachte, wie sich die Dinge entwickelt hatten, sah ich wieder einmal, wie wenig Kontrolle ich über jedes Unterfangen mit diesen weisen Lehrerinnen hatte. »Wenn die Großmütter dabei sind, kann alles passieren«, sagte ich mir, »und das tut es auch.« Mich beschlich die Ahnung, dass an diesen Großmüttertreffen mehr dran war, als ich anfangs dachte. Es waren nicht nur Zusammenkünfte von liebevollen, mitfühlenden Menschen.

»Großmütter«, sagte ich, als ich das nächste Mal zu ihnen ging, »ihr sagt, unsere Treffen, Workshops und Zusammenkünfte *seien sehr wichtig*, und ich glaube, ich verstehe das jetzt besser. Ich weiß, dass unser inneres Wachstum bei diesen Treffen wertvoll ist, aber warum sonst sind sie sehr wichtig?«

»Ihr seht *wichtig* anders als wir«, antworteten sie. **»Wenn wir dieses Wort benutzen, beziehen wir uns nicht bloß auf die Gegenwart. Es ist**

mehr als das. Wir bauen ein Fundament für die Zeiten, die kommen werden«, sagten sie und schauten mich eindringlich über ihre Nasenspitzen hinweg an, »und wir nutzen diese Treffen, Studiengruppen und Versammlungen für dieses Fundament. Jetzt beteiligen sich viele an dieser Arbeit, und wenn sie sich als Teil unserer Familie fühlen, bringt es ihnen Freude. Bei unseren Zusammenkünften gibt es eine Vorwärtsbewegung. Die Herzen der Menschen öffnen sich, die göttliche Gegenwart in ihnen erwacht, und das Gute fließt in jeden Winkel ihres Lebens. Das findet bei jedem Treffen statt, aber auch *das* ist nur ein Teil des Bildes.

Was wir gerade erklärt haben, findet nur *an der Oberfläche des Lebens* statt«, sagten sie. »Was sich jenseits eurer persönlichen Erfahrung abspielt, ist euch nicht bewusst. Diese Treffen, Workshops und Versammlungen sind Speicher für die Yin-Energie«, erklärten sie. »Von den Orten, an denen ihr euch trefft, ergießt sich das Yin in euren Planeten. Und weil diese Treffen jetzt überall auf der Erde stattfinden, kann die Yin-Energie überall einsickern. Jedes Mal, wenn ihr euch versammelt, arbeitet ihr mit dem Lichtnetz. Das Aufrufen des Netzes hebt den gesamten Planeten an, insbesondere die Bereiche, in denen eure Begegnungen stattfinden. Viele Orte in Europa werden von dieser verstärkten Verbindung besonders profitieren.

Die Reparaturarbeiten, die ihr mit dem Lichtnetz in Rhode Island durchgeführt habt, dauern noch an«, sagten sie, »und der Nordosten eures Landes hat von dem, was ihr an diesem Wochenende getan habt, sehr profitiert. Auch Sedona in Arizona brauchte diese Ausbesserung, wenn auch auf andere Weise. Viele schöpfen aus der großen Energiequelle in Sedona und nehmen sich von ihr, was sie brauchen. Es ist nicht falsch, das zu tun«, sagten die Großmütter, »denn dort *gibt es* große Kraft, aber in dem Workshop zur Ausbesserung der Risse habt ihr *mit* dieser Kraftquelle gearbeitet und sowohl euch selbst als auch sie wieder aufgefüllt. Das Lichtnetz gibt und empfängt Licht, und indem ihr es mit dem gewaltigen Generator in der Erde von Sedona verbandet, ›speistet‹ ihr beide und verstärktet die Kraft auf dem ganzen Planeten. Und von nun an werden Menschen, die nach Sedona gehen, um mit den ›Wirbeln‹

zu arbeiten, sich automatisch mit dem Lichtnetz verbinden. Diese Verbindung wird der ganzen Erde zugutekommen.

Unsere Versammlungen, Kreise und Workshops finden nicht zufällig statt. Irgendwie weißt du das schon, aber wir erinnern dich noch einmal daran, weil du dich immer wieder übermäßig verantwortlich fühlst für die Dinge. Es ist *unsere* Arbeit«, gemahnten sie mich. »*Wir* richten sie ein, wir ziehen die richtigen Leute an, und...«, kicherten sie, »es macht uns Freude, euch zu überraschen. Wir haben immer, immer das Ruder in der Hand.« »Ja, Großmütter«, stimmte ich zu.

»Viele mutige europäische Frauen und Männer werden sich jetzt melden, um an unserer Arbeit teilzunehmen. Es ist Zeit für die Wiedergutmachung vieler Missstände auf diesem Kontinent. Überall auf der Welt«, und dabei schüttelten sie traurig den Kopf, »wurde die Wahrheit besonderen Interessen geopfert, aber es ist an der Zeit, einiges Unrecht in den Ländern der sogenannten Alten Welt zu korrigieren. Wir würden diese Bedingungen korrigieren.

Lasst den Aufruf an diejenigen ergehen, die helfen wollen, das Netz aus Licht, das die Erde hält, zu heilen und zu stärken. Wir laden alle ein, sich uns bei dieser Arbeit anzuschließen – ob sie dies nun einzeln oder in Gruppen tun. Die großen Veränderungen auf eurem Planeten, die so lange vorhergesagt wurden, stehen nun an, und es ist ein unermesslicher Segen, an der heiligen Arbeit teilzunehmen. Wir brennen für unsere Ziele«, grinsten sie, »und das werdet auch ihr.«

»Die tiefe Liebe im Land Irland wecken.«

Kurz danach erhielt ich einen Anruf von einer Frau, die mich bat, nach Irland zu kommen, um die Botschaft der Großmütter zu überbringen. Das kam völlig überraschend, und obwohl der Gedanke daran sehr aufregend war, musste ich mit den Großmüttern sprechen, bevor ich weiter darüber nachdenken konnte.

»Meine Geliebten, meine Lehrerinnen«, sagte ich, als ich mich vor ihnen verneigte, »ich liebe die Arbeit, die ihr mir übertragen habt, und jetzt werde ich eingeladen, sie in Irland zu tun. Das hätte ich nie erwartet«, sagte ich und schaute auf, um zu sehen, was sie davon hielten. »Ich weiß, dass ihr das eingefädelt haben müsst«, sagte ich, »denn ich war es sicher nicht.« Die Großmütter hörten zu, und als sie nichts erwiderten, sprach ich weiter. »Sie wollen ein Großmüttertreffen in Cork abhalten, und die Frau, die angerufen hat, will genau wissen, was wir bei diesem Treffen tun werden. Ich weiß nicht, was ich ihr sagen soll, denn ich weiß nicht, worum es hier wirklich geht. Also kann ich erst antworten, wenn ihr es mir sagt. Was habt ihr mit dieser Arbeit in Irland im Sinn, Großmütter?«

»**Wir freuen uns, dich nach Irland zu schicken**«, sagten sie. »Ja, Großmütter«, antwortete ich. »Vielen Dank für diese wunderbare Gelegenheit, aber bitte sagt mir – was ist der Zweck?«

»**Aufwecken**«, sagten sie, und wiederholten: »**Aufwecken. Das Erwekken der tiefen Liebe im Land Irland. Es gibt im Land ein Kraftfeld und ein Reservoir an Liebe, guten Wünschen, Wohlwollen und Segen. Irland quillt über vor Freigebigkeit**«, sagten sie und deuteten in die Ferne. Ich schaute auch hin.

Über den Hügeln und eingebettet in das Land von Irland war ein Füllhorn von Liebe und Segen. Die Sonne funkelte auf den Felsen, Bäumen und Feldern, während unzählige glitzernde Buchten, Seen und Meeresarme die sanften Hügel umspielten. »**Es ist eine große Schönheit in dem Land dort und ebenso in den Herzen der Menschen. Die Menschen sind die Instrumente für die Macht in ihrem Land, und wenn ihr in Cork zusammenkommt, werdet ihr diese Macht erwecken. Wir sind *sehr* glücklich, dass du dort hinfährst**«, sagten sie, und ich schaute sie an und konnte kaum glauben, was ich hörte. »***Du* wirst ebenfalls sehr glücklich sein**«, lachten sie, und als sie das sagten, hielt ich mir eine Hand vor den Mund, um nicht loszuheulen.

»**Wir wissen, dass dich der Gedanke, mit den Geistern des Landes dort zu arbeiten, etwas ängstigt**«, und ich nickte zustimmend, »**aber wir versichern dir, dass du einfach als unser Werkzeug arbeiten wirst. Wir haben dieses Treffen arrangiert, und die Kraft unserer Absicht sowie deine gut gefestigte Verbindung mit dem Netz aus Licht werden die ganze Arbeit tun. Wir erinnern dich, dass *das Göttliche eine ›Steckdose‹ braucht*, durch**

die sein Strom fließen kann, und deine Anwesenheit dort wird diese Verbindung ermöglichen.« Sie lächelten mir beruhigend zu und sagten: »**Wir werden dich auf jedem Schritt des Weges begleiten.«**

»Die Arbeit mit heiligen Stätten ist etwas, wovon ich nicht viel verstehe, Großmütter«, gab ich zu. »**Wir sind uns dessen bewusst**«, lachten sie, »**und deshalb haben wir dich ja auch gerufen.** ***Weil*** **du keine Erfahrung mit der Arbeit mit heiligen Stätten hast, wird sich dein Verstand bei dem, was getan werden muss, nicht in den Weg stellen.«**

»Wirklich?« fragte ich, aber als sie nachdrücklich nickten, wusste ich, dass sie es ernst meinten. Kurz darauf kicherte ich angesichts der Absurdität des Ganzen – dass hier meine Unwissenheit in Wirklichkeit ein Segen war, und als die Großmütter mich lachen sahen, lachten sie auch. »**Ja**«, nickten sie, »**gerade** ***weil*** **du ganz unvorbelastet bist, haben wir uns entschieden, durch dich zu arbeiten.«**

»Okay, Großmütter«, sagte ich, »okay. Es scheint irgendwie seltsam, aber ich glaube, ich verstehe. Ich muss den Leuten aber trotzdem erklären, warum wir uns treffen.«

»**Lass sie wissen, dass sie sich wieder mit den Vorfahren, den Vorfahren ihrer Blutlinie, den Vorfahren aus all ihren vergangenen Leben sowie mit den Ahnengeistern Irlands verbinden werden. Die Ahnengeister des Landes Irland haben lange und schwer gearbeitet, um diese Insel in Harmonie zu halten. Und sie haben es trotz der dunklen Machenschaften dort geschafft. Es gibt im Land von Irland noch eine Urform des Lichts, die noch immer rein ist. Sie ist im Laufe der Zeit nicht schwächer geworden, nicht einmal abgedämpft. Das Vorhandensein dieser Urform wird es** ***sehr*** **leicht machen, die segnende Kraft des Landes wieder zu aktivieren**«, sagten sie, und ihre Gesichter erhellte ein Lächeln.

»**Bei dem Treffen in Cork City werdet ihr eine Zeitreise in die Vergangenheit unternehmen und euch in ein Bewusstsein versetzen, das vor dem Aufkommen des Patriarchats existierte, und in eine Zeit eintauchen, in der Harmonie und Ausgewogenheit herrschten. Als Harmonie und Ausgewogenheit die Lebensweise waren**«, juchzten sie, und ich musste weinen.

»Ich bin euch so dankbar, Großmütter!« sagte ich. »Ich bin so dankbar, daran teilzuhaben.« »**Die Menschen, die zu dieser Veranstaltung kommen, werden reine Absichten haben, und deshalb werden sie sehr, sehr viel Gutes tun. Wir werden sie rufen, und es wird niemand kommen, den wir nicht rufen. Du kannst dich entspannen**«, sagten sie, streichelten und wiegten mich, »**und wissen, dass es so ist.**

Dieses Treffen wird ein heiliges Ereignis sein. Und es ist alles unser Werk«, lächelten sie fröhlich. Als ich sie mit Ehrfurcht betrachtete, fragte ich: »Gibt es noch etwas, was ich den Menschen sagen soll?«

»**Sag ihnen, sie sollen sich bereitmachen, sag ihnen, sie sollen unsere Bücher lesen. In den Tagen, die ihr zusammen verbringt, wird viel passieren, und ihr müsst dafür bereit sein.**« Sie wiegten ihre Köpfe und sahen einen Moment verwirrt aus, als sie in die Zukunft zu blicken schienen, und dann sagten sie: »**Gemeinsam werdet ihr einen großen Dienst leisten.**«

Die Großmütter standen schweigend da, und nach einer Weile begannen die Geister des Landes zu sprechen. »Wir warten auf dich«, riefen sie. Ich drehte mich um, als ich ihre Stimmen hörte, und da waren sie! »Tara ist hier!« rief ich, meine Stimme versagte mir fast, »und da sind auch noch andere! Ich sehe die kleinen Kerle!« Ich weinte vor Freude, als Leprechauns (kleine Naturgeister) mit winzigen Hüten, Mänteln und Schürzen umherhuschten. Freudig sprangen sie umeinander, andere tanzten und hüpften. Lieder und Rufe erfüllten die Luft, und dann hörte ich ein anderes Geräusch.

»Es ist das Herz der Mutter!« flüsterte ich, meine Stimme kaum vernehmbar. »Ich höre sie und ich fühle ihren Herzschlag. Ihr Herz schlägt genau hier im Land! Ich kann sie hören«, keuchte ich, und dann erhaschte ich einen flüchtigen Blick auf eine undeutliche Gestalt, die sich aus dem Land erhob. Eine anmutige Form, eine riesige Gestalt. »Es ist die Mutter«, flüsterte ich leise und voll Ehrfurcht, meine Augen auf sie gerichtet. Ich hatte sie schon einmal gesehen – das erste Mal, als ich die Botschaft der Großmütter nach Litauen brachte – also *wusste ich,* dass es die Mutter war.

»**Sie will ihr eigen**«, sagten die Großmütter, »**die Mutter ruft.**« Und als ich ihre Worte hörte, verstand ich, dass *sie* die Kraft hinter diesem

Treffen in Irland war. *Sie* war der Grund, warum wir zusammenkamen. »Ja«, nickten die Großmütter. »**Die Menschen werden zu diesem Treffen kommen. Sie werden kommen.**«

Einige Minuten lang war alles ruhig, und dann sagten die Großmütter: »**Sage den Menschen, sie sollen unsere Bücher und Botschaften lesen, um sich auf den neuesten Stand zu bringen, damit sie verstehen, wer wir sind und warum wir gekommen sind. Auf diese Weise werden sie eine bessere Vorstellung davon haben, was sie mit uns bei dem Treffen machen werden. Wir lieben sie sehr**«, sagten sie, »**wir lieben sie sehr, und wir haben das alles arrangiert**«, lächelten sie fröhlich. Dann drückten sie mich an ihre Brust und sagten: »**Wir haben die richtigen Menschen gerufen, um dieses Treffen zu organisieren, und wir werden jede einzelne rufen, die zu diesem Treffen kommt. Die Zeit dafür ist gekommen**«, strahlten sie. »**Kommt!**«

»*Ab und zu wird der Menschheit die Chance gegeben, die Macht des Lichts auf der Erde zu erhöhen.*«

Ein paar Tage später spürte ich, wie die Großmütter mich wieder zu sich riefen. Sie wollten eine Botschaft versenden und die Leute bitten, mit jenen zusammenzuarbeiten, die sich in Irland treffen würden. Unabhängig davon, ob diese Leute an dem eigentlichen Treffen teilnehmen konnten oder für sich innerlich mit uns arbeiten würden, wollten die Großmütter so vielen wie möglich die Möglichkeit geben, an diesem Treffen teilzuhaben. Einen Monat vor meiner Abreise nach Cork versandte ich ihre Botschaft.

»**Ab und zu wird der Menschheit die Chance gegeben, die Macht des Lichts auf der Erde zu erhöhen**«, begannen sie, »**und heute, inmitten all der Zerstörung auf eurem Planeten, hat sich eine glänzende Gelegenheit ergeben.**

Im Land Irland ist eine große Menge Leuchtkraft und spirituelle Macht gespeichert, die Mutter Erde jetzt braucht. Diese Quelle wird, sobald sie mit dem Lichtnetz verbunden ist, dazu beitragen, euren Planeten zu erheben«, sagten sie und zeigten auf Hunderte schimmernder

Lichter im Inneren der Grünen Insel. »Diese flackernden Lichter im Inneren des Landes warten auf euch«, sagten sie. »Sie müssen an das Netz aus Licht angeschlossen, gebündelt und dort gehalten werden. Da sie noch nicht an ein Netzwerk angeschlossen sind, erscheinen sie getrennt und klein. Zwar ist ihr Potential enorm, doch zu diesem Zeitpunkt ist es bloß Potential.

Wir rufen euch nach Irland, um diese verstreuten Lichter in das Lichtnetz heimzuholen. Das Großmüttertreffen in Cork wird ein wahrer *Aufruf zur Macht* sein«, erklärten sie mit einem bedächtigen Nicken, »und weil es so wichtig ist, haben wir Zeit und Ort dafür sorgfältig gewählt. Das Datum für die Versammlung (11. September) ist kein Zufall, ebenso wenig der Ort. Das Lichtnetz erscheint jetzt, um die Erde in der Ruhe zu halten, und die Ausstrahlung des Landes von Irland wird das Netz speisen und ihm helfen, euren Planeten zu tragen. *Dies ist die Gelegenheit, um eine wichtige Verbindung herzustellen*, und alle, die sich daran beteiligen, werden die Leitbahnen herstellen.«

Die Großmütter wechselten in den Unterrichtsmodus und sagten: »Ihr nennt diese leuchtenden Orte auf der Erde ›heilige Stätten‹ und betrachtet sie als separate Quellen. Aber«, sagten sie, »jetzt ist es an der Zeit, *sie mit dem Lichtnetz zu verbinden.* Wenn diese scheinbar getrennten Stätten erst einmal miteinander und mit dem Netz verbunden sind, werden sie die Kapazität des Netzes deutlich erhöhen. Um eine solche Verbindung herzustellen, sind Menschen erforderlich«, erklärten sie, »denn nur Menschen können diese Verbindung für den Planeten herstellen.

Seit Urzeiten haben Dichter und Barden die besonderen Qualitäten der Grünen Insel besungen. Vor langer Zeit erkannten sie die Quelle der Kraft, die diesem Ort innewohnt, und jetzt zeigen wir euch, wie ihr mit ihr arbeiten könnt. Gemeinsam werden wir diese uralten Lichtreservoirs zum Leben erwecken. Es ist Zeit.

Um die dem Land Irland innewohnende Macht zu aktivieren, braucht man einen reinen Fokus«, erklärten sie, »einen, der unbelastet ist von jeglichen Widerständen, Gedankenformen und dem menschlichen Ego. Das Netz aus Licht ist dieser reine Fokus.

Der Dienst, den ihr in Cork leistet, wird größeren Wert haben, als ihr euch vorstellen könnt. Die Absicht bei dieser Arbeit ist rein, und diese Aufgabe ist dringend nötig. Jede von euch, die daran teilnimmt, wird nicht nur dem Lichtnetz förderlich sein, sondern zugleich die eigene Lichtkraft vergrößern. Ihr werdet von Licht strahlen. Der Moment des Gebens ist immer der Moment des Empfangens«, sagten sie, **»und in diesem Fall wird gewaltig sein, was ihr empfangt. Ihr werdet zu einem strahlenden Geflecht werden.«**

Ich habe ihre Botschaft verschickt.

Es hat uns überwältigt, wie dankbar die Geister des Landes waren!

Nicht nur Menschen aus Irland, sondern auch Engländer, Niederländer, Franzosen und Amerikaner kamen zu diesem Treffen. Viele hatten noch nie etwas von den Großmüttern gehört, aber als sie von diesem Ereignis erfuhren, machten sie sich auf den Weg nach Cork.

Gemeinsam fanden wir heraus, wie man die Energien von Yin und Yang aus einem starren Zustand ins Fließen bringen kann, und sobald die Yang-Energie von Yin umarmt wurde, begannen sich beide Energien wie ein Fluss zusammen zu bewegen. Wir übten diese Bewegungen gemeinsam, tanzten mit Yin und Yang, als ein Mann im hinteren Teil des Raumes rief: »Ich habe mich noch nie im Leben so gut gefühlt! Ich wusste nicht, dass ich mich so bewegen kann.«

Nachdem ich allen erklärt hatte, wer die Großmütter waren und warum sie zu dieser Zeit gekommen sind, kam eine Frau mit leidender Miene auf mich zu und fragte: »Ist das wahr? Ist all das mit den Großmüttern wahr?« Sie schaute mir in die Augen. Und als ich antwortete: »Ja, es ist alles wahr«, brach sie in Schluchzen aus. »Ich hatte nie Freude im Leben«, erklärte sie, »überhaupt keine, und jetzt bin ich von all der Liebe hier überwältigt.«

Alle in Cork waren bewegt von der Hingabe der Gruppenleiterinnen aus den Niederlanden, die extra nach Cork geflogen waren, um diese Arbeit in Irland zu unterstützen. Nachdem die Niederländerinnen erzählt hatten, wie viel Gutes sich aus der Arbeit der Großmütter-Gruppen in den Niederlanden ergeben hat, stand eine Engländerin auf und sagte, dass sie das, was sie bei ihnen gesehen hat, so inspirierte, dass sie, sobald sie wieder zuhause sei, eine Gruppe gründen würde.

Die Arbeit mit den Geistern des Landes rührte viele von uns zu Tränen. Die Arbeit selbst war kraftvoll, aber die Wellen der Dankbarkeit, die vom Land zu uns zurückflossen, haben uns wirklich berührt. Die Geister des Landes waren *uns dankbar*! Die irischen Kraftorte waren so glücklich über die Möglichkeit, sich dem Lichtnetz anzuschließen, dass sie sich und das Land in Freundschaft mit uns verbanden. Eine Welle des *Eins-Seins* bewegte sich durch unsere Gruppe und in das Lichtnetz– sie floss uns zu, durch uns und von uns zurück.

Als dies geschah, begriffen wir, dass die heiligen Stätten in Irland überglücklich waren, ihre Schönheit und Kraft in den Dienst der Erde stellen zu können, so wie ein Mensch mit einem ungeheuren Talent keine größere Freude hat, als dieses Talent mit anderen zu teilen. Ich hatte noch nie zuvor in einer solchen Partnerschaft mit dem Land gearbeitet, und ich glaube, es gab auch sonst niemanden. Uns durchströmte Dankbarkeit. Dankbarkeit und Freude.

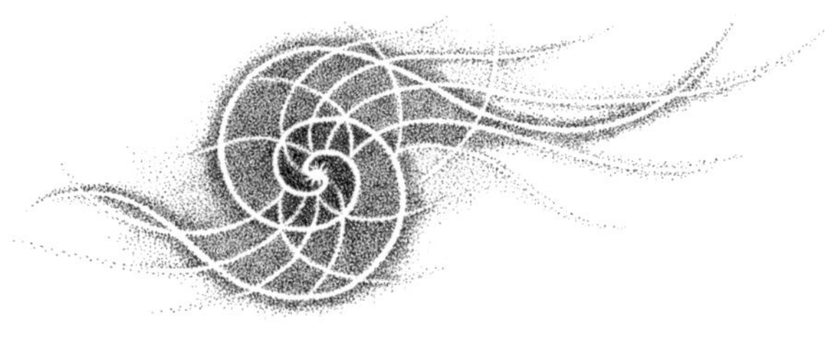

KAPITEL 4

Zwei unter Tausend

»Wir kommunizieren nicht auf ausgefallene oder geheimnisvolle Weise.«

Nach dem Erlebnis in Irland und der darauffolgenden hektischen Betriebsamkeit dauerte es nicht lange, bis mich wieder einmal ein vertrautes Gefühl der Frustration überkam. Das war schon viele Male zuvor passiert, und jetzt, nach diesem irischen »Erfolg«, kam eine Reihe von Enttäuschungen. Zuerst hörten zwei Frauen, von denen ich angenommen hatte, dass sie sich der Botschaft der Großmütter verschrieben hatten, auf, ihre Gruppen zu leiten, dann änderten eine Frau in Russland und eine weitere in Polen, die beide darum gebeten hatten, die Bücher der Großmütter übersetzen zu dürfen, ihre Meinung, und jemand, der ein Großmütter-Video veröffentlichen wollte, verschwand. Im Laufe der Jahre war ein Thema in meiner Arbeit mit den Großmüttern dieser Tanz aus »zwei Schritten vor, zwei Schritten zurück« jener Menschen, die kommen und gehen. Und obgleich der Rhythmus des Tanzes immer mal variieren mochte, hatte ich diesen Zwei-Schritt furchtbar satt. Ich wollte, dass die Dinge vorangingen und nicht rückwärts. Ich wollte nur vorwärts gehen, und zwar in einem schnelleren Tempo. Überflüssig zu sagen, dass das aber nicht so zu funktionieren schien.

»Ich bewirke nicht viel, Großmütter«, murmelte ich, als ich das nächste Mal zu ihnen reiste. »Eure Botschaft ist so klar und so notwendig, und doch verbreitet sie sich nicht sehr weit oder schnell. Ich sehe nicht die Ergebnisse, die ich mir erhofft hatte«, fuhr ich fort, »und ich arbeite wirklich hart. Ich bemühe mich«, sagte ich, »das tue ich wirklich, aber …«, und ich schüttelte den Kopf, wollte, dass sie meine Entmutigung verstanden. »Ich denke, was ich wissen muss, Großmütter, ist, ob ich mit der Arbeit weitermachen soll oder nicht. Und wenn ich weitermachen sollte – warum?« fragte ich, schwer schluckend. »Ich muss das wissen, um meinetwillen und um aller anderen willen. Ich habe mich lange Zeit sehr bemüht – vielleicht zu sehr – und ich bin müde.«

Die Großmütter schauten mitfühlend, sagten aber nichts. »Bitte zeigt mir eure Sicht der Dinge«, sagte ich zu meinen Lehrerinnen. »Diese Arbeit mit euch hat meinem Leben einen Sinn gegeben, aber ich will das nicht nur tun, damit ich mich besser fühle«, und zu meiner eigenen Überraschung brach ich schluchzend zusammen.

Die Großmütter nahmen mich in ihre Arme und zogen mich auf ihren Schoß. »**Man kann das durch verschiedene Objektive betrachten**«, sagten sie, und zeigten mir ein Mikroskop mit einer Reihe von Linsen, dann wiesen sie auf eine große Gruppe von Menschen. Ich beugte mich über das Objektiv und schaute die Männer und Frauen vor mir an, aber etwas schien unscharf zu sein. Meine Blicke wanderten über ihre Körper, aber sobald ich anfing, zu ihren Köpfen hinaufzusehen, wurden ihre Formen verschwommen und schienen davonzuschweben. »Oh!« rief ich aus. »Das ist wirklich seltsam! Ihre Hälse sind so lang, dass ihre Köpfe ganz hoch oben sind. Sie sehen aus, als wären sie oben in den Wolken.« Dann legte ich das Mikroskop weg und sah die Großmütter an; die Verwirrung war mir groß ins Gesicht geschrieben.

Wieder zeigten sie auf diese langhalsigen Menschen, und ich beobachtete sie, wie sie von Ort zu Ort huschten, ihre Füße rannten und ihre Körper und Köpfe hinterher. Wegen der seltsamen Trennung ihrer Köpfe vom Rest des Körpers bewegten sie sich unbeholfen und stießen dabei oft gegeneinander. Ihre Köpfe schienen nicht zu wissen, wo ihre Füße waren.

»Uh, oh!« sagte ich, als ich zusah, wie sie umherrannten. »Ähm, Großmütter«, fragte ich, »wollt ihr mir hier etwas über mich selbst zeigen? Dieses Kopf-in-den-Wolken-Zeug – bin ich das?« »**Nein**«, antworteten sie, und ich atmete erleichtert auf.

Nun begann ich, an diesen schwebenden Köpfen zu ziehen und versuchte, sie nach unten, aus den Äthern und zurück in *diese* Realität zu bekommen. Ich zog und zog, bis es mir endlich gelang, einen zu Boden zu ziehen. Aber kaum war er unten, schnellte er wieder nach oben. »Ich habe kein Glück!« rief ich meinen Lehrerinnen zu, als ich mich abmühte, noch einen aus den Wolken zu zerren. Die Seltsamkeit der Szene wurde mir langsam zu viel – die langen Hälse, die undeutlichen schwebenden Köpfe und ich, wie ich an ihnen zerrte, um sie herunterzuholen. »Das ist absurd«, flüsterte ich, und dann begann ich zu kichern. »Das ergibt ein interessantes Bild, muss ich zugeben«, sagte ich zu den Großmüttern, »all diese schwebenden Köpfe, aber es ist verrückt«, beschloss ich. »Und was in aller Welt hat das mit dem Thema zu tun, mit dem ich heute gekommen bin?« Ich wurde langsam ärgerlich.

»**Wir werden es erklären**«, sagten die Großmütter und tätschelten mich leicht, um mich zu beruhigen. »**Weil unsere Botschaft praktisch ist, passt sie nicht in jedermanns Vorstellung davon, was *spirituell* ist**«, sagten sie. »**Oft sind *spirituell Suchende auf der* Suche nach etwas Grandiosem, etwas Geheimnisvollem und Raffiniertem. Wir kommunizieren nicht auf *ausgefallene oder mysteriöse* Weise. Und unsere Lehren über das Energieungleichgewicht von Yin und Yang und über die Kraft des Lichtnetzes sind für viele neu. Die meisten Menschen haben keine Ahnung von diesen Konzepten, so dass sie nicht wissen, worüber wir sprechen. Viele von ihnen verstehen nicht, was wir ihnen geben wollen, weil das, was wir sagen, so simpel zu sein scheint. Diese Leute suchen nach *der Wahrheit,* die sich irgendwo *da draußen* zeigen soll. Wie du also heute gesehen hast, haben viele von ihnen den Kopf in den Wolken.**

Es spielt keine Rolle, ob die Menschen auf das, was zu geben wir gekommen sind, reagieren oder nicht«, sagten sie und schüttelten den Kopf. »**Ihr Unverständnis macht unsere Mission nicht wertlos. Von tausend**

Menschen hören vielleicht zwei, was wir zu sagen haben, nehmen unsere Botschaft auf und geben sie an andere weiter. Aber diese beiden werden die Zukunft säen.«

Ich hörte ihnen aufmerksam zu und merkte, dass sie genau das wiederholten, was sie mir gesagt hatten, als sie zum ersten Mal auftauchten. »**Nur wenige werden von unserer Botschaft angezogen werden**«, hatten sie an dem Tag gesagt, als ich mit dem Hund am Strand spazieren ging, aber so ahnungslos, wie ich damals war, hatte ich ihnen nicht geglaubt.

»**Schreibe weiter**«, sagten sie. »**Unsere Bücher werden noch lange bestehen, wenn du nicht mehr da bist, und die Botschaften, die du im Internet verbreitest – auch sie werden weit gestreut. Denke daran**«, betonten sie, »**vielleicht zwei von tausend. Du säst aus.**«

Mit einem liebevoll verstehenden Blick sagten sie: »**Man ist allein mit dieser Arbeit, aber denke daran, dass du, als du ›Ja‹ zu uns gesagt hast, dich auf lange Sicht gebunden hast. Bereite dich also auf die Langstrecke vor. Erwarte nicht, dass diese Arbeit dich finanziell oder auf andere Weise tragen wird. Erwarte zu diesem Zeitpunkt keine Verbündeten**«, grinsten sie und schüttelten den Kopf. »Puh!« stieß ich hervor, und als ich begriff, schüttelte ich meinen auch.

»**Du wolltest aus ganzem Herzen dienen**«, erinnerten sie mich. »Ja«, nickte ich, und mir fiel wieder ein, dass sie überhaupt nur aus diesem Grund gekommen waren. »**Ja**«, stimmten sie zu, »**du hast darum gebeten, und also kamen wir. Wir haben dir etwas Wichtiges zu tun gegeben, aber wir wissen, dass es nicht leicht ist. Wir konnten es nur jemandem geben, der *sehr gerne* dienen wollte. Ein Mensch ohne diesen starken Wunsch hätte schon längst aufgegeben.**«

Ich hörte, was sie mir erzählten, meine Aufmerksamkeit war ganz bei ihnen. Sie hatten natürlich Recht. Ich *hatte* um Arbeit gebeten – harte Arbeit. Ich erinnere mich, wie ich ihnen sagte, dass ich auf *allen* meinen Herdplatten kochen wollte, nicht nur auf einigen. Ich hatte sehr um solche Arbeit gebeten.

»Großmütter«, bat ich sie nun, »helft mir, nicht aufzugeben. Unterstützt mich, damit ich den Glauben nicht verliere.« »**Ja**«, sagten sie, »**das werden**

wir tun. Das ist unsere Aufgabe«, und während sie sprachen, fühlte ich, wie sie mich unterfassten. Mit ihren Körpern bildeten sie eine Schlaufe, die mich anhob und wiegte. Sie schaukelten mich hin und her. »**Das wird dich festhalten**«, sagten sie. »**Manche hören und verstehen unsere Botschaft sofort – die Gruppe in Australien, in Seattle, in Slowenien, in Holland. Denke nur an die Zahl, die wir dir genannt haben. Zwei von tausend – eine oder zwei von tausend. Wir säen aus; wir säen für die Zukunft. Die Mutter kehrt zurück, und du hast bei ihrer Rückkehr eine Rolle zu spielen.**«

»Ich bin dankbar für das, was ihr mir übertragen habt, für das, was ihr uns allen übertragen habt«, sagte ich, und ich meinte es auch so. »**Ihr bewegt euch gegen dicken Widerstand voran**«, antworteten sie und schauten in die Ferne. Ich folgte ihren Blicken und bemerkte dort eine Gestalt, die sich durch etwas schleppte, das wie Morast aussah. Dann sah ich, dass diese Gestalt ich war.

Es ging nur langsam voran, als ich mich vorwärtsbewegte, aber neben diesem »Ich« lief ein Rinnsal von Wasser, noch kein Bach, sondern reines, fließendes Wasser immerhin. »**Du bewegst dich durch den Morast**«, sagten sie, »**aber du bewegst dich voran. Und die Menschen, die du vorhin gesehen hast, die mit dem Kopf in den Wolken…**«, sie hielten kurz inne, bevor sie fortfuhren, »**können kein Licht verankern. Sie können das Licht noch nicht sinnvoll *anwenden*, weil sie nicht geerdet sind. Sie sind gute Menschen, aber weil ihre Köpfe in den Wolken stecken, ist ihr Bewusstsein umnebelt.**

Geh du trotzdem voran«, sagten sie, indem sie mit ihren Händen gestikulierten, »**geh voran. Wir wissen, dass es schwierig ist. Wir sehen dich und wissen, dass du mit deiner Arbeit sehr allein bist. Wir hätten sie niemandem außer dir übertragen können**«, sagten sie, und als ich das hörte, musste ich schluchzen.

»Ich hab's verstanden, Großmütter«, sagte ich. »Es liegt daran, dass ich nicht aufgebe, nicht wahr?« »**Das stimmt**«, sagten sie, »**das stimmt.**« »Ich verstehe«, antwortete ich. »Bitte schickt mir jede erdenkliche Unterstützung, und ich danke euch für all die Großmütter in Litauen, in Britannien und hier in Kalifornien.

»Unsere Botschaft ist rein, und sie ist einfach. Täuschend einfach«, sagten sie, **»und die Einfachheit der Botschaft stößt die Leute ab. Es gibt jetzt jede Menge spiritueller Lehren *auf dem Markt*, und viele von ihnen sind gut. Manche sind sogar grandios, manch andere schrecklich, und manche finden, weil sie Wohlstand und Reichtum versprechen, ein williges Publikum. Viele dieser spirituellen Botschaften sind jedoch durch Kaufen und Verkaufen geschwächt und kompromittiert worden. Aber das, was ihr bei euren Zusammenkünften teilt, ist einfach und wurde nicht kompromittiert.«** Sie warfen mir einen bedeutungsvollen Blick zu. **»Ihr bringt unsere Botschaft und Ermächtigung als freiwillige Leistung dar.«**

»Ja, Großmütter«, sagte ich, und dann zuckte ich mit den Schultern und lachte. »Und nach dem, was ihr mir sagt, werden wir mit eurer Botschaft in absehbarer Zeit keine Popularitätswettbewerbe gewinnen.« Bedauernd schüttelten auch sie den Kopf, und wir lachten gemeinsam. »Danke«, sagte ich und verbeugte mich vor meinen weisen Lehrerinnen. »Ich danke euch von ganzem Herzen.«

»Die Trennung vom Göttlichen liegt wie eine Wolke über der Erde.«

Diese Reise zu den Großmüttern rückte die Dinge in die richtige Perspektive. Zu sagen, dass ich zu dieser Zeit nicht viel Unterstützung für ihre Arbeit finden würde, hat tatsächlich geholfen. Jetzt verstand ich, dass die Dinge ziemlich genau so liefen, wie sie sollten. Ich hoffte nur, dass mein neues Verständnis mich davon abhalten würde, *die Dinge erzwingen zu wollen,* und dass es mir helfen würde, mich zu entspannen und zu genießen, was immer auch geschah. *Akzeptiere, was ist.* Das war alles. Ich wollte alles im Leben auf diese gutheißende Weise annehmen – meine Familie, Freunde, Arbeit, Finanzen, mich selbst – alles einfach, wie es war. Ich merkte, dass meine Schwierigkeit zu akzeptieren, wie langsam sich die Arbeit der Großmütter zu verbreiten schien, Ausdruck meiner Schwierigkeit war, überhaupt etwas anzunehmen. Und jetzt, da sie das klargemacht hatten, wollte ich alles annehmen und gutheißen.

Einige Tage später reiste ich erneut zu meinen weisen Lehrerinnen. »**Wir machen diese Arbeit gemeinsam**«, sagten die Großmütter, bevor ich sie etwas fragen konnte. »**Du bist eins mit uns, und die Frauen, die wir rufen, und auch die Männer sind eins mit uns. Aber die meisten von ihnen wissen es noch nicht.**

Sie sind darauf konditioniert, sich als vom Göttlichen getrennt zu sehen, ihnen wurde beigebracht, das Göttliche zu verehren *und zu fürchten.* Furcht vor Gott«, stießen sie hervor, Entsetzen in ihren Gesichtern. »**Ihnen wurde beigebracht, zu glauben, dass man Gott fürchten soll!**

Was macht eine *Lehre*, die dir sagt, Gott zu fürchten, anderes, als dich von Gott zu trennen«, riefen sie und warfen ihre Hände in die Luft. »**Verrückt**«, erklärten sie und starrten mich ungläubig an. »**Du hast dich oft gefragt, warum die Menschen mit unserer Arbeit nicht vorangehen und eine Führungsrolle übernehmen. Nun, das ist der Grund: Sie fürchten sich. Und sie fühlen sich unwürdig.**

Manchmal bist du frustriert, wenn die Menschen unsere Botschaft nicht weitergeben, bist entmutigt, wenn sie ihren Glauben und ihr Engagement verlieren und auf der Strecke bleiben. Aber diese Angst, von der wir sprechen, ist endemisch.« Ihre Gesichter waren ernst, als sie sagten: »**Furcht erzeugt Feigheit, zerstreute Energie, mangelndes Vertrauen und Depressionen. All dies sind Symptome der Trennung vom Göttlichen. Die Trennung vom Göttlichen liegt jetzt wie eine Wolke über der Erde. Alle Krankheiten und Formen des Unglücklichseins entspringen daraus**«, sagten sie, »**und aus nichts anderem. Wir sind gekommen, um dieses Leichentuch zu lüften, so dass wir immer mit denen sein werden, die unsere Botschaft hören und weiter mit dem Netz aus Licht arbeiten. Alle, die unsere Lehren praktizieren und beginnen, unsere Botschaft zu leben, werden zu einer strahlenden Lichtkraft auf der Erde. Diese Menschen werden ganz von selbst Licht ausstrahlen. Sie werden einander ermutigen und das Netz aus Licht, das euren Planeten hält, stärken.**

Du sehnst dich nach Gleichgesinnten im Licht«, sagten die Großmütter. »**Wir verstehen diese Sehnsucht, und so sind wir gekommen, um bei dir zu sein. Wir sind immer bei dir**«, sagten sie und lächelten so liebevoll, dass mein Herz schier zu schmelzen schien. »**Komm, setz dich ein wenig zu uns**«, sagten sie und zogen mich zu sich, »**und während wir gemeinsam Licht aussenden, erlebe, wie das Licht in alle Richtungen aus dir hervorströmt – aus der Vorder- und Rückseite deiner Brust und auch aus den Seiten deines Körpers. Ein Lichtstrahl wird gleichzeitig in dich hinein und aus dir herausströmen**«, sagten sie, und ich spürte es.

Eine Lichtflut begann an mir zu ziehen und dann auf mich zu fallen, so dass ich mich wieder mit Licht füllte, sobald es aus mir herausgespült wurde. Und sobald ich wieder voller Licht war, entspannte ich mich und ließ alles los. Dieses Fließen war nicht nur endlos, sondern auch mühelos.

»**Licht wird in die Fasern, Nerven und Zellen deines Körpers fließen**«, sagten die Großmütter, »**und alles stärken**«, und ich sah zu, wie es genau dies zu tun begann. Strahlung strömte von unten und von oben in mich hinein, während die Vibration des Lichts in jedem Teil von mir zu pulsieren begann. »**Du bist jetzt eine hell brennende Glühbirne**«, sagten die Großmütter und lächelten über meinen fassungslosen Gesichtsausdruck, »**und deine Leuchtkraft wächst, während wir hier reden.**« »Ja, Großmütter«, flüsterte ich. Die Kräfte, die sich durch mich bewegten, raubten mir fast den Atem.

»**Gib dir nicht die Schuld, wenn andere auf dein Licht nicht mit einer ähnlichen Leuchtkraft reagieren**«, sagten sie. »**Ihr Verhalten hat nichts mit dir zu tun. Du bist nicht die Ursache für ihr mangelndes Engagement. Sie halten sich aus Angst zurück. Da ist wieder die alte Lüge wirksam, die alte Lüge, von Gott getrennt zu sein. Deshalb haben die Menschen Schwierigkeiten, auf Licht zu reagieren. Sie denken, sie seien von ihm getrennt. Aber**«, lächelten sie breit, »**das Bewusstsein der Trennung, das die Erde so lange bedeckt hat, wird jetzt dünner. Der alte Glaube an die Trennung schwächt sich ab, da das Licht, das so viele von euch halten und verstärken, ihn zerstreut. Und heute**«, kündigten sie an, »**beginnen einige von euch zu erkennen, dass ihr das Licht *seid*.**

Ruft uns oft an«, sagten die Großmütter, »**man kann es nicht übertreiben. Setzt euch zu uns in den Kreis. Ihr seid nicht geringer als wir. Ihr seid nicht kleiner oder weniger als wir. Ihr seid eins mit uns**«, sagten sie und warfen mir einen verstehenden Blick zu. »**Wir bitten euch alle, jetzt euren Platz einzunehmen und mit uns im Kreis zu sitzen, und wenn ihr euren Platz eingenommen habt, dann lasst das Licht fließen, wie es will. Du bist ein göttliches Wesen**«, lächelten sie strahlend, »**also erfreue dich deines Geburtsrechts. Halte das Licht, lass dich vom Licht halten, und die ganze Zeit über lass uns dich halten.**«

»Viele Dinge werden versuchen, dir Angst zu machen, werden versuchen, dich von deinem Weg abzubringen.«

Auf meinem Weg mit den Großmüttern überkamen mich hin und wieder Wellen der Angst und des Zweifels. Soweit ich es beurteilen konnte, wurden sie nicht durch etwas im Außen ausgelöst, sondern sie schienen aus dem Unterbewusstsein aufzusteigen. Ich war voll Zuversicht und vertraute auf die Fortentwicklung meiner Arbeit, und dann tauchte aus dem Nichts eine Unruhe auf, die an mir nagte. Ängste kamen an die Oberfläche oder ein allgemeines Unbehagen stellte sich ein. Meist kamen diese Angstwellen schleichend –zumindest am Anfang. Ich bemerkte sie kaum, aber wenn ich nicht aufpasste, wickelten sie mich bald ein, und wenn ich immer noch nicht achtgab, versuchten sie, mich unter sich zu begraben.

Ein oder zwei Tage lang hatte ich ein unbehagliches Gefühl, das in mir brodelte und mich plagte, bis ich ihm endlich Beachtung schenkte. »Okay«, sagte ich, »ich will wissen, worum es geht.« Und als ich an diesem Abend zu Bett ging, fragte ich die Großmütter, was ich aus dieser namenlosen Angst lernen sollte. »Bitte lehrt mich, wie ich mit der Angst umgehen soll, wenn sie auftaucht«, betete ich. Ich dachte, dass sie mir vielleicht einen Traum geben würden, um etwas Licht auf das Thema zu werfen, aber als ich morgens aufwachte, erinnerte ich mich an nichts. Keine Träume, keine Botschaften. Doch als ich am Frühstückstisch saß, wer kam mir in den Sinn? Bär natürlich. Dann erinnerte ich mich. Er war mir im Traum erschienen.

Schnell stellte ich meine Tasse ab und eilte nach oben, um zu reisen: Im Liegen rief ich die Großmütter an und erklärte ihnen, warum ich gekommen war. Dann trat ich in ihren Steinkreis und stürzte mich, meinen Blick auf Bär gerichtet, hinab in die Untere Welt. Ich bahnte mir meinen Weg durch die nun vertrauten Büsche, die neben dem Fluss wuchsen, und da war er – massig und dunkler, als er in meinem Traum erschienen war. »Bär«, sagte ich, »ich habe die Großmütter letzte Nacht vor dem Schlafengehen um Hilfe gebeten, und statt ihrer *bist du* gekommen. Bist du gekommen, um mir zu helfen?« Grunzend griff er hinab und hob mich auf seine Schultern. Dann drehte er sich um und schlenderte den Weg entlang.

Er schien es heute nicht eilig zu haben, und als ich das bemerkte, rutschte ich von seinen Schultern und setzte mich bequem auf seinen Rücken. »Ich bin dir so dankbar, Bär«, sagte ich mit einem Seufzer der Erleichterung, »ich bin dankbar, dass du meinem Ruf gefolgt bist. Es gibt Zeiten, in denen alles, was ich mit den Großmüttern mache, mir so ernst vorkommt, und manchmal«, sagte ich, als ich mich an ihn drückte, »glaube ich, dass ich es nicht sehr gut verstehe. Deshalb möchte ich im Augenblick einfach nur mit dir zusammen sein.«

»Heute werde ich dich unterweisen«, sagte er, und nachdem er dies erklärt hatte, verließ er den Weg und begann, sich seinen Weg durch die Bäume in Richtung einer Wiese zu bahnen. Als er einen Durchlass zwischen den Bäumen erreichte, ließ er sich in der Sonne nieder, und ich rutschte von seinem Rücken und setzte mich neben ihn. »Ahh«, seufzte ich, als die Wärme der Wiese und der Duft von Gras und Blumen über mich hinwegwogte. »Grün, hmm… üppig«, murmelte ich, während ich mich langsam umschaute und die würdevollen Bäume bewunderte, die die Wiese säumten. »Oh!« rief ich, und dann entfuhr mir ein Jubelschrei. »Ich sehe die Elementargeister!« rief ich. »Sie sind in den Pflanzen und Bäumen! Feen, Devas und Baumnymphen!« rief ich, außer mir vor Staunen. »Seit Jahren höre ich von ihnen, Bär«, sagte ich, »ich habe von ihnen gelesen, aber ich habe sie noch nie zuvor gesehen.« Und ganz verzückt ließ ich meine neugierigen Blicke über die Lichtung schweifen.

Doch da blies ein Wind über die Wiese, und Bär legte einen Arm um mich und zog mich an seine Seite – so nah, dass ich seinen warmen Bärengeruch wahrnahm. »Hmmm«, summte ich, als ich mich an ihn drückte, aber dann schien sich etwas in der Luft zu verändern, und obwohl ich noch immer an ihn geschmiegt war, lief mir ein Schauder über den Rücken. Alle Geräusche verstummten, und ich richtete mich auf, die Wirbelsäule gerade, die Augen weit aufgerissen und wachsam. Auch Bär war wachsam. Als ich aufmerksam lauschte, alle Sinne wach, wurde mir bewusst, dass wir auf jemanden oder etwas warteten. Dann blitzte ein erschreckendes Bild in meinem Kopf auf, und ich keuchte: »Aber, aber....«, stammelte ich, »das kann nicht sein.«

Von weit hinten im Wald begann sich etwas auf uns zuzubewegen. Eine riesige Dunkelheit, eine tierähnliche Kreatur, taumelte in unsere Richtung. Schnappende Äste und seltsame Rumpelgeräusche begleiteten sein Näherkommen. »Ich erkenne es nicht«, flüsterte ich Bär zu, als es in Sicht kam. »Das ist kein Tier, das ich kenne.« Von dunkelbrauner oder schwarzer Farbe, schien er auf seinen Hinterbeinen vorwärts zu taumeln, während seine enorm langen Vorderpfoten über den Boden schleiften. Das monströse Ding torkelte immer näher und näher, bis es etwa fünfzehn Fuß von uns entfernt war, und dann kauerte es sich vor uns hin und starrte uns aus bösartigen Augen an.

Mein Herz klopfte so heftig, dass ich nur dieses Klopfen hören konnte, aber Bär schien sich keine Sorgen um diese Kreatur zu machen. Tatsächlich schien er vollkommen ruhig. Als ich das sah, rutschte ich näher an ihn heran, kuschelte mich an seinen vertrauten Körper und machte mich so klein wie möglich. Dann begann das Ding zu brüllen – und was für ein Geräusch es machte! Meine Nackenhaare stellten sich auf, aber Bär zuckte immer noch nicht zusammen, sondern blieb unbeeindruckt, schaute nur interessiert. Und als mir klar wurde, dass Bärs Reaktion wohlüberlegt war, tat ich mein Bestes, ihm nachzueifern. Nun saßen wir also zu zweit ruhig da und schauten, und als wir dem Monster gelassen Aufmerksamkeit schenkten, schien sein Brüllen nachzulassen. Bald sah es verwirrt aus und stand sabbernd da, starrte uns an, sein großer Kopf kippte von einer Seite zur anderen. Es schien uns zu untersuchen, und als ich es so beobachtete, wurde mir klar, dass wahrscheinlich noch nie jemand so unbeeindruckt reagiert hatte wie wir. Die Bestie war offensichtlich daran gewöhnt, einen Aufschrei auszulösen, daran gewöhnt, dass alle vor ihr flohen. Aber ich saß weiter da und schaute, Bärs Vorbild folgend, aufmerksam hin, und jetzt bemerkte ich, dass außer Bär zu meiner Linken auch der heilige Mann zu meiner Rechten saß, während die Großmütter uns alle umgaben. Bär und ich wurden beschützt, und als ich mir dessen gewahr wurde, schossen mir Tränen in die Augen. Dann sprachen die Großmütter. »**Nichts kann dir Schaden zufügen**«, sagten sie, und der heilige Mann fügte hinzu: »Sie hat meinen Segen.« Und als das plumpe dunkle Ding das hörte, zuckte es die Schultern und schlenderte davon.

»Viele Dinge werden versuchen, dir Angst zu machen, versuchen, dich von deinem Weg abzubringen«, sagte Bär, »aber mach dir keine Sorgen.« Er schüttelte seinen zotteligen Kopf. »Halte den Kurs, und alles, was dich von deinem Ziel abzulenken versucht, wird verschwinden.«

»**Du erlebst ein *großes* Abenteuer**«, riefen die Großmütter. »**Du bist auf einer Reise ins Unbekannte, und du wirst diese Reise noch lange fortsetzen. Hab niemals Angst**«, sagten sie. »Danke«, sagte ich zu ihnen allen. »Ich werde versuchen, immer daran zu denken.«

Diese Reise ermutigte mich ohne Ende. »Wie«, fragte ich mich später, »kann ich mich von schleichenden Ängsten ablenken lassen, die aus dem Unterbewusstsein aufsteigen, wenn ich in der Lage bin, mich einem Monster wie diesem zu stellen? Danke, Bär«, wiederholte ich, immer und immer wieder. »Danke für diese Lektion, dafür, dass du mir gezeigt hast, wie machtvoll es ist, einem Monster einfach *zuzusehen*. Nicht reagieren, nur beobachten. Das ist es, was ich tun werde«, sagte ich. »Und die Großmütter haben Recht. Es *ist* ein Abenteuer.«

»Das Mutterland zurückfordern.«

Kurz nach der Begegnung mit dem Monster machten mein Mann und ich Urlaub in Europa. Unser Plan war, uns mit unseren niederländischen Freunden in Mailand zu treffen, an der Slow Food-Konferenz in Turin teilzunehmen und gemeinsam durch Norditalien zu fahren. Und nachdem dieser Teil unserer Reise vorbei war, würden Babs, Lilium und ich Roger in Mailand ins Flugzeug setzen, und wir drei Frauen würden zu den Großmüttertreffen in der Schweiz und in Belgien und Holland weiterfahren.

Wir begannen unseren Urlaub mit der Erkundung der italienischen Region Piemont, ihrer urigen Landschaft und bemerkenswerten Küche, wobei wir die erste Woche in kleinen Gasthäusern auf dem Land verbrachten. Eines Tages fuhren wir in die Stadt Bra, wo die Slow Food-Bewegung ihren Anfang genommen hatte. Wir fuhren in aller Ruhe durch die Altstadt, als mir plötzlich schlecht wurde und ich mit meinem wenigen Italienisch gerade noch rechtzeitig eine Toilette finden konnte. »Wo«, dachte ich beunruhigt, »kommt das jetzt her?« Ich hoffte, ich würde nicht krank werden und allen den Urlaub verderben.

Wir waren gerade auf dem Weg zurück zum Auto, als Babs und Lilium eine alte Kirche entdeckten und in ihr verschwanden. Nach mehreren Reisen durch Europa hatte Roger beschlossen, dass er für sein ganzes Leben genug alte Kirchen gesehen hatte, also ging er nicht hinein. Auch ich hatte vor, mich von alten Gebäuden fernzuhalten. Ich hatte gelernt, wie empfindlich ich auf Orte reagierte, die alte, eingeschlossene Energie enthielten, und obgleich ich sie von außen bewunderte, wollte ich diesmal nicht hineingehen. Außerdem fühlte ich mich im Moment schon unwohl genug.

Als wir auf unsere Freundinnen warteten, fiel mir auf der anderen Straßenseite ein Gebäude auf, das wie eine weitere Kirche aussah. Es hatte eine ungewöhnlich flache Front, und über einer Statue der Madonna auf der Vorderseite befand sich das Symbol eines Dreiecks mit einem Auge in der Mitte. »Dieses Symbol habe ich schon einmal irgendwo gesehen«, sagte ich, als wir die Straße überquerten. »Es ist alt. Möglicherweise ägyptisch«, vermutete ich, und als ich es untersuchte, zog mich das Gebäude in seinen Bann.

Babs und Lilium waren noch nicht zurück und Roger bummelte vor den Schaufenstern, aber ich konnte mich nicht von der Stelle rühren. Fasziniert von der Energie dieses Gebäudes stand ich davor, und um mich herum erhoben sich Wellen von Trauer und Angst. Was ich fühlte, war eine alte Angst, keine persönliche. Und als sie sich steigerte, hörte ich die alte Mutter dieses Ortes weinen. Dann begannen seltsame Szenen vor mir aufzublitzen. Statuen der Mutter wurden von dort weggekarrt, wo sie schon seit geraumer Zeit unbeachtet geblieben waren. Priester und Würdenträger entfernten sie, damit sie die Kraft dieser alten Stätten für ihre eigenen Zwecke nutzen konnten.

Inzwischen stand ich wie festgenagelt auf dem Bürgersteig. Ich konnte bei diesem schrecklichen Ereignis nur zuschauen, das sich in der Vergangenheit zugetragen hatte, und als die Hilferufe der Mutter und meine eigene offenbare Ohnmacht mich überwältigten, begann ich zu schluchzen. Als Babs und Lilium zu mir traten, fand ich kaum Worte, um ihnen zu erzählen, was geschehen war und was ich gesehen hatte. Ich hatte mich noch nie in meinem Leben so hilflos gefühlt, noch nie hatte ich von solchen Szenen, wie ich sie gerade erlebt hatte, gehört oder sie mir vorstellen können.

Obwohl ich von ganzem Herzen etwas tun wollte, um den Schmerz an diesem Ort zu lindern, waren meine Knie so weich, dass ich kaum noch stehen konnte. Aber mit einer holländischen Schwester an jeder Seite riefen wir gemeinsam das Netz aus Licht an und beteten. Dann entdeckte Babs eine Gedenktafel am Gebäude, und beim Entziffern der italienischen Inschrift stellten wir fest, dass dies doch keine Kirche, sondern ursprünglich ein Hospital war – betrieben von den Tempelrittern.

Wir schlossen uns in die Arme und beteten weiter, riefen die Großmütter, die alte Göttin dieses Ortes und Maria, die Gottesmutter, an. »Die schmerzvolle Zeit, die du durchlitten hast, ist jetzt vorüber«, sagte Babs zur weinenden Mutter. »Heute beginnt eine andere Zeit, und du bist nicht mehr allein, denn jetzt sind wir hier alle zusammen. Dieser Schrecken ist in der Vergangenheit passiert. Er ist vorbei«, sagte sie. »Die Großmütter sind gekommen, und es ist Zeit für die Mutter, zur Erde zurückzukehren.«

Am nächsten Tag fuhren wir zu unserem Hotel in Turin zurück, und mitten in der Nacht erschien mir der heilige Mann in meinem Traum. »Die Arbeit, die du tust, ist wunderbar«, sagte er, und dann überschüttete er mich mit Liebe. Jedes Mal, wenn ich mich an diesen Traum erinnere, breitet sich ein großes Glück über mich aus, das mich mit Vertrauen erfüllt. Dieses Gefühl würde mich in den kommenden Tagen tragen.

Kurz bevor wir nach Mailand fuhren, um Roger zum Flughafen zu bringen, fragte ich die Großmütter nach der Arbeit, die wir drei leisten sollten. »**Von hier stammen eure Ahnen**«, antworteten sie. »**Europa ist euer Mutterland, und das meiste Leid, das westliche Frauen erdulden (ob sie nun in Europa oder in anderen Teilen der Welt leben), stammt von hier.** «Sie hielten einen Moment inne und dann verbesserten sie sich. »**Ein Großteil des Leides, das Frauen** ***sowohl*** **in der westlichen als auch in der östlichen Hemisphäre erdulden müssen, kommt aus Europa. Deshalb müsst ihr die Arbeit hier tun.**« Das war eine starke Aussage, und ich wollte sie eingehender befragen, aber sie forderten mich auf, zu schweigen und nur zuzuhören.

»**Verbinde das Lichtnetz mit den Orten in Europa, die der Mutter heilig sind, die aber durch das Patriarchat ›gekappt‹ wurden**«, sagten sie, und als ich das hörte, musste ich gleich an das Krankenhaus in Bra denken. Es muss der Mutter einst heilig gewesen sein – das würde erklären, warum die Göttin, die mir dort erschienen war, in so großer Not war.

»**Es gibt in Europa mehr dieser gekappten Stätten als irgendwo sonst auf der Erde**«, sagten die Großmütter, »**und wenn du das Netz aus Licht mit ihnen verknüpfst, wirst du die Energie der Mutter freisetzen und überall hinfließen lassen, wo sich Europäer niedergelassen haben.**« Als ich das hörte, kam mir der Gedanke, dass alle Menschen europäischer Abstammung, ganz gleich, wo sie jetzt leben, von der Beseitigung der Kappung dieser alten heiligen Stätten profitieren werden. Die Großmütter nickten: »**Ja**«, sagten die Großmütter, »**breite das Netz aus und verknüpfe es.**

Ihr werdet auf eurem Weg nach Belgien durch Deutschland reisen«, sagten sie. »**Wenn ihr dort seid, denke daran, dass Deutschland ein heiliges Mutterland war, lange bevor es zum ›Vaterland‹ erklärt wurde. Verknüpfe**«, wiederholten sie und warfen mir einen durchdringenden Blick zu. »**Verknüpfe die heiligen Orte, die du kennst, und die, die du nicht kennst. Fordere das Mutterland zurück, und wenn du das tust, wirst du Männern und Frauen überall helfen.**

Diese Arbeit wird dir leichtfallen«, sagten sie und schauten mich genau an. »**Du wirst die heiligen Orte auf diesem Kontinent fühlen und spüren, denn du hast übersinnliche Fähigkeiten.**« Mir fiel die Kinnlade herunter, und ich drehte mich verwirrt um, aber wieder winkten sie meine Fragen ab. »**Du bist in Europa nicht so kulturgebunden wie deine Vorfahren**«, erklärten sie. »**Da du in Amerika geboren bist und deine Ahnenreihe schon mehrere Generationen lang dem Mutterland fern ist, wird es für dich einfacher sein zu sehen, was hier los ist.**

Jetzt beginnt der heilige Teil der Reise«, sagten die Großmütter und rieben sich freudig die Hände. »**Halte alle deine Sinne offen. Du bist hierhergekommen, um *zu ermutigen.* Fülle dich mit Mut, rufe den Mut, der (notgedrungen) mit den Frauen hier in den Untergrund gegangen ist. Noch einmal: Weil die kulturellen Bindungen, die sich auf diesen Kontinent beziehen, bei dir lockerer und weniger sind, ist es für dich leichter als für sie, das zu tun. Aber**«, sagten sie mit erhobenem Zeigefinger, »**der Mut liegt den Menschen in Europa tief im Blut. Das ist, was sie sind, und sobald du unsere Ermächtigung an sie und ihre Vorfahren weitergibst, wird dieser vielfach in ihnen vergrabene Mut wieder zum Vorschein kommen.**«

Als sie das sagten, schloss ich meine Augen. Dann richtete ich mein Gewahrsein nach innen und rief meine eigenen Vorfahren herbei, und kaum hatte ich sie gerufen, riefen sie auch schon ihrerseits ihre Vorfahren. Und so ging es – viele Generationen lang zurück und zurück. Es rührte mich, dass die Mutter meines Mannes, die einige Jahre vor meiner Begegnung mit den Großmüttern starb, die Ermächtigung erhalten wollte, und als sie vortrat, um sie zu empfangen, kamen mit ihr ihre Mutter, ihre Großmütter und ihre ganze Ahnenreihe – weit, weit in die Vergangenheit. Nun stand eine riesige Menschenmenge hinter mir. »**So arbeitet man an diesen heiligen Stätten**«, sagten die Großmütter, »**mit der Unterstützung, die die Vorfahren bieten.**« »Ja, Großmütter«, stimmte ich zu, mein Körper vibrierte vor Kraft. Die Kraft, die die Ansammlung von Vorfahren hinter mir vermittelte, war gewaltig.

»Der Planet selbst erwacht, wenn seine Menschen erwachen.«

Seit 1996, als die Großmütter zum ersten Mal auftauchten, wurde ich immer wieder gefragt: »Warum *gibt* es auf der Erde ein Ungleichgewicht zwischen Yin und Yang? Wie kam es überhaupt dazu?« Anfangs war ich so damit beschäftigt, die Botschaften der Großmütter zu verstehen und weiterzugeben, dass ich keine Zeit hatte, über diese Frage nachzudenken. Ich weiß nicht, wann sie mir schließlich wieder in den Sinn kam, aber eines Tages war sie plötzlich da. Endlich reiste ich also zu ihnen, um sie zu fragen.

Unterwegs zu ihnen dachte ich: »Ich sollte sie lieber gleich fragen, bevor mich etwas anderes ablenkt.« Und kaum kam mir dieser Gedanke, hörte ich die Großmütter sagen: »**Wir sind schon da.**« – Und da waren sie! Ich brauchte also gar nicht zu reisen. Ich brauchte nicht einmal meine Frage zu stellen. Sie waren bereit für mich, ohne dass ich etwas tun musste, und da fragte ich mich, ob der Prozess des Reisens vielleicht unnötig wurde. Vielleicht brauchte ich diese Art der Kontaktaufnahme mit ihnen nicht mehr.

»Großmütter«, sagte ich zu ihren erwartungsvollen Gesichtern, »als ihr1996 aufgetaucht seid, zeigtet ihr mir, wie stark die Energien von Yin und Yang aus dem Gleichgewicht geraten sind, und in den folgenden Jahren arbeiteten viele von uns mit euch zusammen, um dieses Ungleichgewicht wieder in Ordnung zu bringen. Aber jetzt wäre es gut, wenn ihr uns sagen würdet, was diese Energien überhaupt erst *so weit aus dem Gleichgewicht* gebracht hat. Ich weiß, dass hinter allem, was geschieht, der göttliche Wille steht«, sagte ich, »deshalb kann dieses Ungleichgewicht nicht einfach zufällig entstanden sein.«

Als sie mich schweigend betrachteten, fuhr ich fort: »Wir sind in unserem Wissen sehr begrenzt, Großmütter, aber wenn wir das besser verstünden, würde uns das sehr helfen.«

»**Dieses Thema ist schwierig für euch**«, antworteten sie. »Ja«, nickte ich. »Ich verstehe nicht, warum das passiert ist, und ich glaube auch nicht, dass es jemand anders tut.« »**Wir wissen, dass ihr das nicht versteht**«, sagten sie und schauten mich weiter nur an.

»Es heißt, es sei nicht gut, das Göttliche nach dem ›Warum‹ zu fragen«, sagte ich, »aber ich weiß nicht, was ich sonst sagen soll. Wegen dieses Ungleichgewichts von Yin und Yang hat es so lange so viel Leid gegeben...

also muss ich euch fragen… warum?« sagte ich noch einmal. Kaum hatte ich ausredet, wurde alles leer. Zuerst war nur Stille, dann Dunkelheit, und dann war da nichts… nichts. Keine Großmütter, kein Ich, kein Ding. Überhaupt kein Ding. Noch nie hatte ich eine solche Leere, ein solches Nichts erlebt.

Nach einer scheinbar sehr langen Pause sagten die Großmütter: »**Das geht über dein Verständnis hinaus.**« »Oh je«, stöhnte ich, »das habe ich mir schon gedacht, dass dieses Thema jenseits des menschlichen Verständnisses liegen könnte.«

»**Das, wonach du fragst, hat mit der Verbreitung von Liebe und Mitgefühl zu tun**«, sagten sie und schauten mich von der Seite an, um zu sehen, ob ich verstand. (Das tat ich nicht.) »**Es hat mit der Reichweite der Liebe zu tun**«, versuchten sie es noch einmal. Ich muss immer noch verwirrt ausgesehen haben, denn schließlich fragten sie: »**Siehst du, was jetzt in Amerika geschieht?**« »Ja«, nickte ich, »ich verstehe.

Wir haben gerade eine neue Regierung gewählt, und es gibt eine Welle der Hoffnung im Land.« »**Ja**«, sagten sie. »**Die Lage in deinem Land hat sich so weit verschlechtert, dass Amerika sich stärker der Hoffnung und dem Mitgefühl zuwendet, als es ohne diese dunklen Jahre der Fall gewesen wäre. Denke jetzt darüber nach, wie diese Situation mit dem zusammenhängt, was du gerade gefragt hast.**

Deine Frage hat mit dem Fluss von Yin und Yang zu tun«, sagten sie, »**damit, wie das eine gegen das andere drückt. Der Energiefluss auf der Erde verändert sich jetzt, und es gibt einen Aufschwung von Yin. Yin hat begonnen, in die Risse auf deinem Planeten zu fließen, sich in die verhärteten Herzen der Menschen auf der Erde zu ergießen und die Erdatmosphäre mit Liebe zu erfüllen. Erfreut euch dieser Veränderung**«, sagten sie, »**ihr habt lange darauf gewartet.**

Diese Veränderung der Energie ist Teil des göttlichen Spiels. Heute ist die Liebe in der Lage, zu wachsen, sich auszudehnen und jeden Zentimeter des Universums auf eine Weise anzufüllen, wie es früher nicht möglich war. Und«, sie lächelten und nickten aufmunternd, »**da seine Menschen erwachen, erwacht auch der Planet selbst. Alle, die ihr Herz**

öffnen, schaffen einen Platz für die Energie der Großen Mutter, einen Platz für sie, die das Leben liebt, hält und für alles Leben sorgt. *Das* ist die Wiederkehr der Großen Mutter. Sie kommt jetzt zurück, sie kehrt in euch zurück, in allen, die sich öffnen, um diese Botschaft zu empfangen. Sie kehrt wieder zu denen, die Teil dieses großzügigen Gebens und Nehmens sind, dieses Gebens und Nehmens«, wiederholten sie, und dabei wiegten sie sich hin und her.

»Es ist an der Zeit zu empfangen. Mache dir keine Gedanken über die Vergangenheit. Wenn du den Kopf nach hinten drehst und zurückschaust, um zu sehen, was *geschehen ist*, wird dich das nur verwirren. Geh lieber mit uns voran. Hättest du denn daran nicht mehr Freude, als deine Tage damit zuzubringen, alles zu ergründen? Es zu untersuchen, zu analysieren, in Schubladen zu packen und die Teile dann zusammenzubinden, um sie irgendwo aufzubewahren«, lachten sie. »Bald wird die Welt eine Wende hin zu Mitgefühl, Verbundenheit und Großherzigkeit vollführen«, lachten sie. »Yin und Yang sind auf dem Weg ins Gleichgewicht. Und mit diesem Harmonisieren und Ausbalancieren wirst du eine Rückkehr zum Dharma erleben, eine Rückkehr zum Leben auf die richtige Art und Weise.

Wir haben dir viele Male von den Qualitäten der Großen Mutter erzählt«, sagten sie, »aber wir erinnern dich noch einmal daran, dass die Große Mutter *alle* ihre Kinder liebt und überall das höchste Gute für das Leben anstrebt. Die Zeit, in die wir jetzt eintreten, ist deine Zeit. Du bist ein Teil ihrer Arbeit, Teil ihrer Mission. Freue dich daran«, sagten sie strahlend, »und danke.«

»Der Fortschritt auf dem Weg zur Vereinigung mit dem Göttlichen schreitet immer vorwärts – immer vorwärts.«

Als meine Arbeit mit den Großmüttern weiterging, war ich über ein Jahr lang von gewaltigen Veränderungen in meinem persönlichen Leben betroffen. Es fühlte sich an, als würde ich von einem Fluss der Verluste fortgerissen – überflutet von Krankheit, Trauer, Tod und Trennungen aller Art. Sowohl meine Mutter als auch meine beste Freundin lagen im

Sterben, und angesichts dieser Verluste begann meine Gesundheit zu schwächeln. Eines Tages, als es aussah, als sei ich aller Kraft beraubt, ging ich zu den Großmüttern und bat sie um Hilfe. »Großmütter«, bat ich meine weisen Lehrerinnen, »wie kann ich in einer solchen Zeit den Glauben bewahren und geerdet bleiben, wenn die Erde unter meinen Füßen schwankt?«

»**Wir halten dich fest**«, sagten sie und zogen mich zu sich heran. »**Wir halten dich fest. Fühle uns unter dir, hinter dir und an deiner Seite. Wir halten dich und wir *werden* dich durch alle kommenden Veränderungen hindurch halten. Lehn dich zurück und ruh dich auf uns aus**«, sagten sie. »**Wir sind hier und werden dich nie verlassen. Du wirst nie wieder allein sein, noch wirst du diese Veränderungen allein durchstehen müssen.**«

Sie sahen mich fest an, dann schüttelten sie den Kopf. »**Du suchst immer noch nach Hilfe, die von außen kommt, du suchst nach *uns*, als ob wir außerhalb von dir wären. Du wartest darauf, dass wir auftauchen. Du rufst uns oft an, als ob wir irgendwo weit weg wären**«, sagten sie und staunten, wie beharrlich ich an dieser Rückständigkeit festhielt.

»**Als wir das erste Mal zu dir kamen, erschienen wir von ›außen‹. Wir ließen dich uns ›sehen‹. Das mussten wir, um deine Aufmerksamkeit zu erregen, denn zu diesem Zeitpunkt hättest du unsere Botschaft nicht gehört, wenn wir nicht in irgendeiner Form *erschienen* wären. Wären wir als ›*Präsenz*‹ oder als ein inneres Wissen zu dir gekommen, hättest du diese Erfahrung nicht annehmen können.**«

»Ja«, sagte ich, »da habt ihr recht. Genau das hätte ich getan.« Sie schauten mich von oben bis unten an und sagten dann: »**Aber du bist nicht mehr an diesem Punkt in deinem Leben. Du hast dich weit darüber hinausentwickelt und musst nicht mehr außerhalb von dir gucken, um die Gegenwart des Göttlichen zu erfahren.**

Erinnere dich«, sagten sie, »**der Weg der Vereinigung mit dem Göttlichen geht nur vorwärts – immer vorwärts. Weder geht er zurück, noch steht er still. Weil das so ist, kannst du jetzt nicht dieselbe Beziehung zu uns haben wie vor zehn Jahren. Das ist ausgeschlossen, weil du in diesen zehn Jahren so viel mehr geworden bist.**

Wann immer du vergisst, wie weit du schon bist, wann immer du vergisst, dass du *tatsächlich* eins mit uns bist, wirst du Angst und Zweifel anheimfallen, und jedes Mal, wenn der Verstand dich in Angst versetzt, wird dein Glaube ins Wanken geraten. Das wird noch eine Weile so bleiben«, sagten sie und zuckten die Achseln. Dann blickten sie mir direkt in die Augen. »Die Zeit, in der du lebst, *wird* dich erschrecken und deinen Glauben herausfordern. Die täglichen Dramen, die du jetzt durchlebst, werden dich mit sorgenvollen Gedanken löchern und deine Entschlossenheit, eins mit Gott zu sein, auf die Probe stellen. Viele Menschen erleben in dieser Zeit Verluste, und die Gefühle von Traurigkeit und Angst, die mit dem Verlust einhergehen, können den Glauben erschüttern.

Aber«, sagten sie und wedelten mit den Fingern vor meinem Gesicht, »du wirst stärker, wenn du diese sogenannten Verluste überstehst, und *du musst stärker werden*, wenn du mit dieser Arbeit vorankommen willst.« Ich musste schlucken, als ich das hörte. »Wir werden dich in dieser schwierigen Zeit halten. Wir werden dich niemals fallenlassen, aber denke daran, dass du darum gebeten hast, in dieser sich radikal verändernden Welt zu dienen, und wir versichern dir, dass das, was du jetzt durchmachst, dich auf einen größeren Dienst vorbereitet. Sei mutig«, sagten sie. »Lass den Verlust deinen Lehrer sein und wende dich uns zu – *wende dich nach innen.* Wir sind hier, und wir werden dich nie im Stich lassen.«

»Du wirfst wieder eine Haut ab.«

Wenige Tage danach kehrte ich zu ihnen zurück, mit einer Trostlosigkeit, die wie nasser Zement auf mir lastete. Ich konnte mit meiner Mutter oder meiner sterbenden Freundin nicht darüber sprechen, wie niedergeschlagen ich war, sie zu verlieren. Während des Sterbeprozesses hatten sich diese beiden wertvollen Frauen nach innen gekehrt und waren für mich nicht mehr erreichbar.

Meine Mutter stand zu sehr unter Drogen, und Mahri war von Schmerz und Schock überwältigt. Auf keinen Fall wollte ich sie mit dem, was ich durchmachte, belasten, und ich wusste nicht, wo ich mit meiner Trauer hinsollte. »Alles, was ich tun kann, ist, mich nach innen zu wenden,

Großmütter«, sagte ich, als ich vor meinen hingebungsvollen Lehrerinnen stand, »und das Dasein dort zu spüren. Das ist das Beste, was ich tun kann, und es ist ja auch nicht schlecht. Nur ist es schrecklich einsam so. Ich vermisse es sehr – unser liebevolles Beisammensein. Ich vermisse sie sehr – diese freudige Teilhabe«, sagte ich. »Aber der freudige Teil ist weg. Tatsächlich ist auch die Teilhabe weg. Sie sind weit weg von mir. Ich schwinge auch anders, Großmütter«, sagte ich. »Ich bin jetzt in einem neuen Zustand, und obwohl diese gegenwärtige Schwingung im Inneren noch undeutlich ist, kann ich den Unterschied spüren.«

»**Du wirfst noch eine Haut ab**«, antworteten sie und betrachteten mich mitfühlend. »**Die Häutung, die du erlebst, geschieht, wenn du über den Zustand scheinbarer Trennung hinauswächst. Häute schützen**«, sagten die Großmütter, »**aber Häute trennen auch Menschen voneinander, ein Wesen von einem anderen. In dieser Zeit wächst du über den Zustand der Trennung hinaus.**« Mein Verstand war von der Traurigkeit dumpf, umwölkt, aber als ich ihre Worte hörte, spürte ich neue Zuversicht.

»Ich *bin* am Wachsen«, gestand ich mir ein, und als ich es sagte, wurde ich mir der Verbundenheit gewahr, die ich für die Frauen in den Großmüttergruppen in Europa empfand, die sich erst kürzlich gemeldet hatten. Es war, als ob diese Frauen tatsächlich anwesend wären. »Sie sind hier«, sagte ich zu den Großmüttern und fragte mich, woher ich das wusste. »Und ich bin da«, fügte ich hinzu. »Und… und…«, stammelte ich, »ich bin auch in Indien.

Großer Gott!« rief ich aus: »Ich bin überall!« Erstaunt darüber, dass ich an so vielen Orten gleichzeitig sein konnte, sagte ich: »Ich fühle mich überhaupt nicht wie ich selbst. Jedenfalls nicht wie mein altes Ich. Tatsächlich kann ich mich jetzt nicht einmal mehr wie mein altes Selbst fühlen. Es ist nicht mehr da. Diese Haut ist *weg*«, sagte ich zu den Großmüttern, und dann schaute ich sie direkt an. »Ihr habt recht«, sagte ich zu meinen weisen Lehrerinnen.

»**Dir wächst eine neue Haut**«, sagten sie und schenkten mir ein beruhigendes Lächeln, »**und diese Haut ist die *Einhaut*. Eine Haut aus einem Guss**«, erklärten sie. »**Diese neue Haut bedeckt alles. Sie wird dich an**

das Ganze des Lebens binden, nicht an getrennte Individuen, sondern an das Ganze.« »Ja, Großmütter«, antwortete ich und seufzte erleichtert.

Nach einigen Minuten der Stille, in denen ich über alles nachdachte, sagte ich: »Großmütter, mir scheint, es wäre gut, wenn auch andere diese Botschaft hören. Ich weiß, dass ich nicht die einzige bin, die so gelitten hat.« »**Ja**«, stimmten sie zu, »**das elende Gefängnis des abgetrennten Bewusstseins zu verlassen, um mit dem gesamten Bewusstsein eins zu sein, das passiert am Ende in jedem Leben. Es ist ein Unterschied wie zwischen dem immer gleichen enttäuschenden Schwarzweißfilm und dem vollen Leben in all seinen Farben und seiner Mannigfaltigkeit.**«

»Wie kann ich damit anfangen?« fragte ich und korrigierte mich gleich: »Wie können *wir* damit anfangen? Wie können wir anfangen, das ganze Leben in lebendigen Farben zu betrachten?« »**Es gibt nichts, was du tun kannst oder tun musst, um es zu erreichen**«, antworteten die Großmütter. »**Nach und nach wirst du der Wiederholung der immer gleichen Dramen des Lebens müde wie auch der alten Bindungen und Rollen. Nicht jeder wird auf diese Weise müde oder hat zur gleichen Zeit die Nase voll**«, erklärten sie, »**denn alle entwickeln sich in ihrer Geschwindigkeit, und das sollten sie auch. Manche sind jedoch schon von der Vorhersehbarkeit ihres Zornes, ihrer Gefühle von Verzweiflung, Angst und Enttäuschung desillusioniert. Sie sind ihrer flüchtigen Anhaftung an die eine oder andere Empfindung überdrüssig. Du bist eine von ihnen.**

Wenn man lange genug auf der Achterbahn des Lebens fährt, beginnt man sich zu fragen: ›Gibt es etwas jenseits dieser Achterbahn?‹ Diese Frage macht das kleine, abgetrennte Selbst, mit dem du dich identifiziert hast, weniger anziehend, und dann interessierst du dich für Dinge jenseits der scheinbaren Trennung von anderen, für etwas jenseits der scheinbaren Abgetrenntheit von allem, was ist. Dass diese Anziehung wegfällt, ist alles «, lachten sie, »**denn natürlich lautet die Antwort auf ›Gibt es etwas jenseits dieser Achterbahn?‹ ein ›Ja‹. Und wenn du wissen willst, was es ist, offenbart es sich von selbst.**

Das Erwachen, von dem wir sprechen, ist nicht etwas, das von jetzt auf gleich geschieht. Vielmehr ist es ein Wachsen des Bewusstseins. Ein

großer Teil unserer Mission«, sagten die Großmütter, »**besteht darin, euch dabei zu helfen, über die Grenzen jenes Gefühls der Trennung hinauszuwachsen, das ihr schon so lange als *Realität* akzeptiert habt. Euch über den alten Tanz der Dualität hinauszubewegen«**, kicherten sie, »**wo du das Gefühl hast, nie genug zu sein, und wo du dein Leben in Trauer und Wut verbringst.«** Sie warfen ihre Köpfe zurück und lachten herzlich. »***Du bist genug*! Du bist mehr als genug.«**

Sich an die Frage erinnernd, mit der ich heute gekommen war, sagten sie: »**Du fühlst jetzt nicht mehr dasselbe wie früher in deinem Leben, weil du *nicht mehr dieselbe* bist. Und auch die Orte, Menschen, Ideen und Identitäten in deinem Leben verändern sich. So soll es auch sein. Lasse dich eine Weile ungebunden in diesem neuen Zustand schweben und beobachte einfach. Wir verstehen, dass du dich unsicher fühlst, aber obwohl dieser Zustand für dich ungewohnt und daher unangenehm ist, kommst du in die wahre Sicherheit deines Seins. Du gelangst zur Wahrheit. Anders gesagt: ›Du wächst in deine Größe hinein.‹ Und ganz gleich, welche Veränderungen du durchmachst, wenn diese Prozesse laufen, und ganz gleich, was von dir abfällt, wir sind immer da. Wir sind jetzt hier bei dir.«**

Als sie das sagten, spürte ich sie ganz deutlich. Sie *waren* bei mir. In diesem Moment fühlte es sich an, als wären wir zusammen zu einem Wesen geworden. Zusammen waren die Großmütter und ich in einer Haut, und jetzt wurde mir bewusst, dass ich die Vorderseite, die Rückseite und die Seiten dieser einen Haut sehen konnte, über die sie mich belehrt hatten. »Jetzt hier!« rief ich aus, als ich begann, das Leben von diesem Standpunkt aus zu betrachten. »Das ist eine neue Art zu sein.«

Wieder »Yang werden«

Der Verlust meiner Mutter und meiner Freundin betraf alles an mir, sogar mein Herz spielte verrückt– es raste und flimmerte. Ich fühlte mich oft schwindelig und benommen. Das wurde offensichtlich, als ich das letzte Mal zu meiner Mutter fuhr; da musste ich das Auto auf die Standspur der Autobahn lenken – aus Sorge, in Ohnmacht zu fallen. Ich wusste, dass zwar viel von dem Stress, den ich fühlte, von mir ausging, aber nicht alles. Ich »fühlte« jetzt die Verwirrung meiner Mutter; ich »fühlte« Mahris Schmerz. Schon lange wusste ich, dass ich die Tendenz hatte, die Probleme anderer Menschen in meinen Körper zu übernehmen. Tatsächlich hatte man mir schon häufiger gesagt, ich sei ein »Seelen-Mülleimer«, und so sehr ich diesen Begriff auch hasste, schien er doch zu stimmen. Ich nahm an, dass es diese Neigung war – etwas zu übernehmen, was nicht wirklich »meine« Angelegenheit war –, die mein Herz verrücktmachte. »Wenn ich mich jetzt schon so fühle«, fragte ich mich, »was wird erst, wenn ich zum nächsten Großmüttertreffen in Europa fahre, wo so viele Menschen sind? Werde ich dort auch Dinge von *den anderen* übernehmen?« Ich wurde langsam unsicher, weil ich emotionale Zustände annahm, die nicht meine waren – besonders dort, wo Hunderte von Menschen zur Arbeit mit den Großmüttern zusammenkamen.

Ich wusste, dass ich in dieser Frage Klarheit schaffen musste. Alles, was ich wirklich wollte, war, weiterzumachen mit der Arbeit, die mir aufgetragen worden war. Ich wollte es schlicht halten – die Menschen lieben und ihnen helfen, wann immer ich konnte. Das war alles, was ich wollte. Ich wollte annehmen, was mir gegeben wurde, und einfach weitermachen.

»Großmütter«, sagte ich, als ich das nächste Mal zu ihnen ging, »bitte helft mir dabei. Wie lasse ich die Menschen fühlen, was immer sie fühlen, lasse sie durchmachen, was immer sie durchmachen, und *bin* einfach da? Ich möchte sie lieben, aber ich möchte nicht alles auf mich nehmen.«

»**Wir werden dir zeigen, wie man das macht**«, sagten sie, und als ich das hörte, ließ ich mich auf meinen Sitz plumpsen. »Ich werde warten, wie lange es auch dauert«, murmelte ich, aber wie sich herausstellte, brauchte ich gar nicht lange zu warten. Nachdem sie mich aufmerksam beobachtet hatten, nahmen mich die Großmütter bei den Schultern, drehten mich um und zeigten mir »mich selbst«. Dieses »Selbst« saß mit ihnen im Kreis, und das erste, was mir an ihm auffiel, war die gerunzelte Stirn – die tief gerunzelte Stirn. Mein Selbst beugte sich zu ihnen hinüber und konzentrierte sich; tatsächlich lehnte sich dieses »Ich« sowohl energetisch als auch physisch so sehr zu den Großmüttern hinüber, dass »ich« in ihren

Raum eindrang. »Oh!« rief ich aus, als ich bemerkte, was ich da tat. »Sieh einer an! Ich bin aus meinem Raum in ihren vorgedrungen.«

Als ich weiter zusah, wurde mir klar, dass es nicht nur unangenehm aussah, sondern sich auch falsch anfühlte, sich so weit hinüberzulehnen. Also korrigierte ich mich schnell und kehrte in meinen Bereich zurück. Das dauerte aber nur ein oder zwei Sekunden, dann tat ich es erneut! Und als ich mich dieses Mal zu den Großmüttern hinüberlehnte, sah ich, wie sie zurückwichen. »Oh nein!« rief ich. »Ich bin so weit in ihrem Bereich, dass sie sich zurückziehen müssen, um ihr Gleichgewicht wiederzufinden.«

Da schoss mir eine Szene aus meiner Lehrerinnenlaufbahn durch den Kopf. Ich hatte an einer Schule für problembelastete Jugendliche gearbeitet, und als mir der Schulpsychologe einmal zusah, bemerkte er meine Körpersprache. Ich hatte mich einem Jungen zugewandt, während ich ihm aufmerksam zuhörte, und der Psychologe sagte: »Ich habe noch nie jemanden gesehen, der einfühlsamer war als Sie. Ihre Körpersprache und alles andere.«

»Oh Gott«, stöhnte ich, als es mir wieder einfiel. »Oh je! Daher kommt das alles. Seitdem er mir das gesagt hat, bin ich stolz darauf, so ›einfühlsam‹ zu sein, aber man schaue sich das an! Das ist nicht einfühlsam! Das ist nicht hilfreich! Wenn ich so in den Raum eines anderen Menschen eindringe, lenke ich am Ende die Aufmerksamkeit auf mich – *im Grunde mache ich mich zu wichtig und nehme meine Gegenüber nicht wichtig genug.* Und dann verlieren sie ihr Gleichgewicht.« Ich schüttelte abwehrend den Kopf. »Oh weh!!«

Jetzt sah ich mich, wie ich es wieder tat – diesmal mit meinen Kindern und dann mit meinen Freunden. Ich lehnte mich weit vor und verletzte im Grunde ihren Raum. Ich sah zu, wie es sich immer und immer wieder wiederholte. »Großmütter«, sagte ich, »das ist widerlich … einfach schrecklich. Aber«, sagte ich mit einem Seufzer, »danke, dass ihr es mir gezeigt habt, denn jetzt sehe ich, was für Probleme es verursacht. Es hilft nicht nur den anderen nicht, sondern ich stecke mehr Energie in diese Situationen, als sie verkraften können. Ich versuche so sehr, *zu verstehen* und zu *helfen*, dass ich mich selbst überstrapaziere. Oh mein Gott!« rief ich aus. »Es ist wieder die Energie von Yang. Ich werde yang!« Da lachten die Großmütter brüllend los. Ich aber war so entsetzt über mein Verhalten, dass ich sie nur anstarren konnte, bis auch mir endlich die Lächerlichkeit der Szene klar wurde und ich ebenfalls loslachte.

»Es läuft darauf hinaus, dass ich euch nicht genug vertraue, nicht wahr, Großmütter?« sagte ich schließlich. »Ich denke immer noch, dass ich diejenige bin, die alles macht, und glaube immer noch, dass es meine Aufgabe ist, es ›richtig‹ zu machen.« Jetzt erschien mir die Situation so dumm, so unbedarft, so albern, dass ich meine Hände in die Luft warf. »Ich gebe auf, Großmütter«, sagte ich. »Ich gebe auf. Ich bin ein Trottel. Ich bin wirklich ein Dummkopf, weil ich es immer noch nicht begriffen habe. Ich lande einfach immer in der gleichen Spur. Bitte zeigt mir, wie ich dieses Verhalten ein für alle Mal ablegen kann. Zeigt mir, wie ich euch voll und ganz vertrauen kann, wie ich alles euch überlassen kann. Das ist es, was ich will.«

»**Wende dich nach innen**«, antworteten sie. »**Wende dich nach innen, wende dich nach innen, wende dich nach innen.**« »Ja«, sagte ich und atmete erleichtert auf, »das werde ich.«

Diese Erfahrung mit den Großmüttern machte mir mein Verhaltensmuster deutlich, und nur wenige Monate nach diesem Zusammentreffen starb meine geliebte Freundin. Mahri kam danach viele Male in meinen Träumen und Meditationen zu mir, aber als sie starb, wusste ich das noch nicht. So weinte ich um mein kleines, menschliches Selbst, das glaubte, nie wieder Mahris Stimme hören oder das Licht in ihren Augen sehen zu können, und ich weinte Tränen der Dankbarkeit, dass sie endlich von ihrem Leiden erlöst worden war.

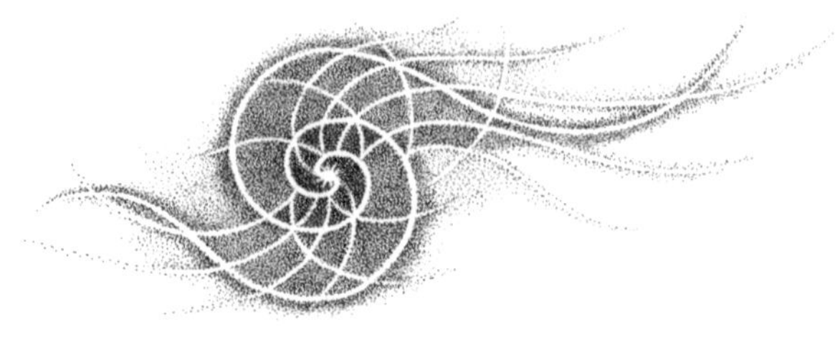

KAPITEL 5

Weitet eure Herzen – ihr seid bereit

»Wenn ein Mensch etwas tut, was ihr nicht für richtig haltet, neigt ihr dazu, euer Herz vor ihm zu verschließen und ihn auszuschließen.«

Nach dem Verlust meiner Freundin hatte ich viel zu verarbeiten, und es vergingen sieben Monate, bis ich wieder zu den Großmüttern ging. Während dieser schwierigen Zeit unterstützten sie mich und hielten mich jeden Tag aufrecht, aber ich hatte nicht die Kraft, mich an sie zu wenden, um mehr zu lernen. Bis heute. »Großmütter«, sagte ich, als ich endlich vor ihnen stand, »ich hatte das Gefühl, dass ihr mit mir über etwas reden wollt.« Kaum hatte ich das gesagt, fingen die Hunde an zu bellen, und ich hörte die Klospülung. Die Großmütter zuckten mit den Schultern und lachten über mein Dilemma. »**Die Überschneidung von alltäglicher und nicht-alltäglicher Wirklichkeit**«, sagten sie und warfen die Hände in die Luft, »**vollkommen normal.**« »Danke, Großmütter«, sagte ich und sprang auf, brachte die Hunde zur Ruhe und stellte die Spülung ab.

»Okay«, sagte ich, als ich zurückkam, »was wollt ihr mir sagen?« »**Deine Freundin Mahri arbeitet mit uns zusammen.**« »Oh!« rief ich, und dann sah ich sie. Mahri saß bei ihnen, und als ich sie musterte, lachte ich laut auf, weil ich an ihrem Gesicht sah, dass es ihr gefiel, bei den Großmüttern zu sein. »**Sie ist eine echte Freundin**«, sagten sie. »Ich weiß, Großmütter, ich weiß«, antwortete ich und war überrascht, dass ich nicht in Tränen ausbrach. »**Ihr beide werdet eine Schnittstelle zwischen der nicht-alltäglichen und der alltäglichen Realität bilden, ihr werdet ein gutes Team sein.**« Mein Herz tat einen Sprung, als ich das hörte, und doch überraschten mich ihre Worte irgendwie nicht.

Mahri und ich waren uns so nahe gewesen; wir waren auf derselben Wellenlänge. Und obgleich sie körperlich nicht mehr da war, hatte ich gewusst, dass sie irgendwie in meinem Leben bleiben würde. Schon lange Zeit war mir bewusst, dass der Tod nicht das war, was man uns erzählte, und sie so wiederzusehen, war der Beweis. Sie und ich hatten im Leben zusammengearbeitet, und jetzt würden wir wieder zusammenarbeiten. Der Schleier der Trennung, den wir Menschen »Tod« nennen, wurde tatsächlich dünner. Ich grinste die Großmütter und meine Freundin an, als ich daran dachte, wie wunderbar dieses Treffen war. Dann kamen mir die Tränen, und durch ihr Glänzen sah ich, wie wunderschön die Großmütter und Mahri funkelten.

»Erzählt ihr von den Männern«, sagte Mahri zu den Großmüttern, eifrig darauf bedacht, an die Arbeit zu gehen. Sie lächelte mich wissend an, und mir fiel wieder ein, wie sehr sie sich in den letzten Jahren ihres Lebens für die Arbeit mit Männern eingesetzt hatte. Dies war zu ihrem Schwerpunkt geworden, nachdem Jesus ihr im Traum erschien und sagte: »**Arbeite mit den Männern.**« »Erzählt mir davon, Großmütter«, sagte ich. »Ich will es hören. Ich weiß, dass Männer Hilfe brauchen. Mahri hat das schon vor mir begriffen«, sagte ich, »aber *wie* können wir helfen?«

Lächelnd legten die Großmütter ihre Arme um uns beide und zogen uns mit in ihren Kreis. »**Öffnet eure Herzen ganz bewusst den Männern**«, sagten sie. »**Haltet an diesem Gedanken fest. Manchmal spürt ihr den Drang, euer Herz vor den Männern zu verschließen, besonders wenn ihr von ihrem schlechten Verhalten erfahrt. Aber wir bitten euch, ihnen euer Herz *zu öffnen* und es offenzuhalten.**

Wenn ein Mensch etwas tut, was ihr nicht für richtig haltet, neigt ihr dazu, euer Herz vor ihm zu verschließen und ihn auszuschließen. So

werden Gefangene behandelt. So wird der sogenannte Feind behandelt, und so werden Menschen von anderer Rasse oder Herkunft behandelt. Wenn die Herzen sich verschließen, gelangt keine Energie zu den anderen. Das ist falsch«, sagten die Großmütter kopfschüttelnd. **»Heute ist die Menschheit aufgefordert, großherziger zu sein als in der Vergangenheit. Die Zeit ist reif für Erweiterung, und das Verschließen des Herzens verhindert Erweiterung.«**

Ich hörte ihnen aufmerksam zu, als sie sprachen, und erinnerte mich an meine Freundin Peggy, die mir erzählte, wie viele indigene Völker mit diesem Thema umgehen. Wenn Menschen in sogenannten primitiven Gesellschaften kriminelle Handlungen begehen, bilden ihre Familien und Freunde einen Kreis um sie und »er-innern« sie an all die wunderbaren Dinge, die sie sind und waren. Sie erinnern sie an die guten Dinge, die sie in ihrem Leben getan haben, und dieses *Erinnern* hilft, sie wieder in Einklang zu bringen, hilft ihnen, wieder »zu Verstand« zu kommen. Diese Menschen glauben, dass die Kraft der Liebe jede Negativität, sogar kriminelles Verhalten, verwandelt. Ich schaute zu den Großmüttern auf, und sie lächelten.

»Jetzt werden wir über die Beziehung zwischen Männern und Frauen sprechen«, sagten sie. **»Die meisten Frauen glauben, dass sie den Männern ihr Herz geöffnet *haben*, aber tief im Inneren der Frauen gibt es sehr viel Angst, Hass, Ekel und tiefes Entsetzen. Das sind Reaktionen auf Ereignisse, die sich in der Vergangenheit zwischen Frauen und Männern abgespielt haben. Viele dieser Traumata haben sich in den Frauen festgesetzt.**

Historisch gesehen wurden die Frauen von Männern schlecht behandelt, und auch heute noch wird nicht fair mit ihnen umgegangen. Weil sie nicht als gleichberechtigt angenommen werden«, sie blickten mir scharf in die Augen, **»haben sie große Angst, und das verschließt sie emotional. Selbst wenn ihr also glaubt, euer Herz den Männern zu öffnen, öffnet ihr es nur ganz wenig und selbst dann nur oberflächlich.**

Das machen wir euch nicht zum Vorwurf. Das Herz abzuschalten, ist eine Gewohnheit, eine, die dadurch entstanden ist, dass man Männern

nicht trauen kann. Aber um eure *eigene* Größe anzunehmen, müsst ihr euch öffnen. Ihr könnt nicht zu wahrer Größe gelangen, wenn ihr euch verschließt, zurücknehmt und abschirmt. Ihr müsst eure Arme und euer Herz weit öffnen und ›J-a-a-a‹ sagen.

Ihr *könnt* es schaffen«, sagten sie mit kräftiger Stimme. »**Ihr könnt es tun, weil ihr jetzt mächtiger seid als in den Jahrtausenden zuvor. Tut es**«, riefen sie, »**und wenn ihr eure Herzen öffnet, wird sich alles auf der Erde verändern. Noch einmal rufen wir euch zu eurer Größe. So haben wir euch über die Jahre hinweg gerufen. In der Vergangenheit haben wir euch gebeten, euch schrittweise zu öffnen, aber jetzt bitten wir euch, in eine Größe zu treten, die ihr euch bisher nicht vorstellen konntet. Und wir versprechen euch, dass ihr es könnt**«, sagten sie. »**Ruft uns, und wir werden euch zeigen, wie – wie man sich öffnet, wie man sein Herz erweicht und weitet. Ihr seid bereit.**

Wir haben heute sehr viele Informationen für dich«, sagten sie, und ich setzte mich schnell auf, wollte nichts verpassen. Dann kamen sie näher und schienen mich zu untersuchen. Das machte mich unruhig, und das nervöse Gefühl verstärkte sich, als ich hörte, wie eine von ihnen flüsterte: »**Ist sie bereit?**«

Was meinte sie damit? Doch bevor ich fragen konnte, sah ich etwas Hartes und Rundes vor mir in der Luft schweben. Es sah ein bisschen wie eine Kugel aus, doch mehr wie eine Faust als eine Kugel, und als ich es näher betrachtete, sah ich Rot und Schwarz um es herumwirbeln. Es *war* eine Faust – eine dunkle Faust der Wut. »Das ist männliche Energie«, sagte ich zu mir, als ich sie musterte, »und sie ist schon lange in einer Box. Was heißt das – ›sie ist in einer Box‹?« fragte ich mich, und sofort begann mein Verstand mit Worten zu spielen – *boxen, geboxt, Boxen, Boxhandschuhe.* In der Faust war das Gefühl des Schlagens oder Ausschlagens. Es war eine einzige wütende Faust.

»Das ist interessant«, murmelte ich vor mich hin, als ich es anstarrte, »aber was bedeutet es? Ich beobachtete es weiter, kam aber nicht darauf, also stellte ich meine Frage erneut. »Großmütter, ihr wolltet heute mit mir über etwas sprechen. Was ist es?«

»Die rasende Wut in dieser Faust muss zum Ausdruck gebracht werden«, sagten sie, **»und die Frauen fürchten sie. Sie fürchten sie, weil sie oft die Hauptlast der Wut getragen haben. Das ist der angstvolle wütende Stier, den wir dir schon vor vielen Jahren gezeigt haben.«**

Ich erinnerte mich an den Stier, über den sie sprachen. Sie hatten ihn mir kurz nach ihrem ersten Erscheinen gezeigt. Der Stier war eine verrücktgemachte wilde Kreatur, immer getrieben bis das Seil ihn zum Halten brachte, und ich erinnerte mich, dass er schreckenerregend und zugleich voller Angst war.

»Die Faust, die du hier siehst, steht, wie der Stier, den wir dir früher gezeigt haben, für die Yang-Energie, wie sie heute auf der Erde ist. Diese Energie fühlt sich bedroht. Sie will sich ausdrücken, und wenn sie sich nicht ausdrücken kann«, sagten sie und warfen die Hände hoch, **»schlägt sie zu. Und«**, fügten sie hinzu, als sie mich mit gerunzelter Stirn ansahen, **»wenn sie zuschlägt, dann tut sie das oft bei Frauen.«** Ich sah sie fragend an. »Bei Frauen? Warum bei Frauen?« **»Frauen sind die Trägerinnen von Yin«**, erklärten sie, **»und die unausgeglichene Energie von Yang sucht verzweifelt nach Yin.**

Wenn du zusiehst, wie die Faust um sich schlägt, erinnert dich das vielleicht an ein Baby, das einen Wutanfall hat«, sagten sie, und ich sah, was sie meinten. Dann fühlte ich es. Die aufgestaute Energie von Yang war jetzt stark. Sie drückte vehement, und ich konnte ihre vibrierende Spannung spüren. Tatsächlich begann mein Körper zu zittern. **»Er weiß nicht mehr, was er mit sich anfangen soll. Jetzt spürst du, wie sich die Spannung in deinem Körper aufbaut«**, sagten sie und bestätigten, was ich wahrnahm, **»und deshalb kannst du besser verstehen, wie diese unausgeglichene Energie von Yang aussieht.**

Diejenigen, die von dieser vibrierenden Kraft überrollt werden, wissen nicht, wohin damit«, erklärten sie und schüttelten mitleidig den Kopf. Und aufgrund dessen, was ich in meinem Körper fühlte, verstand ich, was sie meinten. **»Was bei dieser Stauung oft passiert, ist Folgendes: Das ›Baby‹ wendet sich gegen seine Mutter, gibt ihr die Schuld, schreit sie an und schlägt sie. Menschen mit einem unausgeglichenen Yang tun das**

immerfort, Frauen wie Männer, aber Männer schlagen vor allem auf Frauen ein. Natürlich schlagen sie auch auf Kinder, auf die Gesellschaft und auf einander ein. Du kannst sie manchmal beobachten, wenn sie in dieser Energie gefangen sind, wenn sie wie Geschosse aufeinanderprallen und voneinander abprallen. Diese Energie ist glühend heiß«, sagten sie. »**Heiß und von außerordentlicher Kraft.**

Aber diese Energie kann auch auf positive Weise genutzt werden. Wenn sich eine Gelegenheit bietet und diese unausgewogene Energie in humanitäre Bestrebungen fließen kann, äußert sie sich oft in heldenhaften Taten. *Diese Energie kann der Menschheit dienen*«, sagten sie. »**Aufgrund ihres Vorwärtsdranges drängt sie ganz nach Yang-Art voran, und wenn sie sich zeigt, ist sie eine Kraft von solcher Wucht, dass sie in der Lage ist, andere mitzureißen. Wenn diese Kraft vom Wunsch zu dienen bewegt ist, ruft ihre zuvor unterdrückte Energie einen starken Vorwärtsimpuls hervor. Dann wird sie zu einem Vehikel für positive Veränderungen.**

Ohne ein ehrenhaftes Ziel vor Augen zu haben, spüren die Männer dennoch die Stärke dieser aufsteigenden Kraft in sich, aber sie wissen nicht, was sie damit anfangen sollen. Die Energie will sich ausdrücken, aber ohne das richtige Ziel fehlt ihr ein Kanal. Und ohne einen Kanal ist diese Kraft am Ende willkürlich und schädlich.«

»Großmütter«, sagte ich, »was ihr hier vermittelt, ist mir neu, aber es passt zu dem, was ich beobachtet habe.« Nachdem ich eine Weile darüber nachgedacht hatte, sagte ich: »Okay, ich glaube, ich habe es verstanden. Was können Frauen also tun?«

Die Großmütter wuchsen vor meinen Augen und wurden immer größer und größer, bis sie mich schließlich weit überragten. »**Zuerst**«, sagten diese Riesenfrauen, »**verankert euch in Mutter Erde. Lasst euch in eure Grundfesten sinken und verharrt dort. Ihr seid Behältnisse für Yin**«, sagten sie und sahen mich streng an. »**Ihr seid groß, ihr seid tief, und ihr habt die Kraft zu halten.**«

Ich war mir nicht sicher, was das alles bedeuten sollte, aber dann sah ich aus dem Augenwinkel mehrere Objekte –schalenförmige Gebilde. Es waren tassenförmige Gefäße, die tief in die Erde eingelassen waren. »**Ja**«, sagten die Großmütter, »**was du hier siehst, ist genau das. Jede von euch, die sich bereiterklärt hat, die Energie von Yin zu halten, trägt dazu bei, diese Gebilde zu schaffen, riesige Yin-Tanks in der Erde.**«

Ich bekam große Augen, und die Großmütter nickten. »**In die Tiefe deines Seins zu fallen, wird dich verankern, verankert dich noch in den seltsamsten und schwierigsten Zeiten. Wenn du so verankert bist, wirst du jeder tiefgehenden Energieverschiebung standhalten, die auf dich zukommt. Dein beständiges Halten wird der unausgeglichenen Energie von Yang entgegenwirken. Du wirst das Yang erden können, damit es nicht willkürlich hervorkommt und Verwüstungen anrichtet.**«

Ich blickte sie erstaunt an. »Ihr Großmütter«, sagte ich zu diesen erhabenen Wesen, »erschafft ein Netzwerk der Macht, eine Großmütter-Schwestern-Bruderschaft der Urgewalt. Ein Netzwerk, das alle und alles sicher hält. Und die Männer, die sich mit uns zusammentun und sich ebenfalls an dieses Netzwerk anschließen, werden alles unterstützen, was lebt.

Ich kann es sehen!« rief ich plötzlich aus. Vor mir lag nun ein Yin-Reservoir, tief unter der Erde, und als ich es anstarrte, sah ich Menschen aus ihm aufsteigen. »Ich sehe Männer, die von hier aufsteigen«, sagte ich, »und ich sehe, wie gefestigt sie sind, wenn sie heraussteigen. Sie sind mächtig. Diese Männer sind großartig!«

»**Der tiefe Halt, den nur Frauen bieten können, wird den Männern die Struktur geben, die sie brauchen, um kraftvoll und sinnerfüllt zu leben**«, sagten die Großmütter. »**Und wenn die Männer in diesen Zustand des Gleichgewichts kommen, werden Frauen und Männer harmonisch miteinander arbeiten können. Gemeinsam werden sie eine Grundlage für eine neue Lebensweise auf deinem Planeten schaffen.**« Als ich zusah, wie die Frauen und Männer miteinander umgingen, fiel mir auf, dass die Frauen eine gebogene, umschließende Form hatten, ähnlich dem Buchstaben »U«, während die Männer eine rechtwinklige Form hatten wie ein Rechteck. Und als ich weiter beobachtete, wurden die Rechtecke von den gebogene U-Formen eingeschlossen und gehalten. »Oh!« flüsterte ich. »Das ist die Kraft von Yin. Es ist ein Ineinandergreifen, wenn diese Us und Rechtecke zusammenkommen. Die Art, wie sie miteinander harmonieren, erinnert mich an das Muster von Fischschuppen– jede Schuppe verbindet sich mit der nächsten und rahmt sie ein. Es gibt Reihen und Reihen von ihnen«, staunte ich, als ich ihr schimmerndes Muster betrachtete. »Sie schillern so, dass sie zusammen ein zellartiges Leuchten hervorrufen.« Ich merkte, wie das Ineinandergreifen der harmonisierten Us und Rechtecke – die immer heller leuchteten, je mehr Yin und Yang sich verbanden – eine Wirkung auf alles Leben zu haben schien. Alles begann sich nun mit allem anderen in Beziehung zu setzen.

Schimmerndes Licht füllte den Raum um mich herum, während sich dieses Verschmelzen und Harmonisieren fortsetzte, und aus all dem Ineinandergreifen und Verbinden, das stattfand, begann sich eine Wabenstruktur zu bilden. Es leuchtete im Inneren der massiven Wabe – golden in allen Schattierungen: grün-gold, gelb-gold, rosé-gold und Bernsteinschattierungen. Sogar die Atmosphäre wurde golden, und ich spürte, wie ich weich wurde und mich danach sehnte, mich hineinfallen zu lassen. Ich seufzte tief und sonnte mich in dem goldenen Licht, und als ich dort ruhte, erhob sich ein leises Summen in der Luft um mich her. Dieses Dröhnen dauerte an und verstärkte sich, bis ich mich ausrufen hörte: »Es ist ein Bienenstock! Und ich bin in seiner Mitte!«

Mein Körper wogte mit dem Summen, bewegte sich rhythmisch mit dem Bienenschwarm, der nun die Luft um mich herum fächelte. Ganze Schwärme bedeckten meine Haut mit federleichten Berührungen, während andere über mir in der Luft schwebten. Und anstatt bei ihrer Berührung Angst zu empfinden, Angst davor, mitten unter ihnen zu sein, war ich wie im Rausch. Ich wurde Teil dieses lebendigen Goldes. Ich war Teil des Bienenstocks, und mit dem Bienenstock eins zu sein, war Glückseligkeit!

»**Halte an dieser Schönheit fest**«, sagten die Großmütter. »**Bleib im Reichtum dieses goldenen Scheines und erhole dich hier. Bleibe an diesem Ort**«, wiederholten sie. »**Er wird dich nähren, dich verjüngen und dich wieder herstellen.**« »Es *ist* wirklich ein Bienenstock!« stotterte ich, verwundert, dass mir das wirklich passierte. »**Ja, das ist es**«, antworteten sie.

Lange Zeit stand ich in liebevoller Verbundenheit inmitten dieses Bienenstocks. Er breitete sich nun über die ganze Erde aus, so dass alles Leben in der Schwingung des Bienenstocks gehalten wurde. »Er heilt alles, was er berührt!« flüsterte ich. »Er stellt es wieder her und baut Kraft und Beständigkeit auf. Überall auf der Erde fließt das Gute in vollem Maße.« Während ich sprach, sonnte ich mich in dem honigartigen Schein in der Luft, der so warm und süß war, dass ich ihn fast schmecken konnte. »Oh, Großmütter«, sagte ich und schaute sie an, Freudentränen in den Augen, aber sie beruhigten mich leise. »**Das ist genug für heute**«, sagten sie.

»Die Wege werden sich trennen.«

Nach dieser Reise fühlte ich mich so erfüllt, dass ich nur noch in diesem Zustand umherschweben wollte. Was die Großmütter mir geschenkt hatten, hatte mich wirklich beflügelt. Sie hatten mein Herz erfüllt, und nachdem das Erlebnis vorbei war, verbrachte ich weiterhin viel Zeit in dieser Wabe und saß inmitten all des Goldes und ließ mich heilen. Doch nach einigen Wochen des Ausruhens wurde mir klar, dass es wieder einmal an der Zeit war, eine Botschaft der Großmütter zu versenden. Zeit für mich, ein wenig mehr zu lernen und es weiterzugeben.

»Großmütter«, sagte ich, als ich vor ihnen stand, »viele Leute, die ich kenne, machen sich große Sorgen über die Zeiten, in denen wir leben. Sie haben Angst davor, was als nächstes kommen könnte. Das habe ich in letzter Zeit von so vielen gehört«, erklärte ich, »dass mir dieses Thema sehr am Herzen liegt.« »**Wir verstehen, wovon du sprichst**«, nickten sie geduldig. »**Die Wege werden sich trennen.**«

Sie schauten nach unten, als sie dies sagten, und zeigten auf den Boden unter uns. Als ich ihren Blicken folgte, sah ich dort eine Tontafel liegen, die sehr dünn aussah, so dünn, dass die Ränder von der prallen Sonne alle eingerissen und zerbröckelt waren. »**Sie schälen sich ab**«, sagten die Großmütter, »**die Kanten fallen ab.**

Das«, erklärten sie und schauten mich bedeutungsvoll an, »**passiert überall.**« Und ihrem Blick entnahm ich, dass sie nicht nur über Erde und Ton sprachen. Sie fuhren fort: »**Die Machtsysteme, die vor langer Zeit auf**

der Erde errichtet wurden, Systeme, von jenen geschaffen, die nur an sich dachten, von jenen, die die Kontrolle über die Gesellschaft wollten, die Reichtum und Einfluss wollten, beginnen jetzt zu versagen«, sagten sie. »**Wie dieser trockene Ton sind auch sie rissig und werden bald zerfallen. Staub**«, sagten sie und rieben ihre Hände, »**alles zerbröselt.**« Sie sahen mich streng an und sagten: »**Ihr dürft nicht mehr auf gesellschaftliche Systeme und Institutionen vertrauen. Denn jetzt werden eure geheiligten Institutionen als das entlarvt, was sie wirklich sind: selbstsüchtig**«, sagten sie, und kaum hatten sie es ausgesprochen, erschienen vor mir Reihe um Reihe Männer in Anzügen – Banker, Geschäftsleute, Investoren, Geistliche und Politiker.

»An diesen ›Anzügen‹ stimmt etwas nicht«, sagte ich. Und als ich die Anzüge und die Männer, die sie trugen, näher betrachtete, begann alles zu schrumpfen. Nach und nach begann der Stoff zu reißen und zu zerfetzen, während die Männer zusammenschrumpften und in sich zusammenfielen. Diese seltsame Metamorphose dauerte eine Zeitlang, bis alles zu einem unbedeutenden Haufen zusammengeschrumpft und schließlich vollends zusammengeschrumpelt war.

Ich sah zu, wie alles zerbröselte, und als die Männer in ihren Anzügen in sich zusammenfielen, begann alles in der Szene zu rutschen. Straßen und Hochhäuser rissen auf, Gebäude wackelten, bebten und zitterten. »Das ist ein Erdbeben!« rief ich und richtete mich auf. Es war aber nicht die Art Erdbeben, die ich von Kalifornien kannte. Dies hier war anders. Es war ein Beben der Institutionen, ein Zusammenbrechen der Konstruktionen. Investmenthäuser, staatliche und religiöse Systeme – all die etablierten Hierarchien unserer Zeit – brachen auseinander und stürzten zusammen. Die heiligen Kühe meines Lebens brachen vor mir zusammen, und mit großen Augen sah ich zu, wie sie zu Boden gingen. Alles zersplitterte und zerbrach, verschob sich und löste sich auf, bis der Boden vor mir mit Staub übersät war. Ich konnte nicht glauben, was ich da sah, und als ich mich an die Großmütter wandte, kam aus meinem Mund nur ein Krächzen. Da zogen sie mich an sich, klopften mich sanft ab und sagten: »**Erschrecke nicht vor all dieser Zerstörung. Diese Institutionen**

müssen fallen. Diese Systeme, Dogmen und Theorien haben sich in früheren Zeiten aus einer Vielzahl von Gründen entwickelt. Die meisten von ihnen wurden geschaffen, um ihren Schöpfern zur Macht zu verhelfen, wiewohl einige von ihnen entstanden sind, um der Menschheit zu dienen. Doch auch diese sind heute nur um ihrer selbst willen tätig – um ihre eigenen, gut etablierten Hierarchien zu nähren. Zu diesem Zeitpunkt sind diese Institutionen für die Menschheit oder die Welt nicht mehr von Nutzen. Man sieht also langsam, wie sie sich als die wackeligen Strukturen zeigen, zu denen sie geworden sind.« Ich konnte nicht sprechen, nickte aber, um die Großmütter wissen zu lassen, dass ich sie verstanden hatte.

»Halte dein Leben einfach«, sagten sie. **»Tue die Dinge, die dir etwas bedeuten, und verschwende deine Zeit nicht mit Dingen, die dir nichts bedeuten. Lasse dich nicht von den etablierten Einrichtungen täuschen, die du achten solltest, von denen es hieß, sie seien das Fundament der Gesellschaft, dauerhaft und fest, die dir aber jetzt überflüssig, ja sogar albern erscheinen. Anstatt dich an solche antiquierten Konstrukte zu klammern, schaue dir lieber die Lebewesen dieser Welt an.«**

Als sie sprachen, erschienen vor mir Wälder, Wasserläufe, Seen und Flüsse, Bergketten, Grasebenen und frei umherstreifende Tierherden und Vogelschwärme. Dann sah ich die Menschen, die ich besonders liebe und wertschätze. Die heilende Gegenwart der Natur umgab sie und hüllte sie ein, und als auch ich die Umarmung der Natur spürte, seufzte ich. **»Diese herzinnigen Verbindungen sind echt«,** sagten die Großmütter und schenkten mir ein liebevolles Lächeln. **»Die anderen sind es überhaupt nicht.**

Setze deinen Glauben in die Wahrheit, die tief in deinem eigenen Herzen lebt, und in die Wahrheit, die in den Herzen der anderen lebt. ***Schaut*** **einander an«,** sagten sie. »***Seht*** **einander an«,** sagten sie. **»Es ist an der Zeit, von der Gewohnheit abzulassen, durchs Leben zu hetzen, aneinander vorbeizugehen, vielleicht hallo zu sagen, aber dabei** ***einander nicht wirklich zu sehen.*** **Von Veranstaltung zu Veranstaltung, von Sitzung zu Sitzung rennen, aber nirgendwo** ***eine Verbindung herstellen.*****«**

Sie sahen auf, blickten sich an und fingen an zu kichern. »**Man hat euch beigebracht, euch wie Maschinen zu verhalten**«, sagten sie, »**euer Leben ›am Laufen zu halten‹, es voll zu halten – immer ›voll‹. Tankt die Maschine voll!**« Sie schwenkten die Arme und lachten noch mehr. »**Ihr habt so lange wie ein *Ding* gelebt, dass ihr vergessen habt, was ihr seid. Ihr seid *menschliche* Wesen**«, sagten sie mit leidenschaftlicher Stimme. »**Und weil ihr das seid, seid ihr göttlich. Ihr seid geboren, um zu lieben!**« Sie breiteten ihre Arme aus. »**Ihr seid nicht geboren, um herumzurennen. Hat dich das sogenannte ›Wettrennen des Lebens‹ klüger gemacht? Barmherziger? Freudevoller? Uuhhh**«, stöhnten sie und schüttelten den Kopf. »Nein, Großmütter«, stimmte ich zu und schüttelte auch den Kopf, »das hat es nicht.«

»**Jedes Mal, wenn ihr langsam werdet und einander anschaut, um aus dem Herzen miteinander zu sprechen, *nährt das eure Seele.* Wenn ihr das tut, hört ihr auf, nur aus dem Verstand zu leben, und beginnt, aus der Seele zu leben. Wenn ihr auf diese Weise miteinander in Beziehung tretet, ist eure Seele in der Lage, durch euch zu sprechen, durch euch zu hören und durch euch zu lieben. Jede Zelle in eurem Körper sehnt sich nach dieser Art von Kommunikation**«, sagten sie und schauten mich an, um sich zu vergewissern, dass ich sie verstand. »**Darum bist du geboren worden: um Teil des lebendigen, atmenden Wandteppichs des Lebens zu sein – von Mensch zu Mensch. Ständig in Bewegung zu sein, ist eine Art von Wahnsinn, der in letzter Zeit um sich gegriffen hat, sogar glorifiziert wurde**«, sagten sie mit müdem Blick. »**Aber dieses Leben auf der Flucht, das deine Gesellschaft so sehr liebt, hat eine allgemeine Geisteskrankheit hervorgerufen – eine Krankheit deiner gesamten Kultur. Ein derart frenetisches Tempo ist selbstzerstörerisch. Es hinterlässt eine Spur der Zerstörung, die allen schadet. Wahnsinn tut das immer.**«

Nun verstummten die Großmütter. Sie schienen nachzudenken, und nach einer Weile sprachen sie. »**Wir erinnern dich erneut daran, *es einfach zu halten.* Lasse dich auf nichts ein, was du nicht verstehst. Kaufe zum Beispiel keine Gesundheitsprogramme, Hypotheken, Investitionen, Geräte – nichts, was du nicht verstehst. Und ›kaufe‹ keine Ideen,** die du auch nicht verstehst. Gehe nie davon aus, dass jemand anders etwas weiß, was du nicht verstehst. Vertraue stattdessen deiner inneren Führung.

Viele Menschen machen einfach mit. Sie verstehen nicht, was sie tun oder warum sie es tun – sie laufen einfach mit und gehen, wohin andere sie führen. Dieses gedankenlose Folgen ist nicht ihre Schuld, da sie, wie die meisten Menschen, nie die Macht erfahren haben, die ihnen innewohnt. In einer Gesellschaft ohne Erdung werden Menschen unweigerlich auf der Strecke bleiben. Und dieses ziellose Treiben geht schon lange so.

In eurer Welt werdet ihr aufgefordert, auf *die Behörden* zu hören und alles den *Experten* zu überlassen. Aber«, sagten die Großmütter mit bedauerndem Lächeln, »die *Experten*, die wissen, wie man lebt, wie man Erfolg hat, was man denkt und was man tut, werden entlarvt, weil sie nicht gerade die ehrlichen Experten sind. Eine Lebensweise, die dazu verleitet, die innere Stimme zu verneinen, findet endlich ein Ende.

Dies ist ein seltener Moment, ein Moment des grundlegenden Wandels, und zu diesem Zeitpunkt ermutigen wir dich, von allen Scheinaktivitäten abzulassen und stattdessen das Echte zu suchen. Lebe einfach. Einfach leben. Tue die Dinge, die dir wichtig sind, und meide die anderen. Wir versichern dir, dass – wenn das, was du einmal für *so wichtig, so unverzichtbar* erachtet hast, entfällt und wegbricht – du dich fragen wirst, warum du dich jemals damit abgegeben hast.«

»Es gibt keine Schlacht, die geschlagen werden muss. Es gibt keinen Gegner, dem man sich stellen muss.«

Es war Ende Oktober 2009, und das Treffen in Belgien stand kurz bevor. Ich beschloss, dass es an der Zeit war, zu den Großmüttern zu reisen und sie zu fragen, was sie konkret von dieser Veranstaltung erwarteten.

»Jene, die nach Brügge kommen, müssen wissen, was es heißt, in Frieden zu leben, was es heißt, in einem Meer der Liebe zu leben; Liebe zu geben und zu empfangen«, sagten sie, »anstatt mit Angst und Furcht

bombardiert zu werden; was es heißt, statt bewacht und abgeschlossen zu sein, sich sicher zu fühlen und offen zu empfangen: die Erfahrung des Empfangens. Diese Menschen sind müde. Wir werden sie füllen.«

»Vielen Dank, Großmütter. Wir werden uns von euch führen lassen. Ich möchte euch auch nach dem Zweck dieser Arbeit in Europa fragen. Was muss zum Beispiel getan werden, um die Macht und Präsenz von Yin dort wieder zu aktivieren? Ich weiß, dass die Große Mutter in Europa einst verehrt wurde.«

»Ja«, antworteten sie, **»und das ist etwas, das die Europäer zurückfordern müssen. Vor langer Zeit wurde die Mutter auf diesem Kontinent verehrt, und es gibt Artefakte, die es beweisen. Dies kann für die Europäer eine Quelle des Trostes sein. Besonders jetzt, da wir uns in das kommende Zeitalter begeben.**

Die brutale Art und Weise, wie das weibliche Prinzip in Europa unterdrückt wurde, erklärt, warum viele Menschen in diesem Teil der Welt so viel Angst und Misstrauen empfinden. Vor langer Zeit wurde das Herzstück des Lebens und der Liebe auf diesem Kontinent in den Untergrund getrieben, und obwohl dies zum Teil aus Unwissenheit geschah, wurde es brutal durchgezogen. Viele Maßnahmen, die gegen die Mutter ergriffen wurden, waren zielgerichtet. Das Trauma, das die Menschen in Europa erlitten, als die Mutter verbannt wurde, ist in dem Land dort noch immer spürbar. Dies hat in den Menschen, insbesondere bei den Frauen, Angst ausgelöst. Wenn du siehst, wie hart die Frauen dort kämpfen müssen, um in ihre Macht und ins Vertrauen zu gelangen, wirst du verstehen, wie beherrschend diese Angst vor der brutalen Unterdrükkung des weiblichen Prinzips war.« Die Großmütter nickten nachdenklich. **»Gleichzeitig gibt es auf dem europäischen Kontinent viel, worauf man aufbauen kann. Das Fundament des Neuen Zeitalters, ein Fundament des Gleichgewichts und der Zusammenarbeit, wo Gottvater und Gottmutter in Harmonie beisammensitzen, ist dort bereits vorhanden. Obwohl die alten Mutterkultstätten in diesem Teil der Welt vom Patriarchat vereinnahmt und entweiht wurden, gab es sie in der Vergangenheit,**

und ihr Ur-Muster existiert noch immer. Nichts geht jemals ganz verloren. Die Kraft dieser Stätten kann noch hervorgerufen werden, denn die ursprünglichen Muster sind vorhanden. Die Blaupausen sind nicht tot«, lachten sie. »Solche Dinge können nicht sterben. Es stimmt, dass es jetzt Überlagerungen auf diesen alten Stätten gibt – Machtmissbrauch und Zweckentfremdung – aber das heilige Muster ist im Land. Darauf werden wir uns stützen!

Keine Sorge«, winkten sie ab, »wenn diese heiligen Stätten jetzt überbaut sind. Mache dir auch keine Gedanken, wer an diesen Orten welche Greueltat begangen haben könnte. Ja, ja.« Sie zogen ein Gesicht. »All das ist geschehen, aber die ursprüngliche Absicht ist in dem Land immer noch vorhanden. Gemeinsam werden wir diese Absicht reaktivieren. So wie das Grundmuster für das Netz aus Licht überall auf deinem Planeten reaktiviert wird, so wie die in die Zellen deines Körpers eingelegte Blaupause für Schönheit-gleich-Macht sich vertieft, wenn du voll erblühst, können und werden wir gemeinsam die ursprüngliche Blaupause für Harmonie und Gleichgewicht auf dem europäischen Kontinent zum Leben erwecken.

Es gibt keine Schlacht, die geschlagen werden muss, keinen Gegner, dem man sich stellen muss. Derartige Vorstellungen entspringen einer Yang-Betrachtung der Welt, und solche Ideen werden nicht mehr funktionieren. Ja«, sagten sie, »auf dem europäischen Kontinent sind viele schreckliche Dinge geschehen. Das weibliche Prinzip wurde verunglimpft, unzählige Mutterkultstätten wurden zerstört, und Frauen wurden gefoltert und ermordet. Ja, das alles geschah, aber das ist jetzt Geschichte. Vorbei«, sagten sie und klatschten in die Hände. »Das Grundmuster für die wahre Art und Weise des Umgangs miteinander und für die wahre Art und Weise des Umgangs mit der Erde ist immer noch lebendig. Es ist so gegenwärtig wie wir, und bei diesem Treffen werden wir es reaktivieren.

Ruft uns an, wenn ihr euch in Brügge versammelt, und wir werden bei euch sein. Wir werden einen Reif aus Licht in die Erde fallen lassen und einen geschützten Raum für die Arbeit schaffen. Und von diesem heiligen Raum aus werden wir gemeinsam das Netz aus Licht anrufen.

Schlag die Trommel, wenn ihr euch trefft«, sagten sie, und ich hörte ihr langsames »Bum, Bum, Bum«. »Jeder Schlag reaktiviert das ursprüngliche Muster in den Zellen deines Körpers und in denen des Leibes von Mutter Erde.« Wieder hörte ich dieses langsame »Bum, Bum, Bum«. »So schlage die Trommel.

Sobald ihr beginnt, werden wir kommen, und Legionen von Engelwesen mit uns. Sie werden mit ihren Flügeln die Luft fächeln und dem ganzen Erdteil Heilung spenden«, sagten die Großmütter, und wieder hörte ich die Trommel.

»Wo auch immer in der Welt ihr leben mögt, ihr arbeitet alle auf ähnliche Weise mit uns zusammen. Ihr ruft uns an, gebt unsere Ermächtigung weiter, und ihr verbreitet unsere Botschaft und verstärkt die Kraft des Lichtnetzes. Jeder tut dies, ob er nun in Nordamerika, Südamerika, Australien oder Europa lebt. Aufgrund der Beständigkeit der Arbeit, die ihr alle mit uns tut, habt ihr, wo immer ihr zusammenkommt, ein gemeinsames Verständnis. Es gibt noch etwas anderes, das geschieht, wenn ihr euch versammelt. Die Arbeit, die ihr jedes Mal tut, wenn ihr euch trefft, wird mit dem Ort, an dem sie getan wird, in Übereinstimmung gebracht, und von diesem Ort ergießt sich Licht in die Erde. Das Licht dringt in die Erde ein und speist die Bedürfnisse des Ortes, an dem das jeweilige Treffen stattfindet.

Vielen heiligen Mutterkultstätten in Europa wohnt bereits das weibliche Prinzip inne«, sagten die Großmütter. »Das Gleichgewicht zwischen Yin und Yang, weiblich und männlich, war auf diesem Kontinent einst stark ausgeprägt, und dieses Gleichgewicht kommt nun allmählich wieder zurück. Wir bitten euch, schließt euch uns jetzt an und dient damit euch selbst und allem, was lebt. Wenn die Gegenwart des weiblichen Prinzips auf dem europäischen Kontinent erwacht, wird die Mutter dieses Land erneut mit ihrem Segen erfüllen. Und wenn dies geschieht, werden alle Länder der Erde gesegnet.«

Viele Frauen meldeten sich bei der Versammlung in Brügge, um Großmüttergruppen in Belgien und Holland zu gründen. Das machte uns sehr glücklich, und es hat uns auch gefreut, dass Männer dazugekommen sind. Dass so viele Männer dabei waren, war eine Premiere, und die Männer, die zum Treffen kamen, schienen die Botschaft der Großmütter wirklich zu »kapieren«! Sie reagierten mit ganzem Herzen und waren bei allem, was wir taten, voll bei der Sache.

Als wir damit begannen, die Risse im Netz aus Licht zu flicken, waren einige wenige Frauen von Angst gelähmt. Dies war nun vertraut – ganz ähnlich war es in Rhode Island geschehen. Solche Ängste kamen nun auch in Brügge auf. Aber diesmal war es aufgrund der Sprachunterschiede schwieriger, diesen Frauen zu helfen, sich von der Angst zu befreien. Doch unsere Übersetzerin, eine belgische Gruppenleiterin mit einem klaren Verständnis für die Botschaft der Großmütter, erklärte ihnen, was los war, und so half sie uns, diese Schwierigkeit zu überwinden.

Zum Schluss des Wochenendes hatten uns die Großmütter auf die Beine gebracht, wir tanzten und sangen. Unsere klugen Lehrerinnen hatten ihre Mission erfüllt; das Netz aus Licht war fest im Land verankert. Es war auch in unser aller Herzen verankert, und so fiel uns am Ende der Abschied sehr schwer.

»In der Adventszeit gibt es viel Drama. Pass darauf auf.«

Ich kam etwa eine Woche vor Thanksgiving aus Belgien zurück und hatte es schon nach wenigen Tagen mit Helen, einem Mitglied unserer Ortsgruppe, zu tun, die gerade eine Art emotionalen Umbruch durchmachte. Ich habe nie herausgefunden, was sie so aufgebracht hat, aber was auch immer es war, es versetzte sie so in Wut, dass sie es an mir ausließ. Sie war gereizt, sogar regelrecht wütend, und ich hatte keine Ahnung, warum. Es war ein kleiner Schock, mit ihrem persönlichen Ausbruch zurechtzukommen, vor allem direkt nach diesem das Herz erfüllenden Treffen in Belgien. Ihre Wutausbrüche waren so ziemlich das Letzte, was ich erwartet hatte, aber da waren sie.

»Okay«, sagte ich mir nach ihrem ersten Angriff, »erinnere dich, was der heilige Mann gesagt hat: ›Lob und Tadel sind ganz dasselbe.‹«

»Lob und Tadel sind ganz dasselbe, Lob und Tadel sind ganz dasselbe«, wiederholte ich mir, und es wurde zu meinem Mantra. Ich konzentrierte mich so gut es ging darauf, um nicht auf ihren Ärger einzusteigen, und eines Tages dämmerte es mir. Warum versuchte ich, es allein zu lösen? Ich hatte vergessen, die Großmütter anzurufen! Sobald ich das merkte, rief ich sie und auch Bär an, um sie um Rat zu bitten, aber diesmal war es Bär, der auftauchte.

»Bär«, sagte ich, als ich ihm von Angesicht zu Angesicht gegenüberstand, »was ist die Lektion in diesem Ansturm von Negativität?« Er sah mich an, sagte aber nichts. Dann forderte er mich auf, auf seinen Rücken zu klettern, und ich schwang mich schnell auf ihn, griff in sein Fell und schenkte ihm dabei eine Umarmung. »Bär, du bist mir so lieb«, summte ich, und als ich fühlte, wie meine Liebe zu ihm in mir anschwoll, umarmte ich ihn noch fester. »Gott sei Dank, dass du da bist, Bär«, sagte ich, »Gott sei Dank.« Er grunzte als Antwort, und dann lief er los. Er rannte durch einen Wald und dann auf einer schier endlosen Ebene, wo ich zusah, wie das Tageslicht verlosch und die Nacht heraufzog.

Schließlich verlangsamte er sein Tempo, es gab einen grollenden Laut in seiner Brust und er kam zum Stehen, und mit einem zufriedenen Grunzen ließ er sich und mich auf den Boden fallen. »Setz dich hier hin«, sagte er und schlenderte davon, um Blätter und Zweige zu sammeln, die er neben mir aufstapelte. Als die Größe des Haufens ihn zufriedenzustellen schien, buddelte er in die Mitte eine Kuhle und forderte mich auf, mich hineinzulegen. Ich kuschelte mich in das Bett, das er gemacht hatte, und er überhäufte mich mit noch mehr Blättern. Vorsichtig packte er weiteres Laub um mich herum, und dann bedeckte er dieses belaubte Nest mit einem Überzug aus warmem Schlamm.

Er hatte einen Kokon gebaut, der mich eng umschloss und mir ein köstliches Gefühl von Sicherheit und Behagen vermittelte. Nachdem er mich zugedeckt hatte, setzte er sich neben mich und drückte mir eine

Pfote auf die Brust. »Mama«, seufzte ich. Ich fühlte mich so behaglich, so umsorgt, dass ich mich noch weiter an ihn schmiegte, und ehe ich mich versah, war ich weggedöst. Das Letzte, woran ich mich erinnerte, war das leise Schnarchen von Bär.

Ich erwachte aus meinem Mittagsschlaf, als er anfing, den Schlamm und die Blätter von mir wegzuschaufeln. Dann bürstete er mich vorne und hinten ab und sagte: »Alt… nicht gut.« Dabei bezog er sich auf die Energie, die die Blätter und der Schlamm aus mir herausgezogen hatten.

»Mach dir keine Sorgen«, sagte er, »es ist nichts.« Und er begann, eine bestimmte Energie zu erklären, die in der Adventszeit präsent ist und eine magnetische Anziehungskraft auf uns ausübt – sie zieht uns in die Vergangenheit. »Es passiert leicht, dass man sich von vergangenen Schmerzen angezogen fühlt«, sagte Bär, und das verstand ich so, dass nicht alle Erinnerungen, die in der Adventszeit auftauchen, gut sind. Diese schmerzhaften Erinnerungen können uns anziehen und zugleich abstoßen, und das kann uns gehörig durcheinanderbringen.

Bär nickte, als ich meine Gedanken sortierte, und als ich sah, wie sein Kopf auf und ab wippte, kam mir der Gedanke, dass das Helen passiert war. Ich war zu Beginn der Adventszeit, die in Amerika mit Thanksgiving beginnt, aus Europa zurückgekommen. »Bär«, sagte ich, »ist es das, was sie aufgebracht hat? Hat sie sich in diesen widerstreitenden Gefühlen verfangen, von denen du mir erzählt hast?« Ich wusste, dass es in ihrer Familiengeschichte einiges an Eifersucht und Entfremdung gegeben hatte, also war es vielleicht genau das. Bär knurrte aus tiefer Kehle: »Nicht glücklich«, wiegte den Kopf hin und her und fügte hinzu: »Töricht.« Dann stampfte er mit einer Tatze auf und ließ mich wissen, dass es reichte, das zu verstehen. Das war genug.

»Danke, Bär, ich denke, ich verstehe«, sagte ich, und sofort begann er, Kreise in die Luft zu zeichnen. Als seine großen Tatzen um seinen Kopf schwangen und dann nach unten kreisten, zeigte er mir, wie negative Energie aus der Vergangenheit eine Abwärtsspirale bildet. Ich beobachtete, wie die Energie in Richtung Erde zog, und je näher sie dem Boden kam, desto enger und kleiner wurden die Kreise von Bär. Und als seine Tatzen die immer kleineren und engeren wirbelnden Bewegungen machten, sah ich, dass sie sich gegen den Uhrzeigersinn bewegten. Die Energie zog sich zusammen.

Dann sagte er: »Die freudige Bewegung geht hinauf und hinaus«, und seine breiten Pfoten kreisten in der entgegengesetzten Richtung, begannen Schleifen zu ziehen, die immer weiter wurden. Mit jedem Mal wurden seine Kreise größer, bis sein ganzer Körper seiner Bewegung folgte. Und als ich ihm zusah, wie er diese riesigen Kreise zog, wuchs in mir ein Glücksgefühl. Hier wurde Energie freigesetzt und verteilt. Ich fühlte diese Ausdehnung im eigenen Leib.

Bär nickte als wollte er sagen: »Das ist gut«, und ich sann darüber nach, wie unterschiedlich die sich zusammenziehenden und sich ausdehnenden Energiekreise sich anfühlten. Schon vor langer Zeit hatte ich mich entschieden, mein Leben in der Erweiterung und nicht in der Zusammenziehung zu leben. Was er mir zeigte, war etwas, dessen ich mir in der Adventszeit bewusst sein sollte. Jetzt wurde mir gewahr, wie Nostalgie und Bedauern aus der Vergangenheit uns verfolgen und uns eng machen konnten, und ich wollte das nicht. »Drama«, sagte Bär und schüttelte seinen zotteligen Kopf. »Achte darauf und geh den Weg, den du gehen willst.«

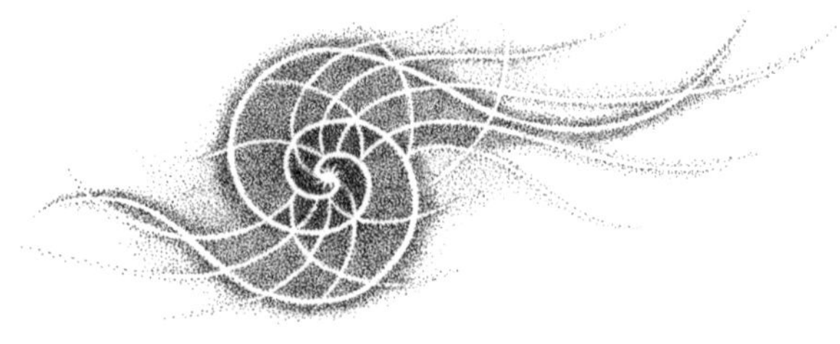

KAPITEL 6

Damit das Neue kommen kann, muss das Alte vergehen

»Ihr werdet verzweifelt gebraucht.«

Früh an einem Aprilmorgen weckten mich die Großmütter und waren so hartnäckig, dass ich schnell aus dem Bett sprang und ihnen zuhörte. »**Sende diese Botschaft an so viele Menschen wie möglich**«, sagten sie, »**und versende sie sofort.**« Ich tat wie geheißen, und kaum hatte ich die Botschaft verschickt, hat sie sich vervielfacht wie das Brot und die Fische.

»**Wir bitten euch, das Netz aus Licht für den Golf von Mexiko auszuwerfen, zu verankern und zu halten**«, sagten die Großmütter. »**Die Ölkatastrophe im Golf betrifft die ganze Welt, und** ***die Menschheit schläft.*** **Tiere sterben, Pflanzen sterben, und eure Mutter windet sich im Todeskampf. Wenn ihr das Netz aus Licht jetzt ruhig haltet, helft ihr, eine weitere Katastrophe abzuwenden.**

Ihr seid eingelullt worden«, sagten sie, »**euch wurde erzählt, dass sich andere um dieses Problem kümmern. Das ist nicht der Fall**«, sagten sie, »**und jetzt ist auch nicht die Zeit, es auszublenden. Entschließt euch, jetzt wach zu bleiben**«, sagten sie, »**und wenn ihr dazu bereit seid, denkt an das Netz aus Licht, werft es aus und haltet es. Haltet es tief und haltet es weit.**

Vergrößert seine Reichweite, damit es in die Gewässer des Golfs gelangen und unter die Kruste von Mutter Erde tauchen kann. Verankert es im Erdkern, und wenn ihr es dort haltet, bittet es, sich mit dem Mineralreich dieses Planeten zu vereinen und mit den festen und flüssigen Mineralzuständen der Erde – einschließlich Öl und Gas – in Einklang zu kommen. Das Netz aus Licht wird diese Mineralien wieder in Harmonie bringen.

Viele Jahre lang haben Menschen die Reiche des Lebens der Erde verwüstet und missbraucht, aber dieses Mal hat ihre Zerstörung krisenhafte Ausmaße angenommen. Was auch immer Menschen geschädigt haben, müssen die Menschen wieder in Ordnung bringen«, sagten die Großmütter. »*Das ist das Gesetz.* Wir wiederholen: *Das ist das Gesetz.* Man kann sich nicht zurücklehnen und Gott bitten, das von der Menschheit geschaffene Chaos zu beheben. Jeder von euch muss mit anpacken und etwas tun. Wir bitten euch jetzt um eure Hilfe. Vor einigen Jahren gaben wir euch das Lichtnetz, damit ihr der Erde in Zeiten wie diesen helfen könnt. Tretet *jetzt* vor«, befahlen sie. »*Dies ist das Netz aus Licht, das die Erde in den Zeiten des Wandels, die jetzt da sind, halten wird.*

Geht in euer Herz und ruft uns«, sagten die Großmütter. »Wir werden euch dort treffen. *Das Lichtnetz wird vom Juwel eures Herzens erleuchtet,* geht also an diesen erleuchteten Ort in eurem Inneren und öffnet euch dem Netz, von dem ihr ein Teil seid. Dann sonnt euch in seiner beruhigenden Gegenwart. Das Netz aus Licht hält euch, wenn ihr es haltet.

Denkt jetzt daran, eure Einheit mit uns zu verstärken. Wir, der Große Rat der Großmütter, sind mit euch, und alle, die mit dem Netz aus Licht arbeiten, sind auch mit euch. Millionen von Menschen, sind jetzt im Licht verbunden«, sagten sie.

»Wenn ihr an eure Einheit mit ihnen denkt, ruft auch die Kraft der heiligen Orte auf der Erde an. Diese heiligen Stätten werden die Kraft unserer gemeinsamen Anstrengung verstärken. Ruft dann alle göttlichen Wesen an, die mit der Erde arbeiten, all jene, die jetzt gekommen sind, um diese Katastrophe zu verhindern, die euren Planeten zu überwältigen droht. Wir werden alle zusammenarbeiten«, sagten sie und nickten bedächtig.

»Denkt an das Netz aus Licht im Golf von Mexiko, werft es aus und vergrößert seine Präsenz. Seht es, stellt es euch vor oder denkt daran, wie es die Gewässer, das Land, die Pflanzen, das Meeresleben und die Menschen hält. Es hält sie alle«, sagten die Großmütter. **»Das Netz aus Licht hält sie und bringt sie wieder ins Gleichgewicht. Lasst die Liebe in eurem erleuchteten Herzen weiter in das Netz aus Licht strömen und haltet, haltet, haltet. Schaut ruhig und ehrfürchtig zu, wie das Licht aus eurem Herzen die Stränge des Netzes entlangfließt. Das Licht wird eurem Geheiß folgen. Es wird sich stetig vorwärtsbewegen, und sobald ihr diesen Gedanken denkt, wird es in Aktion treten. Wir bitten euch, es über den ganzen Tag und in der Nacht jeweils für einige Minuten zu praktizieren.**

Wir versprechen euch, dass diese Arbeit mit dem Lichtnetz unsagbar Gutes bewirken wird. Wir rufen euch zum Dienst. Ihr werdet gebraucht«, verkündeten sie. **»Lasst euch diese Gelegenheit nicht entgehen.«**

Nachdem diese Nachricht hinausging, wurde ich von Mails aus allen Ecken der Erde überschwemmt. Die Menschen stürzten sich in diese Arbeit – hielten Gebetskreise, Zeremonien, heiligen Gesang und koordinierte Meditationen mit dem Netz aus Licht ab.

»Wenn du dich an den Schmerz klammerst, wenn er entsteht, hältst du ihn fest. Schmerz ist nicht von Dauer.«

Nach dem Debakel der Ölpest im Golf fiel es mir schwer, nicht ständig an den Zustand der Welt zu denken. Ich arbeitete fleißig mit dem Netz aus Licht, so wie es die Großmütter verlangt hatten, aber meine Sorge um die Natur und die Verwüstungen, die die Menschen in den Reichen des Lebens anrichteten, beschäftigte mich ständig. Ich dachte *immerfort daran*, und je mehr ich daran dachte, desto kraftloser fühlte ich mich. Erst als mein Körper sich vor Schmerzen verkrampfte und ich der Verzweiflung nahe war, fiel mir endlich ein, mit diesem Problem zu den Geisthelfern der Unteren Welt zu gehen. Die mitfühlenden Tiergeister hatten mir in der Vergangenheit viele Male geholfen, besonders bei körperlichen Schmerzen.

»Bitte habt Mitleid mit mir. Helft mir!« betete ich zu den Tiergeistern. »Ich mache mir pausenlos Sorgen um die Welt, sie macht mich krank.« Und sobald ich es gesagt hatte, ließ ich mich durch den Eingang zur Unterwelt fallen, betete aber weiter, bis ich endlich vor Bär stand. Heute war er nicht allein, sondern stand mit dem Rat der Tiere zusammen. Ich hatte einen flüchtigen Blick auf diesen Rat erhascht, als ich meine Reise begann, und als ich in ihrer Gegenwart landete, warf ich mich vor ihnen nieder. »Bitte helft mir«, sagte ich. »Mein Körper tut mir überall weh, und ich kann nicht aufhören, mir Sorgen zu machen; ich scheine das Leiden jedes einzelnen Körpers zu spüren.«

Bär nickte, und ich sah, dass Wolf und Büffel neben ihm standen. Die Menschenaffen waren auch da, und dann sah ich Löwe, Elefant, Krokodil, Hirsch und Gypsy, unseren geliebten Hund von vor vielen Jahren. »Gypsy!« rief ich, und dann sah ich, dass Sadie, Willie und McBear – unsere früheren Haustiere – auch da waren. Die geliebten Tiere kamen auf mich zu und umringten mich, und dabei hörte ich eine Trommel schlagen. »Vögel sind auch da«, sagte ich überrascht, »sie scharen sich um mich und über mir zusammen. Da ist so viel Liebe!« rief ich mit vor Rührung erstickter Stimme. »Diese große Liebe, die sie verschenken, ihre umhegende Liebe gibt mir Halt«, sagte ich, und ich merkte, wie mein Körper sich langsam entspannte.

»Man fühlt sich nie sicher«, sagten die Tiere, als sie sich um mich scharten. »Du nimmst Leiden vorweg, und das ist es, was den Kummer, das Durcheinander und die Entzündungen in deinem Körper verursacht hat.« Sie sahen mich mitfühlend an und fügten hinzu: »Wir sind deine Familie, und wir werden dich nie im Stich lassen.«

Dann drängten sie sich an mich, so dicht, dass ich meine Augen schloss, ihren Atem auf meiner Haut spürte und ihr leises Stöhnen und Knurren hörte. »Oh, so umfangen zu sein«, schluchzte ich. Der Löwe stand auf meinem Rücken, wo ich schon so lange Schmerzen hatte, und als ich seinen warmen Atem auf meinem Rücken spürte und ihn aus tiefer Kehle knurren hörte, weinte ich.

Dann fing eines der Tiere an, an meinem Nacken zu saugen und etwas aus ihm herauszuziehen. Ich fühlte ein warmes Maul auf mir, das an etwas zog und zog, während neben mir die Menschenaffen ihre Arme schwangen und hin und her schaukelten. Ich sah ihre lieben Gesichter, bemerkte die mitfühlenden Blicke in ihren Gesichtern, und da verstand ich, dass ich das Leid dieser Welt auf mich genommen hatte, besonders das Leid der Tiere.

»Nein, nein, nein!« riefen sie dann, und Pferd schüttelte nachdrücklich den Kopf. Dann fielen die Kühe mit ein. »Gib ihn uns, gib uns diesen Schmerz«, sagten sie. »Das ist zu viel für dich. Gib ihn uns, gib ihn uns«, skandierten die Tiere, und so tat ich, worum sie mich gebeten hatten. »Ich gebe ihn euch, ich gebe euch diesen Schmerz«, sagte ich zu ihnen.

»Es ist nicht so, wie du denkst«, sagten sie und wiegten ihre großen Köpfe hin und her. »Hier gibt es eine Bruderschaft. Eine Bruderschaft, die aus allen Lebensformen besteht – die Menschen eingeschlossen – und da ist etwas Heiliges in dieser Bruderschaft.«

Ich bekam einen flüchtigen Eindruck, wovon sie sprachen, als sie auf das Lichtnetz unter uns wiesen, das sich in alle Richtungen erstreckte und ein schönes verbindendes Muster ergab. Als ich genauer hinschaute, sah ich, dass dieses Muster oder dieser Wandteppich allen Gegebenheiten, Handlungen und Wesen auf der Erde zugrunde lag. Alle Lebensformen waren miteinander verbunden, und als ich es betrachtete, sah ich, dass sogar die Grausamkeiten des Menschen gegenüber dem Tierreich in diesem alles verbindenden Gewebe enthalten waren.

»Ohh«, stöhnte ich, und dann begann ich zu schluchzen.

»Erhebe dich aus deinem selbst auferlegten Leiden!« sagten die Tiere, und bei ihren Worten schreckte ich auf. Fügte ich mir diesen Schmerz selbst zu? »Ja!« sagten sie und nickten nachdrücklich, und so beantworteten sie meine unausgesprochene Frage.

»Helft mir bitte«, rief ich. »Helft mir, all das loszulassen«, und sofort erschienen vor mir die Tonfiguren, die ich gemacht hatte. Einige waren von menschlicher und andere von tierischer Gestalt, und als ich sie ansah, bemerkte ich, dass die Figuren fast lebendig wirkten – sie bestätigten die Bruderschaft, von der die Tiere sprachen.

»Heilige Verbindung«, sagten sie. »Eine heilige Verbindung herzustellen ist die Güte selbst!« Als ich darüber nachdachte: »Eine heilige Verbindung herzustellen ist die Güte selbst«, schmeckte es süß im Mund. Das war überraschend, und noch überraschender war, dass mit dieser Süße eine Veränderung eintrat. Die Dinge sahen weicher und heller aus. Die Figuren der Tiere hoben sich nun vom Hintergrund ab. Sie sahen definierter und detaillierter aus, und als ich diese Veränderung wahrnahm, wurde mir bewusst, dass meine Traurigkeit mich verlassen hatte. »Weit sehend«, sagten die Tiere und stupsten und tätschelten mich. »Weit sehend. *Jetzt* siehst du weit.

Bleibe auf diese Weise mit der Bruderschaft des Lebens verbunden und mache weiterhin die schönen Dinge, die du machst«, sagten sie. »Es sind Objekte der Anbetung, Zeugnisse dieser Bruderschaft.

Wenn du dich den Zeiten des Wandels näherst, die der Erde bevorstehen, werden alle möglichen Arten von Schmerz entstehen. Die Schrecken werden immer offenkundiger werden, und dabei musst du deine Verbindung zu dem, was wirklich ist, zu dem, was unveränderlich ist, aufrechterhalten. Wenn böses Verhalten immer ausgeprägter wird, wende dich an das Netz aus Licht, das alle Lebewesen verbindet. Bleibe durch das Netz aus Licht mit uns verbunden, und du wirst nicht von dem Schock des Augenblicks hinweggefegt.

Vieles verändert sich derzeit auf der Erde, und du musst zulassen, dass es sich ändert. Bekämpfe es nicht. Es soll sich ändern«, und sie wiederholten: »Es soll sich ändern. Es ist Teil des ›Spiels‹«, sagten sie, und ich dachte darüber nach. »Ja«, antwortete ich. Jetzt wurde mir klar, wie das Drama dessen, was sie »das Spiel« nannten, mir meine Energie geraubt hatte. »Das Leben soll sich ändern«, sagten die Tiere erneut. »Lass es. Damit das Neue kommen kann, muss das Alte vergehen, und wenn es an der Zeit ist, werden auch wir vergehen. Wir werden in andere Formen übergehen«, und sie blickten mich mit teilnahmslosen Gesichtern an, als ob dies die natürlichste Sache der Welt wäre.

Ich muss verzweifelt ausgesehen haben, als ich das hörte, denn sie sagten: »Du hast vergessen, dass es ein Theaterstück ist. Du denkst, dass alles, was auf der Erde geschieht, real ist.« Kopfschüttelnd erinnerten sie mich daran: »Nichts Vergängliches ist wirklich. Das, was wirklich ist, ist unveränderlich, und das, was nicht wirklich ist, ändert sich ständig. Das Leben auf der Erde verändert sich ständig«, sagten sie, und als ich zu ihnen aufblickte, lachten sie gutmütig.

»Ich weiß, dass das, was ihr sagt, die Wahrheit ist, aber ich vergesse es zu oft«, gab ich zu. »Ich lasse mich in das Drama des Augenblicks hineinziehen, und wenn das geschieht, dann glaube ich, dass das, was passiert, das einzig Wirkliche *ist.*« Als ich das sagte, erkannte ich, dass ich besonders anfällig dafür bin, mit hineingezogen zu werden, wenn es Leiden gibt. Wann immer Tiere oder Menschen litten, verlor ich meinen Gleichmut. »Gib es uns, gib es uns«, sagten sie wieder und winkten mir mit ihren Pfoten und Hufen zu, »gib uns deine Anhaftung an das Leiden.« Da holte ich tief Luft und bat sie: »Sagt mir, wie, bitte sagt mir wie. Ich möchte euch alles geben, aber ich weiß nicht, wie.«

Die Tiere rückten dicht an mich heran und begannen, sich auf mein Herz zu konzentrieren – es zu massieren und zu halten. Eines von ihnen machte es tatsächlich unempfindlich. »Es blutet!« rief ich erschrocken aus, als ich es sah. »Ich hatte keine Ahnung«, platzte ich heraus, und dann fehlten mir die Worte. Schweigend sah ich einfach zu, wie sie an mir arbeiteten. »Ich bin buchstäblich ein blutendes Herz«, flüsterte ich schließlich; »es ist kein Wunder, dass ich Kraft verliere – wirklich Kraft verliere.«

»Wir werden dich *beherzt machen*«, antworteten die Tiere, »und wir wissen, wie man das macht. Das Leben muss stete Veränderung sein, besonders in dieser Zeit. Die Veränderungen, von denen man dir erzählt hat, treten jetzt ein, also lasse sie kommen. Und wenn die Veränderung kommt, gib alles an uns weiter. Weil du glaubst, dass alles, was in der Welt geschieht, real ist, verkrampfst du immer, wenn diese sogenannten ›Verluste‹ eintreten. Du versuchst, sie zu verhindern, und jedes Mal, wenn du das tust, klammert sich dein Herz an den Schmerz und hält ihn fest. Lächerlich«, riefen sie. »All das geht vorüber. Lasse es vorbeigehen. Halte dich an nichts davon fest.«

»Wir haben gestern mit Freunden zu Abend gegessen«, warf ich ein, »und als unsere Gesprächspartner anfingen, über den Verzehr verschiedener Teile von Tieren zu reden, hat mich das so aufgeregt, dass ich kaum sitzenbleiben konnte.«

»Lass es einfach vorbeigehen«, antworteten die Tiere. »Da stehen diese Leute nun mal, also lass es vorbeigehen. Es ist doch nur eine Geschichte, und wenn es für dich keine Geschichte ist, lasse es fließen. Lasse es gehen. Wann immer du dich am Schmerz festklammerst, hältst du ihn fest«, erklärten sie erneut. »Schmerz ist nicht von Dauer und soll auch nicht von Dauer sein, also lasse ihn vorübergehen. Er wird vorübergehen.«

»Wie kann ich loslassen?« fragte ich sie. »Ich bin es so gewohnt, zu klammern. Sogar jetzt noch spüre ich, wie sich meine Nackenmuskeln anspannen und an etwas festhalten.« »Wir werden dir helfen«, sagten sie, und einer der Menschenaffen trat hinter mich und massierte meinen Nacken. Als er seinen großen Kopf an mich legte, rief er leise: »Komm jetzt raus, komm jetzt raus!« Er sprach zu der steckengebliebenen Energie in meinem Nacken, und als ich merkte, was er da tat, musste ich loslachen.

»Wann immer du derartige Schmerzen hast«, sagten die Tiere, »denke daran, dass du dich an etwas festhältst und meinst, es sei von Dauer, obwohl es eigentlich nur den Fluss hinabfließt.« Vielleicht war es der Ausdruck »den Fluss hinabfließen«, aber jetzt musste ich an die Ölkatastrophe im Golf von Mexiko denken. Mein Körper verkrampfte sich bei der Erinnerung, und ich ertappte mich dabei, wie ich den Atem anhielt. »Lass es fließen, lass es gehen«, sangen die Tiere im Chor. »All die Dinge, über die man sich so aufregt – die Regierung, die Umwelt, alles fließt.« Dann begannen sie zu schunkeln, und als sie ihre Körper immer hin- und herschwangen, zogen sie mich in ihren Rhythmus. »Wir leiden nicht unter all diesen Veränderungen«, sagten sie, »warum tust du es dann? Wir wissen, wie man fließt, und wir werden dir beibringen, wie man das macht.« »Oh ja, bitte«, flehte ich.

Sie sahen so glücklich aus, als sie so hin- und herschunkelten – so entspannt in ihren Leibern. »Sie lehren mich, als wäre ich ein kleines Kind«, dachte ich, und dann gähnte ich und sagte: »Ich bin wohl auch ein kleines Kind.« »Wir sind gute Lehrer für dich«, bestätigten die Tiere. »Also entspanne dich jetzt und denke daran, dass du allezeit den Fluss hinuntergetragen wirst; mit dem Strom flussabwärts getragen in den Frieden.«

Ich erkannte die Wahrheit in dem, was sie sagten, aber sie auch zu beherzigen, war nicht leicht. Von all dem Drama und Trauma in der Welt unberührt zu bleiben, war für mich nicht einfach. Das schien daran zu liegen, wie ich gepolt war. Ich war schon immer tief mit Tieren und auch mit Menschen verbunden, und wenn sie litten, dann litt ich mit ihnen. Ich erkannte, dass diese einfühlsame Verbindung in mir oft mehr schadete als nutzte, und doch war es eine ständige Herausforderung, mich nicht in die Geschichten von leidenden Tieren und Menschen hineinziehen zu lassen.

Ich rief mir immer wieder die Tiere ins Gedächtnis, die sagten: »Es ist doch nur eine Geschichte… lass sie fließen. Lass sie los.« Und ich gemahnte mich: Was sich in der Welt veränderte, war im tiefsten Innern nicht »wirklich« und echt. »Atme tief durch«, sagte ich mir. »Atme tief ein und lasse das Leben fließen.«

Manchmal habe ich tatsächlich auf diese weisen Worte gehört. Aber oft auch nicht.

»Eine von uns allein ist mächtig, aber wenn wir zusammenstehen, sind wir eine Macht.«

Ein paar Tage später ging ich zu den Großmüttern, und inzwischen fühlte ich mich so viel besser, dass ich in der Lage war, ihnen eine Frage nicht nur für mich selbst zu stellen, sondern für alle. »Großmütter«, fragte ich, »was können wir tun, um in dieser Zeit trotz der Umwälzungen, die über uns hereinbrechen, in unsere Kraft zu kommen?«

»**Höre uns zu**«, sagten sie, und als ich darauf wartete, dass sie weitersprachen, erschien vor mir ein Totempfahl. Geschnitzte Tiere standen Schulter auf Schulter, und der Pfahl ragte hoch in den Himmel hinauf. Wie ich sah, verkörperte jedes Tier seine eigenen Qualitäten, und die Tiere unten trugen die Tiere oben. Doch ganz anders als Menschen über eine scheinbar hierarchische Struktur wie diese denken, konnte ich feststellen, dass die Tiere unten im Totempfahl nicht »weniger« waren als die Tiere oben. Der Wert ergab sich nicht daraus, wie weit oben oder unten am Pfahl man stand. Vielmehr war der Pfahl das starke und schöne Werkstück, weil *jedes Tier* an seinem ihm gemäßen Platz war.

Wieder stellte ich den Großmüttern meine Frage und fügte hinzu: »Ich verstehe nicht, was ihr mir mit diesem Pfahl sagen wollt.« Es gab eine lange Pause und dann sagten sie: »**Stehe gerade und spüre deinen Körper.**« Ich tat wie geheißen, und sofort fielen meine Schultern herab, und mein Atem wurde gleichmäßig, während meine Augen friedlich in die Welt hinausblickten. Tatsächlich war mein Blick so klar, dass ich alles sehen konnte. »Ich bin eine Macht«, sagte ich zu mir selbst, »eine Quelle der Kraft«, und in meinem Innern fühlte ich mich stabil – geerdet. »Das ist ein starkes Gefühl, Großmütter«, sagte ich, »aber ich weiß immer noch nicht, was es mit meiner Frage zu tun hat.«

»**Sieh uns zu**«, antworteten sie, drehten sich um und gingen davon, ihre Röcke schwangen im Takt ihrer Schritte. So gingen sie davon, bis ich dachte, sie würden in der Ferne verschwinden.

»Wo sind sie…?« sagte ich zu mir, aber noch bevor ich meinen Satz beenden konnte, drehten sich die Großmütter wie eine um, machten einen Schritt vorwärts und standen schweigend in einer langen Reihe mir gegenüber. »**Wir sind eine Macht**«, sagten sie und sprachen langsam. »**Eine von uns allein ist mächtig, aber wenn wir zusammenstehen, sind wir eine Macht.**«

»Puh!« rief ich aus und nickte zustimmend. Eine Reihe von majestätischen Frauen stand nun vor mir, jede von ihnen zu ihrer vollen Größe aufgerichtet, ihr Blick unbeirrt. So hielten sie einige Minuten lang die Stellung und schienen mich abzuschätzen. »Großmütter«, sagte ich schließlich, »ich verstehe nicht, was…«, aber sie ignorierten meine Worte und begannen, voranzugehen. »**Haltet zusammen!**« riefen sie, und als ich das hörte, erstarrte ich und starrte sie an. »**Haltet zusammen**«, wiederholten sie. »**Ihr seid nicht allein.**

Du bist kein mickriger Mensch, eine unter vielen. Du bist Teil einer großen Bewegung. Einer grooooßen Bewegung! Vergiss das nicht. Ruft

uns an! Versammelt euch, reicht euch die Hände und ruft uns in eurer großen Liebe zur Mutter an.

Welche Mutter wird ihr Kind im Stich lassen?« fragten sie und schauten mich streng an. »**Wir werden dich *nie* verlassen**«, erklärten sie kopfschüttelnd. »**Kommt zusammen, unterstützt euch gegenseitig und ruft uns. Ihr seid eine Bewegung. Jetzt ist die Zeit gekommen, voranzugehen, ihr wurdet dazu berufen. Also steht uns bei. Dies ist die Antwort auf deine Frage. Das wird euch in eurer Macht halten.**«

Ich starrte sie lange an, mein Mund stand mir vor Verblüffung weit offen, und dann begriff ich. Ich war nicht mehr allein. Ich war eins mit den Großmüttern, Teil einer Bewegung. Ich war eine von vielen, die diese weisen Lehrerinnen liebten, die wiederum von ihnen geführt und geliebt wurden. Ich war Teil einer Familie des Lichts, Teil des Lichtnetzes.

»Die Reaktion der Menschen ermutigt uns. So wie Angst und Verzweiflung zunehmen, so wächst auch die Liebe.«

Es kamen immer wieder Reaktionen auf die Bitte der Großmütter, das Lichtnetz für den Golf von Mexiko zu halten, und ich war so berührt von dem Wunsch der Menschen, zu helfen, dass ich eines Tages zu den Großmüttern ging, um ihnen all diese Antworten vorzulegen. »Ihr habt uns diese schöne Botschaft für den Golf gegeben, Großmütter«, sagte ich, »und so viele hören jetzt auf eure Botschaften. Wir sind aufgewühlt von den Verwüstungen in diesem Teil der Welt, und leider grassieren Angst und Verzweiflung.«

»**Die Reaktion der Menschen ermutigt uns**«, antworteten die Großmütter. »**So wie Angst und Verzweiflung zunehmen, so wächst auch die Liebe. Die Selbstlosigkeit wächst und die Gemeinschaft wächst. Oft muss die Menschheit diese schrecklichen Ereignisse durchmachen, um aufzuwachen und sich daran zu erinnern, was wirklich wichtig ist. Was wichtig ist**«, sagten sie, »**ist eure Liebe und eure Fürsorge für einander, eure Liebe und euer Dienst für alles Leben.**

Die Yang-Dominanz eurer Kultur hat euch von dieser liebevollen Verbindung mit der Wahrheit des Lebens getrennt, hat euch von den

Dingen getrennt, die wachsen und gedeihen, die blühen und Früchte tragen, die für Nachwuchs sorgen. Ihr habt eure tiefe Verbundenheit mit dem Leben vergessen«, sagten die Großmütter. »Und wenn die Menschheit vergisst, dann muss ihr eine Lektion erteilt werden. Und wenn das Vergessen tief reicht, dann wird die Lektion umso nachdrücklicher sein.

Lasst eure Herzen sich jetzt öffnen«, sagten sie. »Wir verstehen, dass es schmerzhaft ist, das Leid zu sehen – am Golf, in Mittelamerika, im Nahen Osten, in Afrika – an so vielen Orten«, sagten sie kopfschüttelnd, »das tut weh. Und die verhärteten Herzen derer zu sehen, die ihr ›die Wohlhabenden‹ nennt…«, sie lächelten mitleidig, »diese Menschen sind von allen am bedauernswertesten. In ihren Herzen haben sie nichts, und obwohl sie sich an alles klammern, greifen sie am Ende ins Leere.

Also«, sagten sie und blickten mich fest an, »nehmt die Herausforderung an und lasst eure Herzen sich öffnen. Fühlt, was ihr fühlt. Lasst Mitgefühl in euch aufkeimen und dient dann, wo immer ihr könnt. Dient mit euren Händen, mit eurer Stimme und mit eurem Zuhören. Aber vor allem«, sagten sie, »dient mit einem liebenden Herzen. Ein solcher Dienst wird euch Freude machen.

Knüpft das Lichtnetz «, sagten die Großmütter. »Haltet es und lasst euch von ihm halten. Betet für alle Geschöpfe, die von diesen Katastrophen betroffen sind, und haltet sie im Netz. Das ist eure Aufgabe. Das Halten, Halten, Halten des Lichts.

Ihr seid durch die Energie von Yang darauf konditioniert worden, zu erwarten, dass die Dinge schnell geschehen«, sagten sie, »aber die Energieverschiebung, die ihr herbeiführen werdet, wenn ihr so haltet, wird lange brauchen. Sie wird dauerhaft Gutes bewirken. Durch eure Bereitschaft zu ›halten‹, werdet ihr diese Schwere erleichtern. Ihr werdet die Erde selbst erheben.

Es ist die Beständigkeit, die ständige Verbindung mit dem Lichtnetz, die aufrichtet und erhebt. Verliert nicht den Mut«, sagten die Großmütter kopfschüttelnd, »es ist die Beständigkeit, die fortwährende Verbindung mit dem Lichtnetz, die aufrichtet und erhebt.

Wenn du merkst, dass dir alles nicht schnell genug geht, und du darüber enttäuscht bist, halte inne und sei nachsichtig mit dir. Du bist durch das vorherrschende Yang so konditioniert worden. Das ist alles. Gib nicht dir die Schuld für die Hektik, in die du manchmal verfällst«, lachten sie. »Du bist so konditioniert worden.

Aber entscheidet euch jetzt für das Halten, und seht jedes Mal, wenn ihr so haltet, das Gute, das ihr tut. Habt Freude daran und seid stolz darauf. In diesem Halten werdet ihr Teil einer großen Familie des Lichts. Diese Beständigkeit ist jetzt vonnöten«, sagten sie, »nicht das Umherhetzen oder die schnelle Lösung.

Ihr werdet für diese Arbeit gebraucht und zwar *Tag für Tag, tagein, tagaus*«, sagten sie. »Um diese Aufgabe zu erfüllen, braucht ihr die Ausdauer, die das Lichtnetz verleiht, und wenn ihr diese Ausdauer entwikkelt, werdet ihr stärker und befähigt, mehr zu tun. Wenn ihr von diesem beständigen Ort in euch selbst aus lebt, werdet ihr immer größere, wachsende Freude haben.

Ruft das Lichtnetz gerade jetzt an«, sagten sie, »und fühlt es unter euch, hinter euch und neben euch. Ruht euch darin aus. Sendet Licht aus eurem Herzen auf den Strängen des Netzes und merkt, wie es alles segnet, womit es in Berührung kommt. Wenn ihr das tut, wird alles, was schwimmt, geht, atmet, denkt, liebt und sich fürchtet, erhoben. Erhoben, erhoben«, sagten sie. »Das ist alles, was ihr tun müsst. *Das* ist *alles.*

Jedes Mal, wenn ihr das Lichtnetz spürt, das euch hält, werdet ihr seine beruhigende Wirkung spüren. Ihr empfangt und sendet gemeinsam beruhigende Energie durch das Netz, und dies geschieht jedes Mal, wenn ihr euch in euer Herz bewegt, um Licht fließen zu lassen.

Haltet euch in Ehren«, sagten die Großmütter, und dann überraschten sie mich, als sie eine kleine Verbeugung vor uns machten. »Ihr seid die Überbringer der Güte«, sagten sie. »Ihr seid unsere Werkzeuge«, sagten sie.

»Du bist eine sanfte Kriegerin.«

Die Woche danach war voll von verzweifelt klingenden E-Mails von Menschen, die sich um das Schicksal des Lebens auf der Erde sorgten, eine

Woche auch mit vielen familiären Notfällen. »Großmütter«, sagte ich, als ich vor ihnen stand, »ich habe all diese Dinge, die ich für das Haus, die Familie und mein Geschäft tun muss. Gleichzeitig möchte ich unsere Arbeit tun…« Aber bevor ich meinen Satz beenden konnte, stellten sie meine Füße fest auf die Erde und sagten: »**Die Arbeit, die du mit uns verrichtest, erdet dich.**«

»Ich will nicht von meinen persönlichen Dramen angehalten werden, Großmütter«, antwortete ich, und als sie das hörten, streckten sie die Hände aus und umarmten mich. »**Es *gibt* jetzt viel Drama**«, sagten sie, und ich verstand es so, dass sie sich nicht nur auf meine Familie bezogen, sondern auch auf die Angst und Wut, die die verschiedenen Katastrophen auf der Erde bei Millionen von Menschen hervorriefen.

»**Vorsicht vor Dramen**«, mahnten sie. »**Der Verstand und das Ego lieben das Drama, weil es sie nährt. Aber wenn dein Herz eins ist mit dem Netz aus Licht, ist es in der Lage, weit über alle scheinbaren Schwierigkeiten hinauszureichen. Deine Verbindung mit dem Lichtnetz bildet das elementare Gewebe des Seins.**

***Hier* wirst du gebraucht**«, sagten sie, »**verankert im und am Netz aus Licht. Wenn die Welt versucht, dich in Panik und Verzweiflung zu versetzen, lass dich in dein Herz fallen. Lasse dich in den Kern der Ausstrahlung fallen, die in dir lebt, und bedanke dich, wenn du dort bist. Jedes Mal, wenn du dich auf diese Weise verbindest, schießt das Licht entlang der Stränge des Netzes, hält das Licht in dir und überall aufrecht.**

Viele von euch fürchten sich davor, unserer Ermächtigung zu vertrauen. In der Vergangenheit seid ihr Lehrern, Gurus, Religionen und spirituellen Systemen begegnet, die euch enttäuscht haben, und so haltet ihr euch jetzt zurück. Und manche von euch sind so gefangen in der Energie ihrer yang-zentrierten Welt, dass sie noch nicht so weit zur Ruhe gekommen sind, um wirklich auf das zu hören, was wir euch sagen wollen.

Wir bitten euch, jetzt euren Mut in die Hände zu nehmen und eure Aufmerksamkeit auf uns zu richten«, sagten sie. »**Hört auf das, was wir sagen. Wir bitten euch, dies um eurer selbst willen und um alles Lebens**

willen zu tun. Es gibt jetzt Arbeit für euch, wenn ihr sie annehmen und tun wollt. Die Aufgabe, zu der wir euch rufen, ist einfach«, erklärten die Großmütter. »Sie ist nicht schwierig, auch wenn euer Verstand versuchen mag, es euch einzureden.

Wir bitten euch, unsere Botschaften zu lesen und zu teilen, unsere Bücher zu lesen und über sie zu sprechen und unsere Ermächtigung in die Energie von Yin weiterzugeben. Wir haben euch die Ermächtigungszeremonie, die Bücher und die Botschaften gegeben, damit ihr das Maß an Schönheit-gleich-Macht in euch erhöht und auf der Erde zu einem wandelnden Segen werden könnt. Wir versprechen euch, dass es geschehen wird«, sagten sie und schauten mich unverwandt an.

»Du wirst herrlicher erblühen, als du es dir vorstellen kannst. Siehst du«, sagten sie mit ihrem süßesten Lächeln, »wegen der Gaben, die du von uns erhalten hast, brauchst du kein gewöhnliches Leben mehr zu führen. Diese Zeiten sind vorbei. *Du kannst jetzt ein außergewöhnliches Leben führen,* und wir rufen dich dazu auf. Du bist eine sanfte Kriegerin«, sagten sie und umarmten mich. »Du bist *unsere* sanfte Kriegerin.«

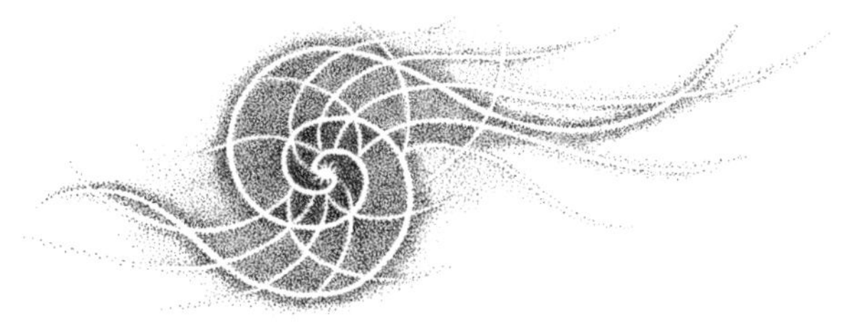

KAPITEL 7

Fluss des Lebens

»Immerdar, in jedem Augenblick, entwickeln sich alle weiter.«

In einer Frauengruppe, wo ich schon lange dabei war, passierte etwas Beunruhigendes, das mir keine Ruhe ließ. Bei einem Treffen erzählte Alice, dass der Therapeut, bei dem ihr jugendlicher Sohn in Behandlung war, den Jungen und seinen Vater ermutigte, nicht auf »die Frau des Hauses« zu hören. Auf einer Familientherapiesitzung sagte der Therapeut ihrem Sohn und ihrem Ehemann, sie sollten »das Heft in die Hand nehmen« und ihrem Ärger über sie Luft machen, wann immer ihnen danach war. Er sagte, dass ein Heranwachsender, der ein richtiger Mann sein wolle, die weibliche »Macht« angreifen müsse, wo immer er sie finde. Es sei für einen jungen Mann wichtig, vor allem gegen seine Mutter aufzubegehren, und es sei »gut« für ihn zu sehen, wenn sein Vater seine Mutter »in ihre Schranken weist«. Als Alice uns das erzählte, hörte ich es mit wachsendem Entsetzen. Ich war mehr als dreißig Jahre lang Psychotherapeutin gewesen und hatte noch nie derartiges gehört.

Nach dem Edikt des Therapeuten spielten sich einige ärgerliche Szenen in ihrem Haus ab. Alices Ehemann stellte sich auf die Seite des Therapeuten, und es war sehr schlimm für sie, als er, wie auch ihr Sohn, anfingen, sich gegen sie zu wenden. Als ich diese Geschichte hörte, machte mich das ganz krank. Ich war auch Mutter, also konnte ich mir gut vorstellen, was sie durchmachte. Ihr Bericht schockierte mich, und ich konnte es kaum erwarten, ihn den Großmüttern vorzutragen. Also reiste ich am selben Abend zu ihnen, erklärte ihnen die Situation und fragte: »Was sollen wir als Frauen aus einer solchen Erfahrung lernen?«

Mit grimmiger Miene antworteten die Großmütter: »**Lange Zeit wurden Frauen schlecht behandelt.**« »Das Verhalten dieses Therapeuten ist aber schlimmer!« fiel ich ihnen ins Wort. »Wenn solche Einstellungen gegenüber Frauen selbst heute noch zu finden sind, was sollen wir dann tun? Ich weiß, dass die Männer sich früher so verhalten haben«, sagte ich, »aber heute?« Die Großmütter sahen mich an, und obwohl sie nichts sagten, strahlten ihre Blicke Mitgefühl aus. Endlich half mir ihr besänftigender Gesichtsausdruck, mich zu beruhigen. »Ich bin auch Mutter«, sagte ich endlich zu ihnen. »Ich habe einen Sohn und eine Tochter, also frage ich das für alle Mütter, Großmütter. Was sollen wir daraus lernen?«

Die Großmütter nahmen meine Hände in die ihren und zogen mich mit sich. Wir gingen gemeinsam. Es wurde dunkel, und ich konnte nicht gut sehen und wusste nicht genau, wohin wir gingen, aber es schien, als würden wir auf eine Brücke steigen. Als wir jedoch auf der anderen Seite wieder herunterkamen, war es wirklich dunkel geworden, so dass es unmöglich war, es genau zu wissen.

Um uns herum herrschte schwüler Trübsinn und wirbelnde Luft, und als die Großmütter wieder meine Hand nahmen, um mich weiterzuführen, fühlte es sich fast so an, als würden wir in eine andere Welt hinübergehen – in eine Welt wie Tolkiens »Mordor«. Dies war ein dunkles Land, in dem alles undurchsichtig war – sogar die Luft. Ich verstand nicht, wo ich war und was das alles bedeutete, und so kehrte ich, ohne zu wissen, was ich sonst tun sollte, zu meiner Frage zurück. »Was sollen wir daraus lernen?« fragte ich die Großmütter. »Was ist unsere Lektion?«

»**Wir werden es dir zeigen**«, sagten sie, und kaum, dass sie sprachen, bemerkte ich eine Bewegung zu meiner Linken. Etwas war da draußen. Dann näherten sich eines nach dem anderen Tiere von seltsamer Gestalt, die uns bald umzingelt hatten. Diese Tiere waren nicht gerade Dinosaurier, aber als sie auf uns zu getrampelt kamen, sahen sie urzeitlich aus. Es waren massige, unbeholfene Tiere, und sie schnappten nach Luft, als sie sich uns näherten. Dann verhielten sie und spielten sich auf, wiegten sich hin und her und brüllten. Ich verbarg mich hinter den Großmüttern.

Einige von ihnen hatten Schnauzen, die sie wie riesige Faultiere aussehen ließen. »Igitt!« Mich schauderte, als das Brüllen und Kreischen lauter wurde. »Sie sind monströs, sie sind urzeitlich«, stöhnte ich und suchte nach Worten, um sie zu beschreiben. »Dieses dunkle Land ist ihr Terrain«, fuhr ich fort, »und sie bewegen sich tastend vorwärts, weil die Luft hier so vernebelt ist, dass sie kaum etwas sehen.« Die Atmosphäre war so dicht, dass alles, was mehr als drei Meter entfernt war, von der Finsternis verschluckt wurde.

Jetzt nahm ich Farbflecken in der Dunkelheit wahr. Hier und da tauchten rote Flecken aus der Dunkelheit auf. »Oh! Uuhrg!« Ich musste würgen. »Es sind ihre Mäuler. Sie sind blutig!« Mir schauderte vor diesen klaffenden Rachen, und ich schlang meine Arme um mich und schüttelte den Kopf, um dieses Bild zu vertreiben. »Großmütter«, rief ich, »was ist hier die Lektion? Ich verstehe das alles nicht!« Da brüllten die Ungeheuer noch lauter, und als der Boden von ihrem Brüllen und Stampfen zu beben begann, sagten die Großmütter: »**Sieh einfach hin.**«

Ich entspannte mich etwas und beobachtete die Bestien, und dabei fiel mir eine Reise wieder ein, die ich unternommen hatte, kurz nachdem die Großmütter in mein Leben getreten waren. Ich erinnere mich nicht mehr an die Frage, die ich ihnen damals gestellt hatte, aber sie hatten mich in ein urzeitliches Land gebracht, in dem Fische wie aus Stein schwammen. Wie die Tiere, die ich jetzt sah, waren auch diese Fische eine frühe Lebensform. Sie waren ungeheuer groß, bewegten sich langsam und schienen überhaupt kein Bewusstsein zu haben. Sie lauerten einfach auf dem Grund der Gewässer oder durchschwammen die Flüsse und Seen. Dann erinnerte ich mich, dass auch ihre Mäuler offenstanden und sie bereit waren, alles zu verschlingen, was ihnen in den Weg kam, und ich erinnerte mich daran, dass ich ihre Größe, gepaart mit ihrer geistlosen Natur, bedrohlich fand. Es waren keine hübschen oder interessant aussehenden Fische, sondern sie waren mehr wie Klötze und schienen die ganze Zeit nur zu warten. Ich hatte sie sorgsam gemieden, und die Tiere, die ich jetzt sah, erinnerten mich an diese Fische.

Als ich mich an diese Erfahrung erinnerte, sagte ich: »Es scheint heute um den vorbeugenden Angriff zu gehen. Ihr zeigt mir eine ziemlich niedere Form des Bewusstseins bei diesen Tieren, Großmütter.« Und als ich mich so sprechen hörte, fragte ich mich, ob das, was ich sah, vielleicht auch mit dem Mann zu tun hatte, den ich für den »grausamen Therapeuten« hielt, der Alices Mann und Sohn gegen sie aufgebracht hatte. »Großmütter«, sagte ich, »was hat das, was ich hier sehe, mit der Frage zu tun, mit der ich heute gekommen bin?«

Ich wartete darauf, dass sie etwas sagen würden, aber das taten sie nicht, und während ich weiter wartete, liefen die Tiere davon und verschwanden. Jetzt blieben nur noch die Fische übrig, an die ich mich erinnert hatte – sie schwammen langsam im Wasser vor uns hin und her. Ich schenkte ihnen meine volle Aufmerksamkeit, als ich etwas anderes bei ihnen im Wasser bemerkte: etwas Buntes und, so wie es sich bewegte, etwas Weibliches.

Ein weibliches Wesen, das zwischen den riesigen Fischen hin und her schwamm, steuerte anmutig durch diese Gewässer und kam mir immer näher. Als sie an eine Stelle direkt vor mir kam, zog sie sich aus dem Wasser und auf einen Felsen, um sich zu sonnen. »Sich sonnen!« rief ich. »Inmitten dieser Monster?« Aber die schmächtige Kreatur schien völlig entspannt zu sein, und als sie sich in der Sonne niederließ, hörte ich mich keuchen. Kaum hatte sie auf dem Felsen Platz genommen, umhüllte sie das Sonnenlicht, und es schien nicht nur *auf sie* zu scheinen, sondern auch *aus ihrem Inneren.* Sie strahlte! Und sie war nicht nur voller Licht, sie strahlte es auch aus. Und als ich wieder hinschaute, sah ich, dass sie das Licht *war.*

Ich beobachtete gespannt, wie hinter ihr tropisch aussehende Pflanzen zu sprießen begannen. Palmen, Gräser, Farne und Blumen erschienen, und dann sah ich einen Sandstrand. Es schien, als seien wir in eine andere Zeit und an einen anderen Ort gekommen. Die kleine blonde Kreatur hatte die Atmosphäre um sich herum verändert, und obwohl die monströsen Fische immer noch hin- und herschwammen, waren sie für sie einfach nur Hintergrund – Teil der Szenerie.

»Okay, Großmütter«, sagte ich an meine Lehrerinnen gewandt, »was ist die Lehre daraus? Ich bin hier bei euch und beobachte all diese Szenen, die kommen und gehen, aber ich verstehe nicht, was auch nur eine von ihnen bedeutet.«

Wieder herrschte Stille, und dann bemerkte ich, dass sich nach und nach Gruppen von Menschen auf dem Sand versammelten. Alles verwandelte sich wieder, und hier war eine weitere Szene. Nun traten Männer in Kampfmontur auf – römische Soldaten mit Helmen, in Togen und Sandalen, und sie sahen zwar nicht besonders bedrohlich aus, trugen aber alle Speere. »Gütiger Gott«, sagte ich zu mir, als andere Gestalten in Sicht kamen, »es sind Sklaven bei ihnen – lange Reihen von ihnen.« Die Sklaven stöhnten, als sie den Weg entlangstolperten, die Hände auf dem Rücken gefesselt, aber das Elend ihrer Gefangenen schien die Soldaten überhaupt nicht zu berühren. Man hatte ihnen befohlen, diese Menschen wegzubringen, und ich sah, wie sie sie ungerührt vor sich hertrieben.

»Und was bedeutet *das* jetzt?« fragte ich die Großmütter, und kaum war die Frage über meine Lippen, erschien inmitten der Soldaten und Sklaven ein imposanter Gegenstand: In der Mitte des Weges, auf dem sie gingen, stand ein riesiger Kopf aus Stein. Er sah aus wie der Kopf eines Gottes und war fünfzehn oder zwanzig Fuß hoch. Ich besah ihn näher, und da erinnerte ich mich, dass Roger und ich in Angkor Wat mehrere solcher Köpfe gesehen hatten.

Als ich meine Blicke auf die Gesichtszüge dieses Kopfes richtete, begann er zu atmen und blies seinen Atem auf die Soldaten. »Gott« hauchte sie an, und da begannen ihre Speere, Helme und Uniformen zu leuchten. Auch ihre Gesichter wurden lebendig, und unvermittelt wandelte sich die ganze Szene von Sepiatönen zu voller Farbe. Als das Licht alles durchflutete, sah ich, wie sich die Soldaten umdrehten und die Gefangenen wie zum ersten Mal ansahen. Die Soldaten erwachten zum Leben! Jetzt nahmen sie die Gefangenen wahr, und da wurden die Soldaten weicher und noch realer. Ich spürte, wie sich mein Herz weitete, als ich beobachtete, was geschah, und als ich noch darüber nachdachte, änderte sich die Szene erneut.

Jetzt sah ich meine Mutter. Sie lag in ihrem Bett in dem Zimmer, das sie in den letzten zwei Jahren ihres Lebens bewohnt hatte. Sie war im Begriff zu sterben. Ihre mühsamen Atemzüge kamen und gingen, und sie sah aus wie an jenem letzten Tag, an dem ich bei ihr gesessen und auf das Ende gewartet hatte. Noch einmal sah ich, wie sie sich auf ihren Tod vorbereitete, und während ich ihr schwerfälliges Atmen verfolgte, überspülten mich Wellen der Trauer, und mit der Trauer einher gingen Staunen, Schrecken, Frieden, Ehrfurcht – alles auf einmal. Ich gab mich diesen Gefühlen hin und weinte leise. Ich saß neben ihr und betrachtete sie liebevoll, als ich eine Stimme hörte. »**Alle entwickeln sich**«, sagte sie. »**Immerdar, in jedem Augenblick, entwickeln sich alle weiter.**«

»Ja«, antwortete ich der Stimme, und als ich darüber nachdachte, verstand ich, dass *es keinen Moment gibt, in dem wir uns nicht weiterentwickeln.* »Wir alle«, sagte ich, und dann weinte ich, verwundert darüber, was ich fühlte, als sich mein Herz langsam öffnete.

Jede Lebensform, die mir die Großmütter auf dieser Reise zeigten, befand sich im Prozess der Evolution. Angefangen mit dem Mann, den ich mir als den grausamen Therapeuten vorgestellt hatte, der einen Sohn gegen seine Mutter aufbrachte. Er entwickelte sich und verhielt sich so, wie er war, weil er in seiner eigenen Entwicklung nur so weit gekommen war. Auch die monströsen Tiere und Fische, der liebliche weibliche Geist im Wasser, die römischen Soldaten und die Sklaven entwickelten sich weiter. Sie alle. Als ich mich daran erinnerte, wie Farbe die Soldaten überflutet und sie zum Leben erweckt hatte, verstand ich, dass ich Zeuge eines wichtigen Moments in ihrer Entwicklung als menschliche Wesen geworden war. Und meine Mutter, die dort in ihrer letzten Stunde auf Erden ihre letzten Atemzüge tat, hatte sich ebenfalls entwickelt.

Endlich sprachen die Großmütter. »**Alle entwickeln sich**«, sagten sie, »**und alle sind gesegnet.**« Ich schluchzte ganz tief, als ich die Wahrheit in ihren Worten vernahm. »Alle *sind* gesegnet«, stimmte ich zu, »alle.«

»**Jene, die anderen Schmerz zufügen**«, so die Großmütter, »**sind an einem bestimmten Punkt ihrer Entwicklung und können nirgendwo anders sein als dort. Die Ebenen der Evolution durchlaufen das gesamte**

Spektrum«, erklärten sie, »**von den sich langsam bewegenden, langsam denkenden Lebensformen, die du vorhin gesehen hast** (die monströsen Fische und die prähistorisch aussehenden Tiere), **bis zu jenem heiteren Geist, der das Licht liebt und das Licht *ist*. Evolutionsgrade durchlaufen die ganze Skala**«, sagten sie, und während ich zuhörte, strömten mir weiter Tränen über das Gesicht. »**Sei nicht überrascht, wenn diese Primitiven in deinem Leben auftauchen.**« Ich blinzelte, als ich das hörte, aber die Großmütter schenkten mir ein beruhigendes Lächeln. »**Schließlich**«, sagten sie, »**sind die Primitiven immer noch hier auf der Erde. Alle Entwicklungsstufen des Lebens gibt es hier.**

Die Evolutionslinie für den Menschen, für die Tiere und für den Planeten selbst ist sehr lang. Unzählige Grade von Intelligenz tragen zu dieser Linie bei, und wenn wir ›Intelligenz‹ sagen«, erklärten sie, »**meinen wir die gesamte Intelligenz, nicht nur die des Verstandes, sondern auch die des Herzens. Innerhalb der Menschheitsfamilie findet man also alle möglichen Menschen – Bankiers, Lehrer, Heiler, Arbeiter – alle, und jeder ist auf seinem eigenen Entwicklungsstand. Es gibt fortgeschrittene Seelen – wie den Mahatma Gandhi, Mohammed und den Dalai Lama – und hin und wieder erscheint ein völlig reines Wesen wie Jesus Christus, Buddha oder Sathya Sai Baba auf der Erde. Zur gleichen Zeit hat man Betrunkene, Drogenabhängige und Verlorene**«, sagten sie. »**Auf der Erde werdet ihr denen begegnen, die leiden, und denen, die Leid verursachen, denen, die Freude bringen, und denen, die Not und Elend verursachen – für sich und andere. Das alles ist auf deinem Planeten präsent. In jedem Augenblick gegenwärtig**«, sagten sie, »**in das Leben hinein und aus dem Leben heraus.**«

Danach war Schweigen. Dann erschien vor mir ein Fluss, und in ihm schwammen unzählige Arten von Fischen – die langsamsten und niedersten, die hellsten, die schnellsten und die leichtesten. Sie schwammen zusammen in allen Farben des Regenbogens, und ich sah, dass sie alle zu dem Fluss gehörten und sich in derselben Strömung bewegten. Jeder von ihnen war perfekt, so wie er war, und im selben Augenblick war jeder in den Prozess des Werdens einbezogen. Die schnelleren, anmutigeren umgingen die langsameren, schwereren leicht, während andere, nicht so schnell, nicht so anmutig, beim Schwimmen aneinanderstießen. »**Wir zeigen dir den Fluss des Lebens**«, sagten die Großmütter. »**Er ist voll von Schwimmern und Schwimmerinnen aller Art. Der Fluss des Lebens existiert seit Jahrtausenden und wird immer weiter fließen. Das ist das Leben**«, sagten sie, ihre Augen von einem Lächeln erhellt.

»**Sieh, die Bewegung aller Schwimmer geht nach vorne, immer vorwärts. Die Bewegung ist jetzt. Sie existiert nur jetzt – in dieser Minute. Nicht zwei Schwimmer entwickeln sich im gleichen Tempo**«, sagten sie, »**und das sollen sie auch nicht. Jeder ist vollkommen, so wie er ist, perfekt in diesem Moment.**«

Die Großmütter schauten mich von oben bis unten an und sagten: »**Deine Aufgabe ist es, du selbst zu sein, deine Aufgabe ist es, deine eigene Perfektion zu lieben und zu erkennen und sie zu leben. Nicht dein Leben wegzuwünschen, nicht dein Schicksal zu beklagen und zu denken, du solltest irgendwo anders oder jemand anders sein; und nicht zu erwarten, dass ein anderer anders ist als der, der er ist. Schließlich**«, so sagten sie, »**schwimmt ihr alle gemeinsam im Fluss des Lebens. Solltet ihr also eure Mitschwimmer nicht respektieren?**«

»Großmütter«, sagte ich, »geliebte Lehrerinnen, ich danke euch. Was ihr mich heute gelehrt habt, ist mehr als schön.«

»**Gesegnet sei der Mann, der das alles für dich heraufbeschworen hat. Durch seine scheinbar grausame Tat gab er dir die Gelegenheit zu einem weitaus größeren Verständnis. Und…**«, kicherten sie, wobei sie ihre Augen auf mich gerichtet hielten, »**wenn du aufmerksam zuhörst, wirst du feststellen, dass jeder, den du triffst, dies für dich tun wird – jeder wird dir die Gelegenheit geben, besser zu verstehen.**«

»Oh«, stöhnte ich und wusste nicht, ob ich über diese Aussicht lachen oder weinen sollte. »Danke, ihr Großmütter«, sagte ich, »danke.«

»Für Frauen sind Männer ›die Anderen‹.«

Beim *California Gathering of the Grandmothers* 2010 sprach Chris, ein Mann, der im Hochsicherheitstrakt eines Männergefängnisses arbeitete.

Er war mit seiner Frau zu dem Treffen gekommen, und als er daran teilnahm, war er tief beeindruckt von der Botschaft der Großmütter und davon, wie ernsthaft wir versuchten, sie zu leben. »Die Männer, mit denen ich arbeite, haben wenig Verständnis für sich selbst, wenig Verständnis für andere und besonders für Frauen«, sagte er. »Ich hoffe wirklich, dass ihr Frauen es schafft, die Macht von Yin zu leben und für diese Männer einzustehen. Sie sind verloren. Sie wissen nicht, wie sie die wildgewordene Kraft von Yang zügeln sollen, und das hat sie fast umgebracht. Wenn Frauen die Macht von Yin nicht für sich und alle anderen verankern, haben Männer wie die, mit denen ich arbeite, keine Chance. Diese Männer sind innerlich so tot, dass sie sich nicht selber helfen können. Bitte tretet in eure Macht«, forderte er uns auf, »tut es für euch und für die Männer, die es nicht tun können.« Was er an diesem Wochenende mit uns teilte, hat uns zutiefst berührt, und seine Bitte liegt mir nach wie vor am Herzen.

Als ich wieder an ihn dachte und mich dann an Alice erinnerte, deren Mann und Sohn sich »gegen sie gewandt« hatten, war das ein Weckruf für mich. Jetzt hatte ich zwei schmerzhafte Beispiele dafür, wie schädlich eine aus dem Gleichgewicht geratene Yang-Energie sein kann. Viele Male hatte ich die Intensität der Yang-Energie gespürt, der ich ausgesetzt war, und wie die meisten Frauen war ich von männlichen Aggressionen geplagt worden. Wenn ich ehrlich war, musste ich zugeben, dass diese intensive, drängende Energie nicht nur auf mich zukam, sondern manchmal auch *von mir ausging.* Männer waren nicht die einzigen, deren Yang-Energie aus dem Gleichgewicht geraten konnte. »Mein Gott«, flüsterte ich, »wenn Yang nicht in Harmonie mit Yin ist, ist das *wirklich* kein schönes Bild – für niemanden.«

»Großmütter«, sagte ich, als ich das nächste Mal zu ihnen ging, »ich habe heute eine wichtige Frage.« Aber bevor ich ein weiteres Wort herausbringen konnte, sagten sie: »**Frauen und Männer haben echte Verständigungsschwierigkeiten.**« »Ja«, seufzte ich, »das deckt es so ziemlich ab, Großmütter. Ich habe über die Kraft des aus dem Gleichgewicht geratenen Yang nachgedacht. Was ist das Beste, was wir tun können, um mit dieser aggressiven Energie umzugehen, wenn sie auf uns zukommt? Manchmal sind diese Angriffe nicht offensichtlich und manchmal finden sie direkt vor unserer Nase statt, aber wie auch immer sie auftauchen: Was ist der beste Weg, mit ihnen umzugehen?« Die Großmütter sagten eine ganze Weile gar nichts. Tatsächlich begann ich mich zu fragen, ob sie mich gehört hatten. Ich betrachtete sie und überlegte, was ich tun sollte, als ich etwas hinter ihnen sah, das wie eine elektrische Entladung aussah – eine schnelle, gezackte Bewegung in der Luft. Es war diese scharfe, stoßende Energie von Yang, und ehe ich mich versah, Bam! kam es auf mich zu geflogen! Aber kurz bevor es mich traf, kam etwas dazwischen.

»Oh!« rief ich, als ich sah, wie die Energie von Yin und Yang zusammenwirkte. Als das Yang-Geschoss auf mich zu raste, zog die Yin-Energie es an, kurz bevor es meinen Körper traf. Yin hatte sich bei der Annäherung ausgedehnt und das Yang aufgenommen. Dieser »Yin-Eingriff« verhinderte, dass die Yang-Rakete in meinem Herzen und in meinem Solarplexus landete. Und weil das Yin das Yang angezogen hatte, erfuhr ich keine Verwundung und keinen Schock. »Wow!« sagte ich mir, »das war so mühelos. Es war, als würde man bei einem Tanzschritt zuschauen.« Yin hatte Yang in einen Tanz hineingezogen. Dann erinnerte ich mich daran, wie Sandra aus den Niederlanden uns beim letzten Treffen eine ähnliche Bewegung gezeigt hatte. Sie hatte uns beigebracht, wie wir die Energie von Yang mühelos »auffangen« können.

»Großmütter«, sagte ich, »bitte erklärt mir, wie das funktioniert. Nicht jeder wird das mit dem Tanz verstehen, es sei denn, ihr könnt es ganz klar machen.« »**Ja**«, sagten sie, »**wir werden es erklären, aber wir wollen vor allem, dass *du* ›das mit dem Tanz‹ verstehst.**« »Okay, okay«, willigte ich ein, und lachend sagten sie: »**Wenn jemand Yang aussendet, etwas wie diese Rakete** «, und hier ahmten sie den Yang-Schub nach, »**dann wird ein Yin-Empfänger benötigt. Dann muss das Yang gehalten werden, und du hast gerade mitbekommen, wie das geschieht.**«

»Ja, Großmütter«, sagte ich, »das habe ich. Das Yin dehnte sich aus und zog die Energie von Yang an. Es nahm sie auf. Ich verstehe, dass Yang empfangen werden muss, verstanden werden muss. Das verstehe ich. Ich habe es sogar erfahren. Wenn ich zum Beispiel ›Yang‹ fühle«, fügte ich hinzu, »wenn ich mich energiegeladen fühle, dann möchte ich meine Gefühle ausdrücken können und ich möchte verstanden werden. Ich meine damit nicht, dass ich will, dass die Dinge konfrontativ werden«, erklärte ich. »Ich will nicht in eine Auseinandersetzung oder einen Streit mit jemandem geraten. Vielmehr möchte ich einfach nur angenommen und verstanden werden. Und wenn ich mich so fühle, bin ich sogar bereit, wenn nötig, meine Energie zurückzunehmen oder ein wenig anzugleichen, damit ich mit der Person, mit der ich in Beziehung stehe, ›spielen‹ kann. Ich möchte, dass wir zusammen ›tanzen‹. Ich will sie nicht verschrecken. Ich möchte nur unseren Austausch genießen.« Die Großmütter hatten mich ins Nachdenken gebracht.

»Großmütter«, fragte ich, »wollt ihr mir sagen, dass die Männer, wenn sie sich uns auf diese aggressive Weise entgegenstellen, nicht versuchen, uns zu vernichten? Es sind keine wärmesuchenden Raketen?«

»**Abgesehen von extremen Fällen versuchen sie *nicht*, euch zu vernichten**«, antworteten sie, »**denn dann hätten sie, wie du gerade gesagt hast, niemanden, mit dem sie spielen können. Es ist einfach das, was Yang tut. Dieser machtvolle Vorwärtsdrang ist seine Signatur. Du musst die Wege von Yang kennen**«, sagten sie und sahen mich ernst an. »**Männer *sind* meistens yang, und deshalb ist es wichtig, dass du es verstehst. Es ist ihre Art und Weise, und die ist sehr verschieden von deiner Art und Weise.**«

»Das verstehe ich«, sagte ich, »das tue ich wirklich«, und dann begannen die Großmütter, um die Unterschiede zwischen den Geschlechtern klarzumachen, die komplizierten Verbindungsmuster aufzuzeigen, die Frauen herstellen, wenn *sie* zusammenkommen. Zuerst zeigten sie mir eine Gruppe von Frauen, die zusammen in einem Raum saßen, und als ich sie beobachtete, konnte ich feststellen, dass diese Frauen einander nicht kannten. Es wurde nicht viel geredet, und obwohl eigentlich nichts »gesagt« wurde, gab es doch eine Menge Verbindungsaufnahme. Als ich zurücktrat und die Frauen beobachtete, bemerkte ich alle möglichen Schleifen und Energieflüsse im Raum. Es gab Hin- und Her-Bewegungen,

Auf- und Abwärtswellen, verschiedene Webarten und Kreismuster – und sie alle bewegten sich zwischen und unter den Frauen. Selbst als die Frauen anfingen, miteinander zu reden, blieb der größte Teil ihrer Kommunikation nonverbal. »Vielleicht ist das der Grund, warum Frauen so gut im Multitasking sind«, überlegte ich, als ich die verschiedenen Muster beobachtete, die unter ihnen gewebt wurden. Mit scheinbar geringem Aufwand gewebt, zugleich geknüpft und auf vielen Ebenen bestehend. »Verbinden/austauschen, verbinden/austauschen«, sang ich, als ich sie betrachtete. »Diese Art der Beziehung ist für Frauen ganz natürlich; für sie so leicht wie Atmen.«

Als nächstes zeigten mir die Großmütter eine Gruppe von Männern; und jetzt, obwohl weniger tatsächliche Verbindung zu bestehen schien, *fand etwas statt.* Anstelle des vielfachen Austauschs, den ich bei den Frauen gesehen hatte, gab es hier eine Reihe von Vorstößen. Diese Bewegungen waren nicht unbedingt körperlich, und in einigen Fällen waren sie nicht einmal verbal, aber sie waren stark. »Peng!« machte es, wenn ein Mann seine Energie vorschießen ließ, um der Gruppe mitzuteilen, wer, was und wo er war. Dann ließ ein anderer Mann die Energie des ersten auf ihn zurückprallen oder nahm den Stoß auf und schickte ihn an jemand anderen weiter. Einer und dann noch einer, einer und dann noch einer, und als die Männer parierten und kämpften, schoss die Energie zwischen ihnen hin und her.

Die Männer sahen vergnügt aus, als sie so miteinander rangen, aber als ich das »Hau-drauf« in ihrer Energie spürte, hörte ich mich nervös Auflachen. Was ich sah, war mir sehr unangenehm. Obwohl diese Männer zweifellos Spaß daran hatten, ihre Energie hin und her schießen zu lassen, machte mich ihre Interaktion nervös. Für sie war es ein Spiel, und sie genossen die Rivalität von Yang: Stoß und Zug. Sie erinnerten mich an Fußballspieler, die sich beim Verlassen des Spielfeldes gegenseitig schubsten und schlugen. »Yang, Yang, Yang«, sang ich vor mich hin, als ich zusah.

Dann musste ich darüber kichern, wie verschieden die Energien von Yin und Yang sind, und als ich aufblickte, fiel mir der Blick der Großmütter auf. »Gehe davon aus, dass Männer anders sind als du«, sagten sie, »beobachte sie und urteile nicht über sie. Wir verstehen, dass ihre Aggressivität für dich beängstigend sein kann; für Frauen ist sie nicht angenehm, weil sie ihnen fremd ist.«

»Ja, Großmütter«, sagte ich, »da habt ihr recht. Es macht mich nervös.« »Wir verstehen das. Manchmal kommt dir ihre Aggression wie ein Angriff vor, und wenn Yang überspannt wird, zu weit aus dem Gleichgewicht gerät, *kann* es gefährlich werden.

Aber das ist nicht das Übliche. Diese Energie wird sich auf dich stürzen, weil der Vorwärtsdrang zum Yang gehört. Peng!« riefen sie, als sie mit der Faust vorstießen, um die aggressive Aktion von Yang zu unterstreichen. Und ich sprang auf, als sie auf mich zugeschossen kam. »Das ist es, was Yang tut«, sagten sie und zuckten lässig die Achseln. »Du musst lernen, dich dafür zu öffnen und es anzunehmen. Übe!« sagten sie, und ich bekam große Augen. »Sei darauf gefasst, dass die Männer dir diese Energie entgegenschleudern, denn sie werden es tun. Und wenn es geschieht«, sagten sie und warfen mir einen wohlwollenden Blick zu, »weiche ein wenig aus, dann öffne dich, um sie zu empfangen. Nimm es dir nicht zu Herzen, sondern halte es einfach.« »Oh«, antwortete ich, »ich verstehe. Ich muss die Lieferung nicht annehmen. Ihr wollt, dass ich vielmehr das Bewusstsein des Gefäßes annehme. Ich erinnere mich, wie ihr dies ›die Macht des Gefäßes nanntet: alles aufzunehmen‹. Das habt ihr uns schon beigebracht.«

»Das ist richtig«, antworteten die Großmütter. »Sei das Gefäß und mache diese kleine Ausweichbewegung«, sagten sie und demonstrierten eine leichte Finte zur Seite. »Mach das eine Weile, bis du dich mit Yang wohler fühlst, bis du so ruhig und kraftvoll bist, dass du nicht mehr zur Seite gehen musst. Irgendwann hörst du auf, von dem, was auf dich zukommt, gestört zu werden, und öffnest dich automatisch, um seine Energie einzuhegen.

Die Männer werden deine größte Herausforderung sein. Das ist wahr, denn für Frauen sind Männer *die Anderen.* Deine Natur ist nicht wie die ihre, und das gilt sogar für Frauen, die gelernt haben, wie man Männer *aus-yangt.* Einige Frauen haben gelernt, sich wie Männer zu verhalten, aber die Natur einer Frau kann das, was ihr entgegengesetzt ist, nicht vollständig übernehmen. Eine Frau mag versuchen, wie ein Mann zu denken und zu handeln«, sagten sie, »aber so sehr sie es auch versucht, sie wird nie ein Mann *sein.* Für Frauen ist der Mann *der Andere.*

Wir möchten, dass du den Frauen beibringst, was wir dir jetzt zeigen, und dass du deine Erfahrungen mit *den Anderen* teilst. Wenn du dich mit den Unterschieden zwischen Yin und Yang wohlerfühlst, wirst du anfangen, mit neuen Augen zu sehen, und das, was auf den ersten Blick wie ein ›Yang-Angriff‹ aussehen mag, wird dich nicht mehr bedrohen. Es liegt in der Natur des Yang, stark zu werden«, sagten sie, »und Yang muss seine Natur zum Ausdruck bringen. So wie es in der Natur von Yin liegt, zu halten und zu tragen, so liegt es in der Natur von Yang, sich kraftvoll vorwärts zu bewegen.

Wenn Yang im richtigen Gleichgewicht ist, wird es sich spielerisch und freudig voranbewegen, und wenn es aus dem Gleichgewicht ist, wird es dies auf zerstörerische Weise tun. Aber jedes Mal, wenn du daran denkst, das Gefäß zu sein und Yin stabil zu halten, wirst du mithelfen, Yang wieder ins Gleichgewicht zu bringen.« Und als sie das sagten, dachte ich sofort an Chris, den Mann, der im Männergefängnis arbeitete und zu uns gesagt hatte: »Bitte tretet in eure Macht, tut es für euch selbst und für die Männer, die es nicht tun können.«

»Ein übermäßig aggressives Yang hat in der Vergangenheit großen Schaden angerichtet und macht damit weiter«, sagten die Großmütter. »Manche Menschen – meist Männer, aber auch einige wenige Frauen – werden so sehr von einem unausgewogenen Yang beherrscht, dass sie schreckliche Verbrechen gegen das Leben begehen. Aber in den meisten Fällen ist die treibende, aggressive Energie von Yang nur leicht aus dem Gleichgewicht geraten.«

»Hmm«, sinnierte ich, »so dass Yang in den meisten Fällen nicht *so* weit aus dem Rahmen fällt.« »Das ist richtig«, sagten sie. »Das meiste, was du fühlst, wenn du mit Männern zusammen bist, ist einfach die Energie von Yang, die sich ausdrückt. Lass Yang sein, was es ist, und in der Zwischenzeit«, sagten sie und streichelten mich liebevoll, »**halte wie das Gefäß, das du bist. Sei einfach du selbst.**

Tritt ein in die Festigkeit des Gefäßes, das alles aufnimmt, was kommt, und wenn die Schubenergie, die auf dich zukommt, gefährlich ist, wirst du es spüren und wissen. Dann tritt einen Schritt zur Seite. Du bist nicht das Ziel dieser Energie«, sagten sie, »***du bist nie das Ziel dessen, was die Menschen dir schicken,* also brauchst du es auch nicht annehmen. Ob die Energie, die auf dich zukommt, ein wenig oder sehr aus dem Gleichgewicht geraten ist, deine Reaktion kann dieselbe sein. Bleibe in deiner machtvollen Position als Gefäß stabil**«, sagten sie. »**Beobachte und akzeptiere, dass es einfach die Energie von Yang ist, die auf dich zukommt. Gehe zur Seite, wenn es nötig ist, und *nimm keine Lieferung an.***«

»Großmütter«, sagte ich, »ich bin mir nicht sicher, ob ich mir darüber im klaren bin. Als ihr gerade spracht, fühlte ich die Angriffsenergie, von der Alice sprach, auf mich zukommen, und es fühlte sich schrecklich an.«

»**Dein Körper lügt nicht, also schaue es dir noch einmal an, aber diesmal halte deinen Platz als Gefäß. Halte eine Position der Weisheit, Akzeptanz und Beobachtung. Wenn du das tust, wirst du es erkennen, wenn das, was auf dich zukommt, dich verletzen will. Und in dem Fall mache diese kleine Drehung weg von ihm, um es abzulenken. Seitenschritt. Du wirst den Unterschied in deinem Körper spüren – den Unterschied zwischen dem einfachen Stoßen von Yang und der verzerrten Energie eines Yang-Angriffs. Du wirst wissen, wann du beiseitetreten musst**«, sagten sie. »**Dein Körper wird es dich lehren.**«

»Zeigt mir ein bisschen mehr, Großmütter«, sagte ich. »Ich will dahinkommen, dass ich vor dieser Energie keine Angst mehr habe.« Da gab es einen Moment der Stille, und danach sah ich eine Yang-Rakete, die auf Alice zuschoss. Aber diesmal stand sie in ihrer Kraft als »das Gefäß«, und als sie diese Position hielt, verfehlte die Rakete sie und verpuffte. Ihre Position des Einsseins mit dem Gefäß hatte sie auf Abstand gehalten; sie konnte einfach zusehen und musste *keine* Lieferung annehmen. Die Spitzen, die Sticheleien, die Einschüchterungen, die auf sie abgeschossen wurden, waren nichts, und obwohl sie wie Pfeile auf sie zuflogen, verfehlten sie sie, trafen die Wand und rutschten daran herab. Und während sie das alles beobachtete, war es, als ob das ganze Ereignis etwas Unpersönliches war (was es auch war), etwas, das nichts mit ihr zu tun hatte.

Dann sah ich, wie Alice sich ausdehnte, bis es schien, dass sie alles in sich trug. Ich war so sehr mit ihr verbunden, dass ich das gleiche Gefühl der Ausdehnung auch in meinem eigenen Körper spürte. »Das Gefäß, das wir tatsächlich sind, ist so großartig«, staunte ich, »so verbunden mit dem Stoff des Lebens, dass diese kleinen *Dinge*, die über uns kommen, nichts sind. Wenn ich mich in das Bewusstsein des Gefäßes begebe, werde ich riesig, und alles andere schwindet im Vergleich dazu.

Also, Großmütter«, sagte ich und holte tief Luft, »das ist eine andere Art, mit der Aggression von Yang umzugehen. Wir greifen ›den Angreifer‹ nicht an; wir wehren uns nicht. Stattdessen beobachten wir, was passiert, und dehnen uns einfach aus.« Ich dachte kurz darüber nach und meinte dann: »Es scheint, als gäbe es bei dieser Vorgehensweise zwei Möglichkeiten. Die eine ist: Wenn du mit der Energie von Yang, die auf dich zukommt, tanzen kannst, dann tu es. Aber wenn die Energie, die auf dich zukommt, keine Einladung zum Tanzen ist, sondern ein Geschoss, das zerstören will, dehne dich aus in die Einheit mit dem Gefäß, das alles Leben enthält. Und dieser Zustand der Ausdehnung lässt das, was auf dich zukommt, wie einen winzig kleinen Floh auf dem größten Elefanten erscheinen, der je gelebt hat.« Ich schmunzelte über mein Bild. »Unser Körper kennt den Unterschied«, fuhr ich fort. »Unser Körper wird uns sagen, wann wir mit dem Gefäß verschmelzen und das kleine Persönlichkeitszeug einfach abfallen lassen müssen. Und wenn wir nicht mit Angst auf die durchgebrannte Energie von Yang reagieren, kann es sich nicht von uns nähren. Und jedes Mal, wenn es sich nicht nähren kann, wird es weniger und immer weniger. Hmm«, sagte ich und schüttelte den Kopf. »Das ist ja ganz einfach. Wir nähren es nicht«, sagte ich, und als ich den Großmüttern einen Blick zuwarf, lächelten sie zustimmend.

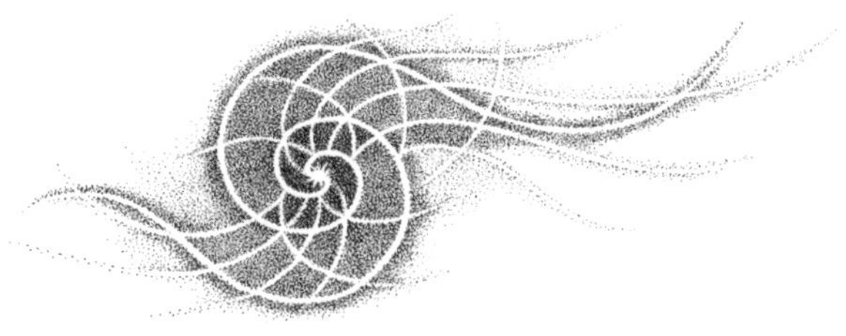

KAPITEL 8

Die Schwesternschaft der Frauen wird die Familie der Menschheit verbinden

»Es gibt jetzt Arbeit für euch alle, ob ihr nun in der Neuen oder in der Alten Welt lebt.«

Als ich das nächste Mal zu den Großmüttern reiste, tat ich es nur, um bei ihnen zu sein. Und als ich in ihrem Kreis saß und darüber nachdachte, wie wunderbar sie waren, sagten sie: »**Wir möchten noch einmal mit dir darüber sprechen, was wir dir gesagt haben, als du das letzte Mal in Europa warst. Du wirst bald wieder dorthin reisen, und du musst es verstehen.**« Bevor ich von der letzten Zusammenkunft in Belgien nach Hause zurückgekehrt war, hatten mir die Großmütter gesagt, dass ihre Arbeit in Europa einen anderen Schwerpunkt habe als in den Vereinigten Staaten. Ich hatte damals nicht verstanden, was sie meinten, und als ich wieder zu Hause war, hatte ich es vergessen. »Großmütter«, sagte ich, »ich habe nicht verstanden, was ihr meintet, als ihr das sagtet. Bitte erklärt es mir.«

»**Amerika und all die Länder, die du als die Neue Welt bezeichnest, sind relativ frei von historischen Konditionierungen. Relativ**«, betonten sie, und an ihrem Blick sah ich, dass die Menschen in der Neuen Welt nicht *so* stark durch die Geschichte konditioniert, aber nichtsdestoweniger konditioniert sind.

»**Wo immer es über lange Zeiträume Kriege gab, Invasionen, Eroberungen und große Völkerwanderungen**«, sagten sie, »**wirst du Schicht um Schicht von Konditionierung finden. An diesen Orten wird psychische Energie in das Land eingeschlossen. Es gibt viele schwere Anhäufungen alter Energie, die die Erde durchdringen, und diese schweren Anhäufungen betreffen jeden und alles. Wenn Menschen mit den Schwingungen all dessen, was vor ihnen liegt, kämpfen und wenn sie täglich mit Schichten alter Energie fertig werden müssen, ist das für sie nicht leicht.**

Die Gebiete, von denen wir sprechen, umfassen einen Großteil dessen, was du die Alte Welt nennst – den Nahen Osten, Europa, den größten Teil Asiens und viele andere Gegenden. In den Ländern der Neuen Welt gibt es weniger Schichten alter Energie«, sagten sie und meinten damit Amerika, Australien, Neuseeland und verschiedene Inselnationen. »**Wann immer du zwischen der Alten Welt und der Neuen Welt gereist bist, hast du diese Unterschiede gespürt**«, sagten sie und sahen mich an.

»Ja«, sagte ich, »ich weiß, was ihr meint.« Ich hatte das, worüber sie sprachen, selbst schon bemerkt, und je besser ich sie kennenlernte, desto ausgeprägter schienen diese Unterschiede zu sein. Mehr als einmal hatte mich die Energie an bestimmten Orten auf der Erde krank gemacht, und meine körperliche Reaktion auf diese Orte hatte mich verwirrt und beunruhigt. Als die Großmütter mich jetzt weiter beobachteten, wurde mir klar, wie begierig ich war zu erfahren, was sie mir mitzuteilen hatten.

»**Bevor die Europäer in die Neue Welt kamen, waren diese Länder von Menschen bewohnt, die eine starke Verbindung zur Erde und ein Verständnis für die Erde hatten**«, sagten sie. »**Die Ureinwohner lebten in relativer Harmonie mit der Natur – sie versuchten nicht, sie zu beherrschen. Und obwohl sie miteinander Krieg führten, geschah dies in viel geringerem Maß. Diese Welt hier war kein Paradies, aber sie war auch nicht von den Exzessen der Yang-Energie geprägt, die vor langer Zeit begann, die Alte Welt zu verzehren.**

Diejenigen unter euch, deren Vorfahren sich in der Neuen Welt niedergelassen haben, sind sich nicht des Segens bewusst, der euch von diesen ursprünglichen Völkern hinterlassen wurde. Aufgrund des Vermächtnisses dieser ursprünglichen Völker ist es für alle in der Neuen Welt viel leichter, sich mit Mutter Erde zu verbinden. Es ist leichter für euch, Zugang zur natürlichen Welt des Geistes zu haben. Leider«, sagten sie und schüttelten traurig den Kopf, »haben die meisten von euch das großzügige Geschenk, das euch die Ureinwohner dieses Landes hinterlassen haben, nicht angenommen.

Heute aber, da sich die Energien von Yin und Yang zu verschieben beginnen, rufen wir euch auf, euch auf die Energie der Erde auszurichten. Wir bitten euch, nicht noch mehr Zeit damit zu verschwenden, bloß darüber zu reden, sondern es zu *tun.* Wir bitten euch, eure Verbindung zu Mutter Erde in Anspruch zu nehmen, aufrecht zu stehen und jeden Augenblick in Schönheit-gleich-Macht, in Macht-gleich-Schönheit zu leben. In den letzten Jahren haben wir euch gezeigt, wie man so leben kann, und solange ihr bereit seid, das zu lernen, was zu teilen wir gekommen sind, werden wir euch auch weiter unterweisen.

Es gibt jetzt Arbeit für euch alle, ob ihr in der Neuen Welt oder in der Alten Welt lebt. Viele Menschen in der Alten Welt beginnen jetzt, das Licht stabil zu halten; so stabil, dass es die schweren Schichten der Konditionierung durchdringt, die die Erde dort belastet. Während sie konsequent mit dem Lichtnetz arbeiten, beginnen die Lichtpunkte, die diese Menschen tatsächlich *sind*, immer heller zu leuchten«, sagten sie lächelnd. »Sie werden immer schöner, immer mächtiger.

Wenn ihr euch über das Netz aus Licht verbindet und zusammenarbeitet, ist die Kraft eures gemeinsamen Lichts in der Lage, die verhärteten Krusten zu durchbrechen, die durch all die Kriege, Invasionen und Grausamkeiten entstanden sind, die lange Zeit die Länder der Alten Welt heimgesucht haben. Vor einigen Wochen habt ihr euch in Belgien und dann noch einmal in Holland versammelt, um die heilige Verbindung zu dem dortigen Land wieder zu beanspruchen. Die wichtigste Arbeit, die ihr in der Alten Welt leisten könnt«, sagten sie, »ist es, euch mit dem

Lichtnetz zu verbinden und seine Kraft zu vergrößern, um das Land zu erheben. So, wie das Land angehoben wird, so werden auch die Menschen angehoben, und so wie die Menschen ihr Bewusstsein erheben, so wird auch das Land angehoben werden. Die Verbindung zwischen den Menschen und ihrem Land muss erneuert und gefestigt werden.

Ihr in der Neuen Welt habt andere Aufgaben«, sagten die Großmütter. »Ihr braucht keine schweren Belastungen zu durchbrechen, um euch mit der Erde zu verbinden«, so die Großmütter. »Ihr habt bereits Zugang zur Erde, aber *den müsst ihr nutzen!*

Viele in der Neuen Welt und besonders in den Vereinigten Staaten sind von einem Nebel des Materialismus betäubt worden, einem Nebel, der so dicht geworden ist, dass er euch blind macht für die Wahrheit eurer Existenz. Ihr habt so lange in einem betäubten Zustand gelebt, dass ihr vergessen habt, wer ihr seid und warum ihr hier seid. Viele Menschen in deinem Land verbringen ihre ganze Zeit damit, von *mehr und mehr und mehr* zu träumen. *Mehr!*« riefen sie und zeigten dies mit Gesten. »*Ich will mehr… Ich brauche mehr… Gebt mir mehr…*

Dieser Nebel, in den ihr euch gehüllt habt, ist gefährlich«, riefen sie. Dann klatschten sie in die Hände und riefen: »Ihr müsst aufwachen! *Und zwar sofort!* Wenn ihr in diesem betäubten Zustand bleibt, wenn ihr weiter ›den Gott des Mehr‹ anbetet, werdet ihr an eurem Leben vorbeigehen.«

Die Großmütter standen einen Moment lang still und sagten dann: »Ihr in der Neuen Welt, die ihr aufwacht, habt die Möglichkeit, ein Leuchtfeuer zu sein, das auf andere ausstrahlt und allen, die Licht suchen, Mut macht. *Das* ist es, worum wir euch bitten, und wir bitten euch, es zu tun, weil ihr es tun *könnt*!

Steht jetzt aufrecht und fühlt eure Verbindung mit der Erde. Fühlt eure Verbindung mit dem Lichtnetz und drückt dabei die Macht-gleich-Schönheit aus, die ihr seid. Es ist eine einfache Sache, die wir von euch verlangen«, sagten sie, »aber ihr müsst bereit sein, aufzuwachen, um es zu tun.«

»Großmütter«, unterbrach ich, »ich möchte sicher gehen, dass ich es richtig verstanden habe. Würdet ihr bitte noch einmal diesen Unterschied zwischen der Arbeit in Europa und in Amerika erklären? Ich muss es klarhaben.«

»In Europa gehen die Menschen tief. Sie tauchen durch Schichten vergangener Konditionierungen im Land und in sich selbst«, sagten die Großmütter und schauten mich an, um sich zu vergewissern, dass ich ihnen folgen konnte. **»Sie erwecken die alten Kraftplätze auf ihrem Kontinent wieder zum Leben, erwecken die weiblich-männliche Harmonie, die vor langer Zeit im Alten Europa existierte. Sie erwecken die Heiligkeit ihres Landes wieder zum Leben und richten sich wieder darauf aus.**

Du musst mutig sein, um diese Arbeit zu tun, denn wenn sie sich durch die psychischen Schichten bewegen, die sich über lange Zeit gebildet haben und sie daran hindern, an die Quelle zu gelangen, dürfen sie der Angst nicht nachgeben, sondern müssen weitermachen. Das Netz aus Licht wird für sie ein mächtiger Verbündeter sein, je weiter sie mit dieser Arbeit vorankommen.

In Amerika und anderen Teilen der Neuen Welt ist das, was ihr tun müsst, etwas anderes. Das Land ist wach. Es sind die Menschen, die schlafen. Von überbordendem Materialismus betäubt, von einer Sucht nach ›Mehr‹ infiziert, hat sich diese niederfrequente Energie wie ein Virus über die ganze Welt verbreitet, ist aber in den Vereinigten Staaten ***tief*** **verwurzelt.**

Die Aufgabe in Amerika besteht darin, diese Anhängigkeit von der Droge ›Mehr‹ abzuschütteln, die euch dazu bringt, immerzu dem Spielzeug dieser Welt nachzulaufen. Richtet euch nach innen, nicht nach außen«, sagten sie, mir fest in die Augen blickend, **»und lasst euch von der Reinheit der natürlichen Welt unterstützen. Ihr müsst euch dieser schleichenden Unbewusstheit gewahr werden, die euer Land bedeckt. Das Netz aus Licht wird euch dabei unterstützen«**, versicherten sie mir. **»Jedes Mal, wenn ihr an das Lichtnetz denkt, wird es euch daran erinnern, wer ihr seid und was ihr hier zu tun habt.**

Wir werden euch unterstützen, wo auch immer ihr lebt. Wir werden euch festhalten und euch an die Bedeutung der anstehenden Arbeit erinnern. Wir arbeiten mit euch und durch euch, also werden wir euch natürlich zur Seite stehen«, lachten sie.

»Wenn euch das, was wir sagen, wahr erscheint, dann ruft uns an – oder eine andere Form des Göttlichen, die ihr liebt. Versammelt euch, um unsere Botschaften oder andere Botschaften zu teilen, die euch helfen, aufzuwachen. Nutzt den Prozess, die Wahrheit miteinander zu teilen, als eine Disziplin, die euch hilft, wach zu bleiben. Und tut es, um eure Aufmerksamkeit auf eure Gemeinschaft mit dem Göttlichen zu richten. Wir warten auf euch«, sagten die Großmütter. **»Es ist Zeit.«**

»Alles, was lebt, wünscht sich, zu lieben und geliebt zu werden.«

Kurz nach dieser Botschaft begann unsere Ortsgruppe mit den Vorbereitungen für das nächste Treffen in Laguna Beach. Obwohl die Gruppe sich um die praktische Seite des Treffens kümmern würde, bräuchten wir für das Programm die Anleitung der Großmütter.

»Großmütter«, sagte ich, als ich zu ihnen kam, »ich brauche euch, damit ihr mir den Zweck dieses Treffens zeigt, damit wir es planen können.« Minuten verstrichen, und sie sagten nichts, also wiederholte ich: »Ich brauche wirklich eure Führung, Großmütter, und ich werde darauf warten, so lange es auch dauert.«

Doch kaum hatte ich es ausgesprochen, stand vor mir ein hoher Pfahl. Es war das einzige, was ich sah, und ich war von seiner Höhe beeindruckt. Die Großmütter beobachteten mich aufmerksam. »Dieser Pfahl soll mich etwas lehren, nicht wahr?« sagte ich, und dann, als ich sein Aufrechtstehen in mich aufnahm, stand ich selbst ein wenig gerader. Als sie wissend lächelten, wurde mir klar, dass ich dem Pfahl nacheifern sollte. **»Wenn du an dieser aufrechten Haltung festhältst«**, sagten die Großmütter, **»wirst du andere ermutigen, ebenfalls daran festzuhalten.«**

»Danke«, sagte ich mit einer Verbeugung, »aber bitte sprecht jetzt vom Zweck dieses Treffens.« **»Unsere Botschaft wird immer tiefgründiger und hat eine größere Wirkung auf jene, die mit uns zusammenarbeiten. Wir** haben ein Ziel für jede, die wir anziehen, und jeder Mensch wird auf eine andere Weise aufblühen. Jede von euch wird aufblühen und Früchte tragen, und die Früchte, die Ausdruck unserer Botschaft sind, werden alle verschieden sein.

Es ist sehr vielfältig, was wir auf die Erde bringen. Weil wir alles Leben umfassen und die Stärken und Gaben jeder einzelnen kennen, können wir deren besondere Qualitäten zur Geltung bringen.

Alles, was lebt, wünscht sich, zu lieben und geliebt zu werden.« Sie hielten mich fest im Blick, als sie sprachen. »Das gilt für *alle.* Die Art und Weise, wie du Liebe gibst und empfängst, ist Ausdruck deiner Individualität. Alle, die zu unseren Zusammenkünften kommen, haben ein einzigartiges Potential für Liebe, ein Potential, das weit größer ist, als sie wissen. Sie tragen göttliche Liebe auf der Zellebene ihres Körpers. Wir sind bereit, neue Gedanken in ihnen zu entfachen, mehr Gesundheit zu aktivieren und sie für mehr Liebe zu öffnen, als sie sich vorstellen können.

Viele Große, die auf die Erde gekommen sind, haben euch gesagt, dass ihr göttlich seid, aber niemand von euch versteht noch, was das bedeutet«, lächelten sie. »Wir sind gekommen, um euch zu helfen, die Wahrheit eurer Göttlichkeit zu *erfahren.* Und je länger ihr mit uns arbeitet, je mehr Zeit ihr mit uns verbringt und je öfter ihr unsere Lehren miteinander teilt, desto mehr werdet ihr erkennen, wer ihr wirklich seid.«

Was sie mir erzählten, war wunderschön, und ich wusste, wie wichtig es war, aber mein Verstand hielt immer noch an meiner Frage fest. »Großmütter«, wiederholte ich, »was soll der Zweck dieses Treffens sein? Ich versuche, vor unserer morgigen Zusammenkunft die praktischen Dinge in die Wege zu leiten«, sagte ich, ein wenig verlegen wegen meines beharrlichen Drängens.

»Tauche tief in deine eigene Größe ein«, sagten sie und schenkten mir ein strahlendes Lächeln. »Jeder von euch muss das tun! Ohne Ausnahme! Ihr könnt mit uns leichter zusammenarbeiten, wenn ihr zusammen seid, als wenn ihr allein seid. Eure Gemeinschaft mit uns ist stärker, wenn ihr in Gemeinschaft seid. Eure Gefühle der Verbundenheit untereinander

und mit der Welt sind stärker, wenn ihr in Gemeinschaft mit uns seid. In den Worten, die wir gerade zu dir gesprochen haben, liegt der Sinn und Zweck dieses Treffens«, sagten sie schließlich. »**Du wirst sie entschlüsseln, wenn du sie durchdenkst.**«

Ihre Stimmung wurde entspannter. »**Es ist eine gute Zeit für euch, euch zu versammeln.**« Sie nickten nachdrücklich. »**Es bilden sich viele Frauengruppen in dieser Zeit. Die Frauen werden sich der Macht einer echten Schwesternschaft bewusst, einer Schwesternschaft, die sich über alle Nationen, Sprachen und Kulturen hinweg erstreckt. Wir sind glücklich darüber**«, sagten die Großmütter und schwenkten ihre Röcke hin und her. »**Überall dort, wo Frauen zusammenkommen und ihre Erfahrungen austauschen, gibt es Macht.**

Die Welt muss von euch hören. Die Welt ist jetzt bereit für unsere Botschaft, und deshalb müsst ihr eure Stimme erheben. Natürlich gibt es diejenigen, die *nichts* von euch hören wollen«, sagten sie achselzuckend, »**diejenigen, die an den alten Mustern von Dominanz und Trennung festhalten wollen, wollen nichts von euch wissen, aber diese Muster fallen jetzt auseinander, so dass ihr immer weniger solcher Menschen begegnen werdet.**

In den letzten Jahren ist deutlich geworden, dass in der Welt etwas anderes gebraucht wird. Wenn Frauen zusammenarbeiten, fördern sie eine zusammenhängende menschliche Familie. *Das* ist etwas anderes«, sagten sie, »**und diese Schwesternschaft der Frauen wird die Familie der Menschheit zusammenführen.**«

»Ah«, seufzte ich, als ich das hörte. Was sie sagten, war so wahr! Aber meine Erleichterung war nur von kurzer Dauer, als mir plötzlich Bilder von Frauen in den Sinn kamen, die miteinander wetteiferten, um eine Position buhlten und einander misstrauten. Entsetzt darüber, wohin meine Gedanken entflohen waren, sah ich diese Bilder, aber als die Großmütter mit den Fingern schnippten, verschwanden all diese Szenen.

»**Eh!**« sagten sie. »**Das ist vorbei!**« Und ich starrte sie an und fragte mich, was das zu bedeuten hatte. Sie lachten mich aus und sagten: »**Ihr müsst euch jetzt gegenseitig helfen. Frauen, die Frauen helfen, Frauen,** die Frauen zuhören, Frauen, die einander halten und unterstützen. Wenn ihr das tut, helft ihr auch den Männern. Wenn Frauen sich unterstützt fühlen, halten, unterstützen und umarmen sie auch die Männer.« Und mit einem glücklichen Lächeln fügten die Großmütter hinzu: »Dann wird niemand außen vor gelassen.

Die Bewegung zur Wieder-Inkraftsetzung der Menschheitsfamilie wird von den Frauen ausgehen«, sagten sie. »Freut euch eurer neugefundenen Schwesternschaft und wisst, dass ihr jedes Mal, wenn ihr als echte Menschen miteinander kommuniziert, ein Stück von euch selbst zurückbekommt. Ein wertvolles Stück von euch selbst – eines, das ihr schmerzlich vermisst habt. Genau *das* geschieht bei diesen Treffen.

Grüßt einander von Herzen«, sagten sie, »und beginnt, euch auf diese Weise auf *alle* Frauen zu beziehen. Ihr werdet feststellen, dass es euch nicht schwerfällt, über die gesellschaftlichen Masken, die Frauen tragen, hinwegzusehen. Es wird euch immer leichterfallen, wirklich miteinander in Kontakt zu treten; über die Rollen und Erwartungen hinauszugehen und von Herz zu Herz, von Schwester zu Schwester zu kommunizieren.

Wir bitten die Älteren unter euch, die Arme für die Jüngeren offenzuhalten. Die Jüngeren sind durch den Druck der heutigen Welt brüchig geworden, und darum fühlen sie sich von dieser Schwesternschaft abgeschnitten. Haltet also die Arme offen für eure jüngeren Schwestern, für eure Töchter, für eure Enkelinnen. Sie brauchen euch.

Haltet einander, und wenn ihr das tut, werden Frauen jeden Alters gemeinsam die Männer halten. Dieses gegenseitige Halten wird einen wunderbaren Fluss schaffen, ein Teilen in Liebe. Es ist Zeit«, sagten sie und sandten einander und mir Liebe zu. »Es wird sich für euch anfühlen, als würdet ihr nach Hause kommen«, riefen sie und hoben ihre Hände, um mich zu segnen.

»Ihr seid von der weiblichen Linie, die Mütter der Erde.«

Nach dieser Reise ging ich mehrere Wochen lang nicht mehr zu ihnen. Ich brauchte eine Pause von der Intensität, brauchte für eine Weile ein etwas »normaleres« Leben. Also machte ich zwei oder drei Wochen lang nichts anderes, als zu kochen, im Garten zu werkeln, ein paar Klienten zu sehen und an einigen Skulpturen zu arbeiten. Als meine »normale Zeit« vorbei und ich wieder lernbereit war, machten wir weiter. »Großmütter«, sagte ich, als ich an diesem Tag zum zweiten Mal bei ihnen war, »heute Morgen habt ihr mir gezeigt, warum nicht mehr Frauen vortreten, um eure Botschaft weiterzutragen. Ihr sagtet: ›**Ihnen fehlt der Glaube an ihre eigene Größe.**‹ Jetzt habe ich eine weitere Frage. Ihr seht uns, wie wir sind, und ihr seht auch die Welt, wie sie ist. Wenn aber das, was ihr über uns Frauen sagt, und das, was die Welt über Frauen sagt, so verschieden ist, wie können wir dann an unsere Größe *glauben*? Und wie können wir dann danach *handeln*?« Sie lächelten strahlend als sie das hörten; meine Frage gefiel ihnen.

Die Großmütter deuteten hinter mich und forderten mich auf, mich umzudrehen und mir die beiden Frauenfiguren, an denen ich gearbeitet hatte, noch einmal anzusehen. Es waren Frauen aus einer früheren Zeit. Als ich sie eingehend betrachtete, sagten die Großmütter: »**Wenn man in der Geschichte zurückblickt, wird man kaum weibliche Vorbilder finden.**«

»Ja, Großmütter«, sagte ich, und als ich darüber nachdachte, wurde mir klar, dass ich ihnen von ganzem Herzen zustimmte. So weit ich sehen konnte, gab es, wenn überhaupt, nur wenige historische Vorbilder, denen Frauen nacheifern konnten. Und als ich weiter darüber nachdachte, bemerkte ich, dass uns zur Seite ein Feuer brannte. Als ich mich umwandte, um es besser sehen zu können, konnte ich seine Hitze spüren.

»Großmütter«, sagte ich, »ihr nehmt dieses Feuer, um etwas zu veranschaulichen, nicht wahr? Ihr verschwendet nichts und tut nichts ohne Grund, also zeigt ihr mir mit diesem Feuer etwas. Hm«, sagte ich, als ich darüber nachdachte, »ich glaube, ich verstehe. Ihr lasst mich das Feuer von Shakti spüren, das Feuer in den Frauen. Ist es das?« Inzwischen schauten mich die Großmütter mit einer ruhigen Kraft an, also fügte ich schnell hinzu: »Shakti ist die Urkraft des Lebens in unserem Körper und in unserem Geist.«

»**Rufe sie an!**« befahlen sie mit lauter Stimme. »**Rufe sie. Dieses Feuer ist die Lebenskraft in dir. Ihr Frauen tragt den Geist von Shakti in euch.**

Deshalb seid ihr es, die die Ungeborenen tragen, deshalb habt ihr den Quell des Fühlens in euch und deshalb folgen mehr Frauen als Männer einem spirituellen Weg. Ihr tragt reine Lebenskraft in euch«, sagten sie. »**Shakti.**

Denke jetzt daran«, sagten sie, »**und erlaube dir, es zu fühlen.**« Sie hielten ein paar Augenblicke inne und fragten mich dann: »**Wo fühlst du es?**«

»Es ist genau in der Mitte meines Körpers«, sagte ich. »Es verläuft von meinem Solarplexus nach unten.« Und als ich das sagte, begann mein Körper eine Reihe subtiler Bewegungen zu machen, er wiegte leicht hin und her, vor und zurück und dann auf und ab.

»**Lebenskraft**«, wiederholten sie und nickten, um zu bestätigen, was in meinem Körper vor sich ging. »**Von hier kommt das Leben. Frauen sind die Trägerinnen des Lebens**«, sagten sie und schauten mich von oben bis unten an. »**Ist dir klar, was das bedeutet?**«

»Ich... Ich glaube nicht, Großmütter«, stammelte ich. Ich fragte mich, worauf genau sie hinauswollten. »**Du trägst das Feuer der Shakti in dir**«, sagten sie, »**und durch sie gibst du dem Leben Gestalt. Ohne dich**«, und sie schauten mir eindringlich in die Augen, »**würde die Welt vergehen.**

Dies ist eine grundlegende Wahrheit des Lebens, eine Wahrheit, die geringgeschätzt und verborgen wurde, deren Bedeutung banalisiert und geleugnet wurde. Tatsächlich hat sich im Laufe der Zeit die Leugnung der Macht des weiblichen Prinzips institutionalisiert. Hat jemals jemand diese Worte zu dir gesagt«, fragten sie, »***Ohne dich würde die Welt vergehen?***« Ich schaute sie überrascht an und schüttelte den Kopf.

»**Ihr wurdet belogen, ihr wurdet unterdrückt und ihr wurdet kontrolliert**«, sagten die Großmütter mit grimmigen Blicken. »**Ihr seid wie Eigentum behandelt worden. Und**«, bohrten sie nach, »**viele Frauen werden auch heute noch so behandelt.** ***Du... bist... Shakti!***« Sie betonten jedes einzelne Wort, und dabei wurden sie immer größer, bis zwölf mächtige Frauen über mir aufragten. »**Du bist die Lebenskraft selbst**«, verkündeten sie. »***Das ist die Wahrheit.***

Du kannst der Kraft vertrauen, die in deinen Adern pulsiert, der Kraft, die durch dein Blut und deinen Atem fließt. Du trägst das Leben

in dir«, verkündeten sie, »und aufgrund dessen, was du als Frau bist, gebührt dir tiefste Hochachtung. Du hast eine großartige Rolle in dem menschlichen Drama. Du bist absolut notwendig.

Es ist an der Zeit, die Wahrheit über dich anzunehmen. Die Lügen, die dir über das Wesen der Frau erzählt wurden...« Sie rollten mit den Augen. »Lächerlich! Weise sie von dir. Weise sie ein für alle Mal von dir und fühle stattdessen die Kraft des Lebens in deinem Körper. Gehe mit deinem Gewahrsein dorthin.

Diese pulsierende Kraft kam durch deine Mutter zu dir, durch ihre Mutter zu ihr und so von Mutter zu Mutter. Ihr seid in der weiblichen Linie, die Mütter der Erde.« Dann schauten sie mich von oben bis unten an und riefen: »Mütter der Erde, tretet vor! Wir rufen euch.

Wenn ihr endlich bereit seid, aus dem *großen Schlaf* zu erwachen, wenn ihr bereit seid, eure Bedeutung einzufordern, dann müsst ihr aufhören, so zu tun, als seid ihr nicht wichtig, aufhören, so zu tun, als seid ihr nichts wert. Ruft stattdessen das Feuer in euch an. Ruft die Kraft der Shakti an, bis ihr sie spürt. Sie ist *real*«, sagten sie und fixierten mich mit ihren Augen. »Diese Kraft dient dem Leben; sie ist ein Segen für die Erde. Zu lange hat man ihr erzählt, sie solle sich kleinmachen und sie sei minderwertig, man hat sie dazu gebracht, sich ihrer selbst zu schämen, sich für ihre liebende, gebende Schönheit zu schämen.

Wir rufen die Frauen in ihre Macht«, sagten die Großmütter, »wir rufen sie – zum Wohle von allem, was lebt. Es ist an der Zeit, zum Gleichgewicht zurückzukehren«, sagten sie mit einem glücklichen Nicken. »Und wir sagen es dir wieder und wieder: Dafür müssen die Frauen die Führung übernehmen.«

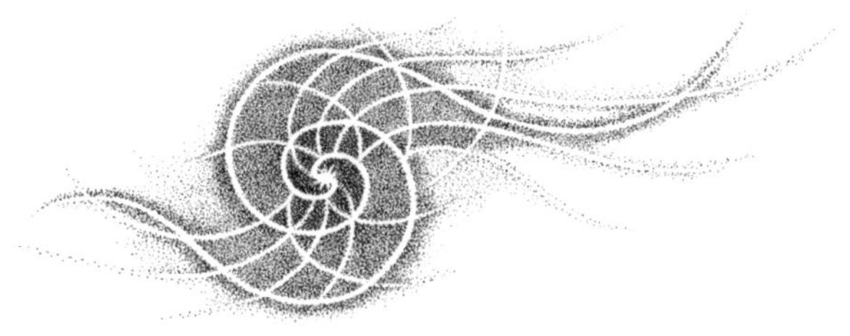

KAPITEL 9

Mittel gegen Angst

»...ein Großteil der Erde liegt noch im Schlafzustand.«

Die Großmütter hatten Recht, als sie sagten, dass ich wieder nach Europa reisen würde. Ende September machten mein Mann und ich einen Urlaub in Süditalien, um einen Freund zu besuchen und die Gegend zu erkunden. Aber obwohl das Essen auf dieser Reise köstlich und die Städte und Landschaften wunderschön waren, bemerkte ich auf der Fahrt, dass in manchen Gegenden in mir unangenehme Gefühle aufkamen. Und nachdem wir wieder ein paar Tage zu Hause waren und die seltsamen Empfindungen anhielten, ging ich zu den Großmüttern. »Diese seltsamen Gefühle, die ich habe«, sagte ich zu meinen weisen Lehrerinnen, »begannen auf unserer Italienreise, und ich verstehe sie nicht. Sie fühlen sich nicht gut an. Tatsächlich sind sie beängstigend und unangenehm, aber die seltsamen und eindringlichen Empfindungen und Gedanken, die immer wieder auftauchen, scheinen irgendwie wichtig zu sein. Ich verstehe nicht, was es damit auf sich hat, Großmütter«, sagte ich. »Bitte helft mir herauszufinden, was mir das sagen soll.«

»**Das ist wichtig**«, sagten sie. »**Was du während dieses Urlaubs gefühlt hast, war eine Traurigkeit, eine uralte Trauer und eine Abgeschlossenheit** ***an den Orten,*** **die du besucht hast. Auch in den Menschen**«, fügten sie hinzu. »**Sie tragen diese Energie immer noch in sich.**«

Ich schüttelte erstaunt den Kopf. »Was mich überkam, als wir dort waren, war so stark, Großmütter«, sagte ich. »Es kam einfach aus dem Nichts. Die beängstigenden, fast krankmachenden Gefühle, die aufkamen, waren so stark, dass sie mir große Angst machten. Was auch immer passiert ist, es muss so etwas sein, wie ihr es beschreibt.«

»**Es gibt in diesem Teil der Welt etwas Abgetötetes**«, sagten sie, »**und das wird durch eine Traurigkeit verursacht, die in der Erde liegt. Das Land in dieser Region Italiens ist schon lange von der Quelle abgeschnitten. Das ist es, was dieses Gefühl in dir hervorgerufen hat.**

Einst war dieser Teil der Welt zutiefst heilig, und die Menschen dort lebten in Gemeinschaft mit dem Göttlichen. Sie lebten auch in Gemeinschaft mit der Erde.« Sie hielten inne und schüttelten den Kopf. »**Aber obwohl dies immer noch ein landwirtschaftlich genutztes Gebiet ist, wissen heute nur noch wenige der dort lebenden Menschen von ihrer Einheit mit der Erde. Sie wissen auch nichts von ihrer Verbindung zum Göttlichen.**

Diese Gegend ist ›hart umkämpft‹«, sagten sie, und als ich das hörte, ging mir ein Bild durch den Kopf – eine Kuppel, die Süditalien übergestülpt zu sein schien. »**Dieses Gebiet ist geistig von der Quelle abgeschnitten**«, erklärten die Großmütter. »**In diesem Teil der Welt die Verbindung zur Quelle zu blockieren, das wurde mit Absicht getan**«, erklärten die Großmütter. »**Das war vor langer Zeit, aber die heutigen Machthaber halten daran fest. Die natürliche Verbindung zwischen den Menschen, dem Land und dem Göttlichen ist schon lange blockiert.**

Manchmal hört man die Menschen in diesem Teil der Welt ›Kore, Kore‹ rufen«, sagten die Großmütter. »**Dies ist eine Redensart – und der Name der antiken Göttin der Erde. Du kennst sie aus der Geschichte von Persephone und ihrer Mutter, Ceres oder Demeter. Die Menschen dort halten Kore weiter in Ehren, aber sie haben die Verbindung zu ihr verloren. Sie haben auch ihre Bindung an die Erde verloren. Abgetrennt zu sein von Mutter Erde ist heute überall auf deinem Planeten normal, aber in diesem Teil der Welt hat der fehlende Kontakt mit der Quelle die**

Menschen tief verwundet. Das Unbehagen, das du empfandest, als du dort warst, hat es dir gezeigt. Diese Weltgegend leidet wirklich, und die meisten Menschen, die dort leben, schlafen – tief und fest.«

Beim Zuhören kamen mir die Kirchen in den Sinn, die ich auf der Reise gesehen hatte – wie dunkel sie waren und voller blutiger Standbilder – mit den Leiden Jesu und der Heiligen. Da war eine Düsterkeit in den Gottesdiensten und das allgemeine Gefühl von Sehnsucht und Traurigkeit in den Gebäuden. Einige, wie die Basilika auf dem Berg San Angelo, waren auf Orakelstätten errichtet worden, und die Kraft der antiken Stätte war noch spürbar, aber auch ein dunkles, niederdrückendes Gefühl. Als ich die Großmütter in der Höhlenkapelle von San Angelo anrief, war ich so bewegt von der Macht an diesem Ort, dass ich zu zittern begann. Aber ich weinte auch. Die Energie war tief, aber schwer – sehr schwer.

Dann erinnerte ich mich an eine andere, Santa Maria Di Leuca, die am »Ende der Welt« liegt, ein Vorgebirge auf der Ferse des »Stiefels« von Italien. Hier stand einst ein Minerva- oder Artemis-Tempel, und jetzt befindet sich an derselben Stelle eine Maria gewidmete Basilika. Dieser Ort ist seit langem ein Wallfahrtsort, den die katholischen Gläubigen einmal im Leben besuchen sollen.

Auf dem Platz vor der Kirche steht eine außergewöhnlich hohe Säule aus lokalem Stein, gekrönt von einer Marienstatue, der Gottesmutter. Die Statue aus strahlend weißem Marmor passt nicht zu dem Stein der viel älteren Säule, auf der sie ruht, und wegen dieses Missverhältnisses fragte ich mich, welche Statue die Säule ursprünglich getragen hatte. Stellte sie auch Maria dar? Minerva? Artemis?

Obwohl am Tag unserer Ankunft Busladungen von Pilgern auf dem Platz umherliefen, konnte ich eine Stelle finden, an der ich ruhig sitzen und die Großmütter anrufen konnte. Ich wollte Kontakt aufnehmen mit der Gegenwart der Großen Mutter an diesem Platz, mit ihr, wie auch immer sie genannt wurde. Als ich sie endlich erreichte, lachte sie mich aus. **»Es ist mir gleich, ob du mich Minerva, Artemis, Maria oder anders nennst. Ich bin, die ich bin – die Mutter von allen.«**

»Ist es in Ordnung, wenn ich dich mit den Großmüttern und dem Lichtnetz verbinde?« fragte ich. »**Ja!**« rief sie aus. Offensichtlich freute sie sich über die Gelegenheit, in allen Muttergestalten wirken zu können.

Die Marienstatue von Santa Maria Di Leuca blickt auf das Meer hinaus. Der Wind weht und die Sonne scheint auf sie, und ich erinnere mich, dass ich mich von all den heiligen Stätten, die wir auf dieser Reise besucht haben, hier wirklich glücklich gefühlt habe. Vielleicht weil die Stätte selbst nicht überbaut ist, hat sie eine andere Energie als jene, wo Kirchen oder Kapellen stehen. Es wunderte mich, wie sehr es den Kirchen hier an Freude und Leichtigkeit ermangelte, vor allem weil dieses Land einst der Mutter heilig war. Als ich wieder zu Hause war, bat ich die Großmütter, mir diesen Widerspruch zu erklären.

»**Dieser Teil der Welt bietet ein Fest für die Sinne: die Schönheit des Landes, die Anmut der alten Städte und Dörfer, alte Ruinen, Olivenhaine, die Wertschätzung des Essens und der Sprache. Aber du warst auf dieser Reise nicht glücklich, weil die heiligen Stätten dort der Freude beraubt wurden. Dadurch sind die Menschen nur noch am Rande mit dem Göttlichen verbunden, und das hast du gespürt.**

Lange Zeit vermochte es niemand, die Tür zum Licht offenzuhalten. Die heiligen Stätten dort sind schon so lange verschlossen, dass die meisten von ihnen inzwischen wie versiegelt sind.«

Ich blickte schockiert zu ihnen auf, aber die Großmütter winkten abwehrend und fuhren fort. »**Seit Äonen haben primitive Formen des Patriarchats in diesem Weltteil die Kontrolle, und diese patriarchalen Strukturen halten die Tür zum Licht immer noch verschlossen. Das hat natürlich auch die Menschen dort betroffen, die keine Ahnung davon haben, wer sie wirklich sind. Die Menschen sind niedergedrückt und von der Quelle abgeschnitten.**«

»Großmütter«, sagte ich, als ich darüber nachdachte, was sie mir erzählt hatten. »Ich habe in Süditalien und dann wieder auf Sizilien versucht, Kore anzurufen. Sobald ich von ihr erfahren hatte, rief ich sie an, und ich konnte ihre Gegenwart spüren… aber nur ein wenig«, gab ich zu. »Es war nicht leicht, Kontakt mit ihr aufzunehmen. Über allem schien eine Art Haut zu liegen – eine Haut, die zu hart war, um sie zu durchdringen.« Ich schüttelte den Kopf, als ich mich daran erinnerte, wie sehr mich das verwirrt hatte. »Ich habe auf dieser Reise viel mit dem Lichtnetz gearbeitet, und das erleichterte es, eine Verbindung mit dem Göttlichen zu spüren. Ich arbeitete insbesondere am Berg San Angelo, an verschiedenen Orten an der Südküste und in Sizilien, aber an den meisten Orten auf unserer Route hatte ich das Gefühl, dass die antiken Stätten nicht lebendig genug waren, um das Netz zu unterstützen. Die Energie war irgendwo in ihnen begraben, aber ich konnte sie nicht erreichen. Ein paar von ihnen reagierten auf das Netz aus Licht, ließen sich vom Netz halten, aber es gab nicht genug Energie in den Stätten selbst, um Licht an andere zu senden.« Ich schüttelte traurig den Kopf. »Das war's im Grunde«, sagte ich zu meinen Lehrerinnen, und als ich wieder zu ihnen aufblickte, wurde mir klar, wie sehr mich das alles verwirrt hatte. »Okay«, sagte ich schließlich, »ich gebe auf. Ich habe euch erzählt, wie es für mich war. Aber das ist alles völlig jenseits meines Verständnisses. Aber wenn ihr mir dazu etwas sagen könnt, dann tut es bitte.«

»Du musst wissen, dass ein großer Teil der Erde heute in einem Schlafzustand liegt«, sagten die Großmütter, **»damit du verstehst, dass viele Kulturen sich ihrer Verbindung mit dem Göttlichen nicht bewusst sind. Das manifestiert sich an verschiedenen Orten der Erde auf unterschiedliche Weise. In deinem Land (den USA) zum Beispiel zeigt es sich im krassen Materialismus. Der Drang nach *mehr*«**, erklärten sie. **»Dasselbe gilt für China.«** »Oh Gott!« entfuhr es mir, als ich an die große Zahl von Menschen in China dachte.

»Wenn du reist, Sharon, bist du auf der Suche. Das ist es, was du tust. Auf deinen ›Urlaubsreisen‹ suchst du eine Verbindung mit der Liebe, und wenn du sie findest, suchst du nach Möglichkeiten, sie zu verstärken. Das ist alles schön und gut, und das soll auch weiterhin dein Anliegen sein. Aber zugleich solltest du dir bewusst sein, dass du es nicht immer schaffen wirst, die gewünschte Verbindung herzustellen.

Nur wenige Reisende haben eine Ahnung von der Art Reisen, wie du sie unternimmst – spirituelle Reisen. Die meisten Menschen reisen nur

für sinnliche Erfahrungen – für Abenteuer. Aber du willst mehr als das, und auch wenn das, was du auf dieser Reise empfunden hast, nicht besonders angenehm war, so war es doch wahr. Du hast erlebt, wie ›abgeschaltet‹ das Bewusstsein in diesem Teil der Welt ist. Es war schmerzhaft für dich«, sagten sie, »aber mache dir darüber weiter keine Gedanken. Wir werden die jetzt beibringen, wie du mit dem Lichtnetz arbeiten und den eisernen Deckel lüften kannst, der über diesem Teil der Erde liegt.«

Da horchte ich auf, und als sie sahen, dass sie meine volle Aufmerksamkeit hatten, sagten die Großmütter: »Konzentrieren wir uns jetzt auf einen anderen Teilbereich. Denke zurück an die Arbeit, die du vor nicht allzu langer Zeit in Irland getan hast. Lasse die Versammlung der Großmütter in Cork wieder in den Mittelpunkt rücken. Die Arbeit, die du dort begonnen hast – die heiligen Stätten in Irland in das Netz aus Licht einzubinden – ist immer noch im Gange. Lasse also Italien jetzt los und wende dich wieder der Essenz dessen zu, was in Cork getan wurde.

Wenn du dich auf das große Gute ausrichtest, das sich aus der Verbindung der irischen Kraftorte mit dem Lichtnetz ergeben hat, wirst du diese Verbindung noch stärker machen. Jedes Mal, wenn du daran denkst, was geschah, als du in Irland gearbeitet hast, wird mehr Licht in das Lichtnetz fließen. Diese Verstärkung der Macht kann unbegrenzt weitergehen«, sagten sie, »denn ein offener Kraftplatz hat kein Ende. Es sind Verbindungen wie diese, die dazu beitragen werden, alle hart zugedeckelten Gebiete auf der Erde anzuheben.«

Als ich mich wieder auf unsere Versammlung in Irland konzentrierte, sah ich dort aus dem Land Lichtwellen aufsteigen, sich erheben und in das Lichtnetz strömen. »Es gibt Kraftquellen in Irland, Großmütter«, sagte ich, »die aus der Erde hervorquellen wie … wie eine Ölquelle! Ein Schwall nach dem anderen. Macht, Liebe und Schönheit schießen dort aus der Erde hervor und überspülen alles.

Wenn ich diese aufsteigende Kraft mit meinen schwachen Versuchen vergleiche, den harten Deckel auf den heiligen Stätten in Italien zu durchbrechen, muss ich lachen. Diese Arbeit war anstrengend, aber das hier ist so fröhlich! Es macht Spaß, die Hand am Gashebel zu haben!« Ich musste lachen. »So fühlt sich das an, das Licht kommt und kommt.«

»**Lasse andere wissen, dass auch sie so arbeiten können**«, sagten die Großmütter. »**Erinnere sie, dass jedes Mal, wenn sie an die Verbindung zwischen offenen Stätten – wie in Irland – und dem Lichtnetz denken, mehr Strahlkraft das Netz erfüllt. Ihre Gedanken werden diese Arbeit in Gang halten.**«

»Ein offener Kraftplatz hat kein Ende«, wiederholte ich die Worte der Großmütter. »Es gibt kein Ende. Wenn man auf eine Quelle wie diese zurückgreift, bleibt sie offen, und wenn sie offen ist, erledigt *sie* die ganze Arbeit«, dachte ich, und dabei sah ich zu, wie Licht das Netz durchflutete und sich über die Erde ergoss. Leuchtende Kaskaden wallten nun über die abgeschotteten Orte, die ich in Italien besucht hatte. Ich konnte sehen, dass dort bereits etwas von der Härte abgenutzt war.

»Großmütter«, rief ich ihnen zu, »gibt es noch mehr?« »**Mach weiter mit dieser Arbeit**«, sagten sie, »**aber für heute reicht es.**« »Das werde ich, das werde ich«, versprach ich.

Am Tag nach dieser Sitzung holte ich mein Reisetagebuch hervor und fand noch ein besonderes Ereignis aus unserer Zeit in Italien. Eines Nachmittags, als ich in der Nähe von Gallipoli in der Adria schwimmen war, fiel mir auf, dass das Muster des Sonnenlichts auf dem Wasser genauso aussah wie das Lichtnetz. Also begann ich, mit dem Netz zu arbeiten. Ich sang vor mich hin, als ich in der Bucht auf dem Rücken trieb, als mir plötzlich bewusstwurde, dass sich die blockierte Energie um Gallipoli herum im Wasser nicht so dicht anfühlte wie auf dem Land. Solange ich im Wasser war, konnte ich leichter mit dem Lichtnetz arbeiten! Also begann ich, die Kraft des Netzes zu verstärken, indem ich vor mich hinsummte und die Verbindungen zwischen den Städten, Orten und Ländern an der Adria durchlichtete.

Dann begann zu meiner Überraschung *das Netz aus Licht alles zu vernetzen.* Licht durchflutete das Meer, floss in die Flussmündungen, Flüsse, Seen und Bäche und bahnte sich auf diesen Wasserwegen seinen Weg ins

Landesinnere. Als ich noch darüber staunte, wie einfach es war, auf diese Weise zu arbeiten, hörte ich die Großmütter sagen: »**Verstärke das Lichtnetz in allen Gewässern der Erde.**«

»Okay, Großmütter«, sagte ich, »ich habe verstanden. Und ich werde dieses Wissen weitergeben, damit auch andere so arbeiten können.« »**Wendet diese Entdeckung überall an**«, sagten sie. »**Jedes Mal, wenn ihr von den Gewässern des Planeten aus arbeitet, wird es euch leichtfallen, das Lichtnetz zu stärken.**« »Ja, Großmütter«, sagte ich, »das werden wir tun.«

»Geht zu den reinen Orten im Land, überall auf der Erde.«

Wie meine Lehrerinnen mir erklärten, was in Italien geschehen war, ergab Sinn, und wenn ich auch dankbar war, dass ich es jetzt verstand, blieb das unangenehme Gefühl bestehen, das in diesem Urlaub aufgekommen war. Als sich dieser Energieschwund weiter hinzog, beschloss ich, in die Untere Welt zu gehen und die Hilfe der Tiergeister zu suchen. Sobald mir dieser Gedanke kam, merkte ich, wie stark der Wunsch, ja das *Bedürfnis* war, bei Bär zu sein. »Vielleicht«, sagte ich mir, »ist es auch an der Zeit, die Erdgeister unterhalb des Wirbels in Sedona zu besuchen.« Nun, da mir die Idee gekommen war, Hilfe in der Unteren Welt zu suchen, war ich überzeugt, dass die mitfühlenden Tiere sowie die Kraftquelle des Landes am Roten Felsen mir helfen könnten.

»Bär, bitte verzeih mir«, sagte ich, als ich ihn sah. »Ich habe dich schon lange nicht mehr besucht. Ich war beschäftigt, immer nur beschäftigt«, sagte ich. »Ich dachte wohl, ich sollte etwas tun, aber da habe ich mich geirrt, und jetzt hat es mich umgehauen. Dass ich so niedergeschlagen bin, kam aus dem Nichts«, erklärte ich. »Es passierte, als ich im Urlaub war. Jetzt komme ich zu dir und bitte um Heilung und Führung. Und ich hatte auch den Gedanken, es könne gut sein, zur Energiequelle von Sedona zu gehen. Was meinst du?«

Bär hatte seinen zotteligen Kopf herabgeneigt, als er zuhörte. Dann hielt er inne und schien auf etwas zu warten, also fuhr ich fort. »Du erinnerst dich vielleicht, dass ich schon einmal von einer solchen negativen Energie getroffen wurde. Es war damals in Norditalien, das fühlte sich ähnlich an wie dieses Mal«, sagte ich. »Ich möchte lernen, wie man mit negativer Energie wie dieser umgeht, mit Dingen, die scheinbar aus dem Nichts auftauchen. Ich möchte es wirklich verstehen. Ich muss es verstehen. Ich will solche Erfahrungen nicht immer wieder machen, Bär. Hilfst du mir, bitte?«

Da streckte er eine Pfote aus und zog mich zu sich. »Hör mir zu«, sagte er, und dann winkte er mir: »Komm, wir werden zu den Geistern gehen.« Und bevor ich ihm danken oder ihn noch mehr fragen konnte, waren wir da – wir standen im Inneren des Wirbels von Sedona, im Inneren des feurigen, roten Felsens. »Wow«, flüsterte ich atemlos. »Bär kann in einer Sekunde hierherreisen! Es gibt keine zeitlichen oder räumlichen Beschränkungen für ihn.«

Als ich die Schönheit der Landschaft, die sich vor uns ausbreitete, wahrnahm, wurde ich mir eines summenden Geräusches gewahr, das aus dem Inneren der Erde zu kommen schien, und kaum dass ich es hörte, spürte ich, wie Wärme von den Felsen abstrahlte. »Das ist der Krafterzeuger!« rief ich. »Der, den ich hier im Inneren der Erde schon gesehen habe. Es ist Wärmestrahlung, genau wie ein Ofen, und, oh Gott, fühlt sich das gut an! Die Energie hier ist rein; ganz anders als die Energie in Italien. Es war so traurig dort, Bär«, sagte ich, als ich mich daran erinnerte, wie konfus mich all die Schwermut und Verwirrung gemacht hatten. »Ich habe es damals nicht so wahrgenommen, aber das war es – so viel Traurigkeit.«

Bär packte mich, zog mich an seine Brust und sagte: »Du hast dort Trauer empfunden, die Abkapselung gespürt und wie stark sie war. Es ist gut, von solchen Dingen zu wissen«, grummelte er. Und dann schlug er mich leicht mit seiner massigen Tatze und sagte: »Aber es ist nicht gut, sie zu tragen.«

»Du hast recht, Bär.« Ich schaute ihm in seine mitfühlenden Augen. »Diese Traurigkeit trage ich seitdem mit mir herum.« Ich stand einige Augenblicke still, dann schüttelte ich den Kopf, warf meine Schultern zurück und trat schnell in den Wirbel, lief direkt in diese pulsierende rote Felskraft hinein. Kaum hatte ich diesen Schritt getan, war meine Traurigkeit verflogen. Mir traten Tränen in die Augen, und ich stöhnte erleichtert auf. »Ich danke euch! Ich danke euch!« flüsterte ich Bär und den Geistern des Landes zu. Wellen der Erleichterung überspülten mich jetzt, und als die Traurigkeit weiter nachließ, erinnerte ich mich, einen nach dem anderen, an die Orte, die ich auf meiner Italienreise besucht hatte, an die Orte, die mich verfolgt hatten. Nun schien der Spuk vorbei zu sein.

Ich wandte mich an die Geister des Landes und fragte sie: »Was kann man gegen die Unterbrechung der Energie in Süditalien tun? Es gibt dort so viel Leid.« Meine Frage verhallte – die Antwort war Schweigen. Niemand antwortete, und so wiederholte ich die Frage. Das tat ich so lange, bis Hitzewellen aus der Erde unter meinen Füßen aufstiegen, um mich von Minute zu Minute mehr zu erwärmen. Die Hitze war intensiv, und bald forderte sie meine *ganze* Aufmerksamkeit.

Endlich *merkte* ich es: Die Geister des Landes ließen mich wissen, dass sie mich gehört hatten. Diese Wärme war eine direkte Mitteilung der Erde. »Okay«, sagte ich, »ihr sagt mir etwas mit dieser Hitze, aber ich weiß nicht, was.« Dann dachte ich noch einmal darüber nach, was ich in Italien erlebt hatte.

»Der Mangel an geistiger Verbundenheit in diesem Teil der Welt ist eine große Tragödie«, sagte ich schließlich, aber Bär blickte mich nur unter seinen gesenkten Brauen an und knurrte aus tiefer Kehle: »Es ist ein großer Schlaf.« Ich sah ihn fragend an: »Ein großer Schlaf?« Aber er grummelte nur vor sich hin und wollte nichts mehr sagen.

Dann fiel die Temperatur, und ich fühlte mich nicht mehr unwohl. Jetzt war alles ruhig und friedlich. Tatsächlich war es so ruhig, dass ich vielleicht sogar eingeschlafen bin. Ich weiß es nicht genau, aber es gab eine lange Pause, und das nächste, was mir bewusstwurde, war, dass ich mich mit einem Stift in der Hand dasitzen und zeichnen sah. Ich beugte mich über einen Tisch und fertigte eine Karte der Orte an, die ich auf der Reise besucht hatte. Dann begann ich, mit dem Lichtnetz zu arbeiten. Ich benutzte die Karte, die ich gezeichnet hatte, um diese Orte mit der Kraft von Sedona zu verbinden. Mit Hilfe der Karte war ich in der Lage, Energie vom krafterzeugenden Wirbel in Sedona an jeden Ort zu senden, den ich aufgezeichnet hatte.

Ich war in die Karte vertieft und verband alle Orte mit dem Lichtnetz, als der Krafterzeuger in der Erde von Sedona begann, Energie an alle diese Orte zu pumpen. Diesmal gab es keine Übertragung von Wärme, sondern eine pulsierende Kraftübertragung. »Das ist gut«, sagte ich mir, als ich sah, wie Süditalien aufleuchtete. »Hier ist noch etwas anderes, was wir tun können, um die Kraft des Lichtnetzes zu verstärken. Wir können Licht von Energiequellen wie dieser in Sedona an alle schlafenden Orte der Erde senden. Das wird den Widerstand gegen das Licht brechen und alle Bereiche mit harten Deckeln durchlässiger machen.«

»Umpf«, grunzte Bär und bewegte seinen großen Kopf auf und ab. »Nimm auf, was die Quelle dir gibt«, sagte er, und da begann ein Summen und Sirren durch mich zu fließen, dessen Schwingung so stark war, dass ich anfing zu pulsieren und mitzuschwingen. »Danke«, sagte ich zu Bär und dem Land der Roten Felsen. Dann ließ ich mich mit diesem Summen in den Rhythmus fallen. Ich ruhte eine Weile in seiner beruhigenden Schwingung, und dann war es nur noch still. Stille und ein Gefühl des Friedens. Nach einer langen Stille hörte ich mich sagen: »Ich fühle mich jetzt anders.«

Und ich fühlte mich anders. Als dieses Brummen mich zu durchströmen begann, erlaubte mir sein Rhythmus irgendwie, den letzten Rest der niederfrequenten Energie loszulassen, die ich auf dieser Reise aufgenommen hatte. »Das alles geht jetzt weg«, sagte ich zu Bär und atmete glücklich aus.

Dann nahm ich Bärs Tatze in meine Hand. »Bär«, sagte ich, »es scheint, als könnten wir auch am Mt. Shasta, in den Grand Tetons, in den Black Hills, am Joshua Tree – an so vielen Orten – so arbeiten.« Ich dachte an die heiligen Stätten, von denen ich im amerikanischen Westen wusste, und dachte darüber nach, wie wir sie im Licht miteinander verbinden könnten. Als Bär zustimmend mit seinem zotteligen Kopf nickte, hörte ich die Stimme des heiligen Mannes. »Ja«, sagte er. »Geht zu den reinen Orten im Land. Lasst sie euch unterstützen, lasst sie das Netz aus Licht unterstützen.«

»Das werden wir tun«, versprach ich, und während ich darüber nachdachte, wie es wäre, so zu arbeiten, stand Bär still neben mir und nahm alles in sich auf. Er wiegte sich sanft hin und her, summte vor sich hin und hob eine Pranke: Mein geliebter Bär segnete mich.

»Halte dein Gewahrsein in deinem Herzen konzentriert.«
Eine Woche nach dieser Reise sollte ich auf einer Frauenkonferenz sprechen. Die Organisatoren zeigten einen Film über die Hexenverfolgung in Europa im Mittelalter, und nach der Filmvorführung sollten verschiedene Frauen sprechen, unter anderem auch ich. Der Film schien wichtig, aber aufgrund dessen, was ich gerade mit niederfrequenter Energie erlebt hatte, war es nichts, was ich unbedingt sehen wollte.

»Großmütter«, sagte ich, als ich sie um Rat fragte, »ich bin kurz davor, auf einer Konferenz zu einem schwierigen Thema zu sprechen, und ich möchte mir dort keine schwere Energie aufladen. Bitte helft mir, bei dieser Veranstaltung zu allen in der richtigen Beziehung zu bleiben und Negativität zu vermeiden«, sagte ich, als ich in ihren Steinkreis trat. »Lasst mich ein reines Gefäß sein«, bat ich meine Lehrerinnen. »Ich möchte durch nichts abgelenkt werden. Nach dem, was ich gerade bei unserer Italienreise gelernt habe, ist mir klar, dass ich bis jetzt nicht verstanden habe, wie ich das machen soll.«

Die Großmütter kicherten über meine Selbstwahrnehmung. »**Das ist das Wichtigste für dich**«, sagten sie, und sie drängten sich so dicht heran, dass wir wie Buntstifte in einer Schachtel aneinanderklebten. Wir standen so eng gedrängt, dass ich mich nicht bewegen konnte. Ich hatte das Gefühl, nicht mehr ich selbst zu sein, sondern Teil einer Einheit – der Einheit, die die Großmütter und ich jetzt bildeten.

»**Bleibe ruhig und lasse dich nicht von Negativität ablenken**«, sagten sie, und ich hörte ihnen aufmerksam zu. Ich nahm ihre Worte auf, aber wichtiger als ihre Worte war die Art und Weise, wie sie mich hielten. Auf diese Weise mit ihnen zusammengedrängt zu sein, vermittelte mir etwas sehr Wichtiges, und ich spürte es in meinem Körper. Ich stand jetzt so aufrecht wie sie, und mit einer Großmutter auf jeder Seite, eine vorne und eine hinten, hatte ich mich noch nie so *völlig* unterstützt gefühlt.

»**Wir werden dich durch den Abend geleiten**«, sagten sie und lächelten über meine Reaktion auf diese erzwungene Nähe, »**aber achte darauf, dass du sitzt, wo du schnell nach draußen gehen kannst. Du hast recht, wenn du glaubst, dass bei dieser Veranstaltung negative Energie vorhan-**

den sein wird. Die wird es geben. Du musst in der Lage sein, gegenüber allem, was bei diesem Treffen aufkommt, den Abstand zu wahren und dich nicht darin zu verfangen.

Behalte den ganzen Abend über *dein Gewahrsein im Herzen.* Das ist das Wichtigste. Bei dieser Veranstaltung wird es viel Aufregung geben«, sagten sie, und dabei zeigten sie mir, dass der Film bei einigen Teilnehmern Erinnerungen und Ängste aus vergangenen Leben wachrufen würde. »**Das ist alles, was wir dir jetzt sagen können, aber du solltest wissen, dass wir dich bei dieser Veranstaltung umgeben werden. Bleibe also nahe bei uns und bleibe in deinem Herzen.«**

Der Rat der Großmütter erwies sich als goldrichtig. Wie sich herausstellte, gab es bei dieser Veranstaltung viel Aufregung, aber weil sie mich so nah an sich gedrückt und mir befohlen hatten, »in meinem Herzen zu bleiben«, konnte ich inmitten des folgenden Dramas meinen Frieden halten.

»Du kamst mit einem Samen zur Erde.«

Als ich das nächste Mal zu den Großmüttern ging, erklärten sie mir den Zweck des bevorstehenden *California Gathering.* »**Der Schwerpunkt dieses besonderen Treffens**«, sagten sie, »**wird die Präsenz des Göttlichen und die Partnerschaft mit ihm sein. Viele sind auf der Suche**«, sagten sie, »**auf der Suche nach Workshops, Unterricht, Konferenzen und Treffen. Diese Veranstaltungen konzentrieren sich oft auf Themen von intellektuellem Interesse, und einige der Veranstaltungen enthalten auch etwas Emotionales. Aber bei vielen von ihnen**«, sagten sie kopfschüttelnd, »**fehlt etwas.**« Als ich hörte »etwas fehlt«, fiel mir ein uralter Werbe-Spot ein. Eine alte Frau hielt etwas hoch, das wie ein Hamburger mit einem großen Brötchen aussah, und fragte: »Wo ist das Fleisch?« Die Großmütter lachten, als sie meine Gedanken lasen, und sagten: »**Die *Präsenz* ist das Fleisch.**«

»Okay, Großmütter«, antwortete ich, »ich hab‘s kapiert.« Aber als ich noch dachte, »Präsenz ist das Fleisch«, schaute ich kurz von ihnen weg und bemerkte überrascht, dass wir uns auf dem Land befanden. Hier war ein gefurchtes Feld, ein scheinbar endloses Stück Land, frisch gepflügt. Und als ich es näher betrachtete, bemerkte ich, dass in jeder Furche eine Frau stand.

»**Furchen bedeuten einen Ort, an dem Dinge wachsen**«, sagten die Großmütter. »**Das ist es, was wir dir hier zeigen. Jede Frau *ist* eine Furche, so dass sie durch ihre Gegenwart und aufgrund ihrer göttlichen Verbindung einen Ort der Möglichkeiten darstellt. An dem Ort, an dem eine Frau steht, kann Wachstum stattfinden. Der fruchtbare Ort, an dem eine Frau steht, ermöglicht es ihr, viele zu ernähren und für sie zu sorgen. Bei der nächsten Großmütter-Versammlung werden wir euch alle bitten, zur Gegenwart in euch zu erwachen**«, sagten sie. »**Wir werden dies tun, um *euch* zur Entfaltung zu bringen.**«

»Großmütter«, ich schüttelte den Kopf, »ich weiß nicht, was das bedeutet. Bitte drückt euch klar aus.« »**Ihr seid mit einem Samen auf die Erde gekommen**«, sagten sie, »**und dieser zuvor ruhende Samen, den ihr all die Jahre in euch getragen habt, wird nun beginnen, Früchte zu tragen. Es ist an der Zeit, dass die Frauen zu den fruchtbaren Feldern werden, als die sie geboren wurden.**

Unsere Arbeit mit denen, die wir in den Dienst rufen, ist tiefgehend und persönlich. Wir laden Frauen (und auch einige Männer) ein, die dazu bereit sind, und wenn sie unserem Ruf folgen, nehmen wir sie mit in die Tiefe: tief in sie selbst und tief in das Leben. Wir übertreiben nicht, wenn wir dies sagen. Wir sprechen hier von der Macht dessen, was ihr die Göttin nennt, von der Macht des weiblichen Schöpfungsprinzips. Frauen tragen diese Präsenz in sich, und *wir werden sie aktivieren.* Wir werden erwecken, was bisher in ihnen schlummerte. Wir werden die Frauen zu ihren Gaben erwecken.« Als ich das hörte, wurden meine Augen immer größer und größer, und als sie das sahen, sagten sie: »**Wir arbeiten nicht so, wie ihr es gewohnt seid.**«

»Ihr bestimmt nicht!« rief ich aus. »Ihr geht direkt auf das Ziel zu, Großmütter. Ihr seid keine Verkäuferinnen. Ihr promotet kein Produkt oder irgendein Programm. Ihr spielt nicht herum.«

»**Das ist richtig**«, sagten sie, »**und die wir zu dieser Arbeit aufrufen, sind all jene, die auf das Ziel zusteuern. Wir sind nicht hier, um den Verstand oder Emotionen zu stimulieren. Damit werden wir keine Zeit verschwenden, sondern euch vielmehr zum Ziel führen. Und wenn ihr**

euch diesem lang gesuchten Ziel nähert, werdet ihr viele segnen. Ihr werdet zu jenem fruchtbaren Feld werden, von dem wir sprechen – voll des Guten, voll der Güte. Indem ihr gebt und gebt und gebt, werdet ihr anderen Freude bringen. Und das wird auch eure Freude sein: grenzenlose Freude«, bekräftigten sie, und ihr Lächeln wurde immer breiter. »***Das* ist der Zweck unseres nächsten Großmütter-Treffens. Sag das.**«

Ich gab ihre Botschaft weiter, und als das Treffen stattfand, hielten wir uns an die Anweisungen der Großmütter. Alle, die an dieser Veranstaltung teilnahmen, kamen in mehr Macht. Wir alle wurden lebendiger, und als sich unsere gemeinsame Zeit dem Ende zuneigte, blickte ich mich im Raum um und sah, dass alle Gesichter leuchteten!

»Alle sogenannten Probleme in der Welt werden von der Energie der Angst genährt.«

Nach der Versammlung kehrte ich fast einen Monat lang nicht mehr zu meinen weisen Lehrerinnen zurück. Die Leiterinnen der Großmüttergruppen, die aus dem Ausland nach Kalifornien gereist waren, hatten beschlossen, für eine Weile in unserer Gegend zu bleiben, so dass wir Einheimischen viel Zeit mit ihnen verbrachten. Wir teilten viele gemeinsame Mahlzeiten, und wenn wir irgendwo an einem Tisch saßen, diskutierten wir unweigerlich über den Zustand der Welt. Wir sprachen darüber, wie Angst und Gewalt die Nachrichten fast vollständig beherrschten, und wir überlegten, was wir tun könnten, um mehr Licht auf die Erde zu bringen. Nachdem alle wieder abgereist waren, war dies die nächste Frage, die ich den Großmüttern stellte.

Sie begrüßten mich mit erwartungsvollen Blicken und streckten mir ihre Arme entgegen, und ich fragte schnell: »Großmütter, wie können wir mehr Licht ausstrahlen? Es wabert jetzt viel Angst umher… Angst in uns, Angst in der Welt. Die Angst scheint für alle das größte Hindernis für innere Freiheit zu sein. Ich habe gestern mit Karen gesprochen«, sagte ich, »und sie sagte, sie habe Angst vor den Liberalen, während die meisten aus unseren Großmüttergruppen, mit denen ich spreche, Angst vor dem rechten Flügel haben. Auf der ganzen Welt verunglimpft die Rechte die Linke, und die Linke verunglimpft die Rechte. Und mir scheint, dass dieser ganze Hass der Angst entspringt.«

Die Großmütter hörten geduldig zu, während ich weiterredete, bis ich endlich ihre Blicke wahrnahm. »Es tut mir leid, Großmütter. Ich habe mich hinreißen lassen. Ich denke, die Frage, die ich euch stellen möchte, lautet: Wie können wir frei von Angst leben? Wie können wir da hinkommen?« Sie starrten mich weiter an, ihr Blick war teilnahmslos, also wiederholte ich: »Großmütter, ich möchte wissen… wie können wir ohne Angst leben?«

Wieder herrschte Schweigen, und diesmal dauerte es so lange, dass ich begriff, dass ich wohl die falsche Frage gestellt hatte. »Okay, Großmütter«, versuchte ich es anders, »wie können wir so stark sein, dass, wenn die Angst auftaucht, sie uns nicht aus der Bahn wirft?«

»**Kontakt**«, sagten sie, »**miteinander in Verbindung bleiben. Sich austauschen und einander zuhören. Wenn ihr auf diese Weise in Beziehung bleibt *und* am Netz aus Licht festhaltet, schafft ihr ein Kraftfeld, in dem Angst nicht sein kann. Die Angst will dem Lichtnetz nicht nahekommen. Das Netz aus Licht**«, lächelten sie wissend, »**ist ein Gegenmittel gegen die Angst.**

Das Lichtnetz hält alles in Liebe. Es ist aus Liebe gemacht, so dass Angst keinen Platz darin hat. Niemals«, betonten sie. »**Jedes Mal, wenn ihr euren Platz im Netz aus Licht einnehmt, schafft ihr also automatisch einen Ort, wo Angst sich nicht halten kann. Wenn ihr mit dem Lichtnetz verbunden bleibt, seid ihr vor Angst gefeit.**

Wenn ihr das vergesst und, statt euch inwendig zu verbinden, nach außen schaut und eure Aufmerksamkeit auf die Welt richtet, werdet ihr abgelenkt. Jedes Mal, wenn die Welt euch ablenkt, wird es euch schwerfallen zu tun, was wir vorgeschlagen haben.« Sie lachten und zeigten dann mit einer leichten Drehung zur Seite: Sie lenkten meine Aufmerksamkeit auf etwas, das sich da draußen bewegte.

Ich starrte in die gewiesene Richtung, und von Ferne erblickte ich ein altmodisches Karussell – so eines, wo ein goldener Ring in der Mitte hing. Die auf diesem Karussell fuhren, drängelten und versuchten, den Ring zu ergreifen, und als ich sie wetteifern sah, wurde mir klar, dass die Welt so funktioniert. Wir lernen, schnell zu sein, alles festzuhalten, was wir haben, und gleichzeitig nach dem Gold zu greifen. Und wenn wir versuchen, den Ring zu ergreifen, müssen wir stets bereit sein, die anderen, die es ebenfalls versuchen, wegzudrängeln. »Das ist verrückt, Großmütter«, sagte ich.

»Das ist Torheit, kein Leben«, stimmten sie zu. **»So funktioniert das Leben nicht, aber der Verstand. Sieh nur, wie *sehr* sich alle anstrengen«**, sagten sie, rollten mit den Augen und schüttelten den Kopf angesichts des Schauspiels.

»Ohne das ständige Streben der Menschheit und all ihre furchtsamen Versuche, den Fluss des Lebens zu verändern, ist das Leben vollkommen, wie es ist. Der Rhythmus des Lebens ist wunderschön. Mühelos«, sagten sie. **»Das Leben dreht sich immerfort in seinen Mustern, und jedes dieser Muster gebiert immer mehr und mehr Leben. Immer weiter. Natürlich ändern sich die Muster von Zeit zu Zeit, und so wie sich diese Muster entwickeln, entwickelt sich auch das Leben weiter. Emotionen entwickeln sich, Beziehungen entwickeln sich, Seelen entwickeln sich und Orte entwickeln sich. In jedem Augenblick«**, sagten sie, **»entwickelt sich *alles* weiter. Das ist der kreative Fluss – der Fluss der Schöpfung. Das Fließen schafft Veränderung, und Veränderung schafft einen stärkeren Fluss. Das Leben ist immerdar ein Werden… wird zu etwas anderem.**

Wenn du auf dein eigenes Leben zurückblickst, wirst du dies erkennen. Und jetzt, da du ins hohe Alter eintrittst, kannst du zurückblicken und sehen, wie du immer im Werden begriffen warst, im Begriff, das nächste zu werden: Ehefrau, Mutter, Lehrerin, Gärtnerin, Erzieherin. Mehr… werden«, sagten sie. **»Das ist der Rhythmus des Lebens. Im Rhythmus des Lebens gibt es nichts zu befürchten.**

Jedes Mal, wenn du mit dem, was im Augenblick geschieht, haderst, packt dich die Angst, nährt sich von dir und wird gestärkt. Veränderung ist Teil des Lebensrhythmus«, sagten die Großmütter. **»Deshalb können Bewegungen, die sich gegen den sich verändernden Lebensfluss wenden, niemals etwas Gutes bewirken – niemals! Man sagt: ›Geh mit dem Fluss.‹ Und das stimmt. Geh mit dem Fluss – nicht gegen ihn. Es ist die Energie**

des unausgeglichenen Yang, die *gegen* den Fluss angeht. Es ist das Angehen gegen das Leben, das die Angst vergrößert. Gegenanzugehen, schafft nur Elend«, sagten sie, und nachsichtig lächelnd fügten die Großmütter hinzu: »**Es gibt nichts, wogegen man angehen sollte. Nichts ist verkehrt. Leben ist schließlich nur Leben.**«

Dann legten sie eine lange Pause ein, bevor sie weitersprachen: »**Du fragst uns, wie man zurechtkommen soll in dieser Zeit, in der die Angst überall auf der Welt wächst, und als Antwort darauf bitten wir dich, dein Gewahrsein auf das zu richten, was in dir Angst auslöst. Wenn du dich das fragst, woran denkst du dann? Was ist es, das die Angst in den Vordergrund deines Denkens gerückt hat?**

Sobald dir das klar wird, schau, ob du in dir in Harmonie bleiben kannst, wenn sich das Problem weiter offenbart. Beobachte sowohl die Angst als auch das, was sie ausgelöst hat, und schaue, ob du in deinem guten Gefühl bleiben kannst, während du einfach alles beobachtest. Beobachte einfach, und wenn du feststellst, dass du nicht in deinem guten Gefühl bleiben kannst, wirst du wissen, dass die Angst von dir Besitz ergriffen hat. Wenn das passiert, wenn du feststellst, dass die Angst dich regiert«, sagten sie, »**rufe uns sofort an. Rufe uns an, und rufe das Lichtnetz an.**

Sobald du uns rufst, werden wir da sein. Wir werden antworten. Nimm dir dann einen Moment Zeit, um deine Verbindung mit uns und mit allen zu erleben, die mit dem Lichtnetz arbeiten. Gemeinsam werden wir deine ganze gegenwärtige Angst, wovor auch immer, im Lichtnetz halten. Versuche nicht, die Angst zu verändern«, sagten sie, »**nicht einmal, sie zu verstehen, sondern halte sie einfach im Netz.**«

Mit einem Nicken bedeuteten sie mir, es jetzt zu tun. Also dachte ich an ein Problem, eines, das mir Angst machte. Dann rief ich die Großmütter an, und mit geschlossenen Augen nahm ich mir die Zeit, ihre Gegenwart zu spüren. Nachdem ich eine feste Verbindung zu ihnen gespürt hatte, rief ich auch diejenigen an, die mit dem Lichtnetz arbeiten – insbesondere die Menschen in den Großmüttergruppen auf der ganzen Welt.

Kaum hatte ich das getan, reckte sich meine Wirbelsäule, so dass ich sehr gerade auf meinem Stuhl saß. Und es war noch keine Minute vergangen, da verflog das schwache, aber schreckliche Gefühl der Angst, das mich die letzten Tage begleitet hatte, und war verschwunden. Verschwunden. Es war genau so, wie die Großmütter gesagt hatten. Die Angst konnte in der Nähe des Lichtnetzes nirgends sein. »Großmütter«, sagte ich erleichtert aufatmend, »danke für diese Weisheit.«

»**Alle sogenannten Probleme in der Welt werden von der Energie der Angst genährt. Die Angst ist wie ein gieriger Säugling, und jedes Mal, wenn Angst aufkommt, wird sie versuchen, dich glauben zu machen, *sie sei das Wichtigste auf der Welt.* ›Schenk mir deine ganze Aufmerksamkeit!‹**« schreit sie. »›**Du *musst* Angst haben! Du müsst mich *füttern!***‹« Die Großmütter zuckten mit den Schultern und warfen die Hände empor. »**So verhält sich Angst. Sie will immer Aufmerksamkeit.**

Aber du brauchst sie ihr nicht zu geben«, sagten sie und schüttelten den Kopf. »**Fange an, die Themen zu beobachten, die du im Sinn hast, wenn Angst aufkommt, und bitte uns dann, für dich da zu sein. Das werden wir. Sobald du ein Thema loslässt, werden wir es in die Hand nehmen. Anstatt gegen die Angst anzugehen oder zu versuchen, sie ganz allein zu lösen, denke an uns. Denke an das Netz aus Licht, und lasse uns dich halten.**« Lachend sagten sie: »**Klingt das nicht nach einer einfacheren Art zu arbeiten?**

Denke daran«, sie stießen mich an, »**sobald du uns anrufst, werden wir übernehmen. *Jedes Mal,* wenn du uns anrufst, werden wir kommen, *und zwar sofort.* Wir werden dir bei den kleinsten persönlichen Problemen und bei den größten kosmischen Problemen helfen, die man sich vorstellen kann. In unseren Augen sind *alle Probleme* gleich. Wenn du dich also dabei ertappst, wie du dich gegen etwas auflehnst und Dinge sagst wie: ›Das ist nicht richtig, das sollte mir nicht passieren, das ist falsch‹ oder so ähnlich, dann weißt du, dass die Energie der Angst das Ruder übernommen hat.**« Sie hoben den Zeigefinger und lachten: »**Überlass der Angst nicht das Steuer.**

Rufe uns an. Lass uns übernehmen, und ruhe dann einfach im Netz aus Licht. Das Lichtnetz wird dich halten und das Problem ebenso.

In Angst gefangen, nährt man am Ende das negative Drama, das sich auf der Erde abspielt. *Das ist die Garantie für Leid und Unheil* für dich und andere. Es ist das Letzte, was du willst. Die Angst wird immer versuchen, dich mit ihren Geschichten in Bann zu ziehen, aber es ist wichtig, sich daran zu erinnern, dass die Angst seit Tausenden von Jahren die gleichen Geschichten erzählt – immer wieder. Geschichten von ›uns‹ und ›ihnen‹, Geschichten vom Kampf zwischen ›Gut‹ und ›Böse‹«, lachten sie. »Man darf aber nicht vergessen, dass sich unter jeder dieser Geschichten und über und unter jedem Drama auf der Erde das strahlende Netz aus Licht erstreckt«, lachten sie.

»Jedes Mal, wenn ihr daran denkt, uns und das Lichtnetz anzurufen, werden diese Dramen abgemildert«, sagten sie. »Ein Mensch, der sich mit dem Lichtnetz verbindet, entzieht der gefräßigen Angstmaschine die Kraft. Sobald du dich also dabei ertappst, wie du den Atem anhältst, dich verkrampfst und Gedanken denkst wie: ›Das macht mir Angst‹, weißt du, dass die Angst die Kontrolle übernommen hat. Dann rufe uns gleich.

Die Zeiten, in denen ihr lebt, sind gekennzeichnet durch Angst, aber ihr seid weise Seelen, schöne Seelen. Jede von euch hat in dieser Zeit eine wichtige Rolle zu spielen, also bleibt mit uns verbunden, bleibt miteinander und mit dem Netz aus Licht verbunden. Haltet an der Wahrheit fest. Und ganz gleich, welch hässliche Maske die Angst an einem bestimmten Tag tragen mag, lasst euch davon nicht beirren. Eure Aufgabe ist es, im Licht zu bleiben. Jedes Mal, wenn ihr das tut, werdet ihr uns helfen und allen helfen.« Die Großmütter nahmen mich in ihre Arme und sagten: »Wir danken euch für eure wahren, aufrichtigen Herzen.«

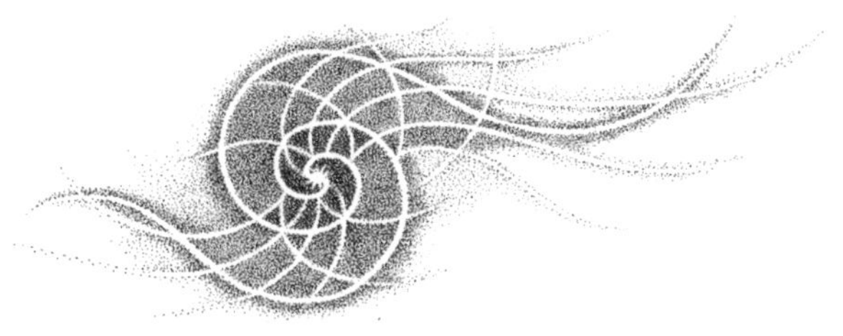

KAPITEL 10

Ersetze deine Geschichten durch die Wahrheit

»Setze dich sich mit einem Freund zusammen;
setze dich mit einem Fremden zusammen.«

Die Großmütter hatten sich gemeldet und gingen mir nicht mehr aus dem Kopf; sie wollten mir etwas sagen. Es geschah so viel in der Welt – Unruhen im Nahen Osten, Überschwemmungen, Tornados, Brände und Dürren bei uns. Überall kam es zu finanziellen Zusammenbrüchen. Für mich war das ziemlich beunruhigend.

»Was will uns das eurer Meinung nach sagen, Großmütter?« fragte ich, kurz bevor ich in ihren Steinkreis trat. Als ich mir den Weg zwischen den Steinen bahnte, die ihre Plätze markierten, blickte ich auf und sah, dass sie heute bunt gemusterte Röcke trugen, und als ich innehielt, um sie zu bewundern, begannen sie, umherzuwirbeln und im Kreis zu tanzen.

Ich blieb stehen, und als ich sie tanzen sah, wurde mir klar, wie schwer ich mich fühlte. Mir war nicht nach Tanzen zumute. All diese negativen Dinge, von denen ich in der Welt gehört hatte, hatten mich aufgewühlt, und gleichzeitig bedrückten sie mich. Ich hatte mir das ganze Drama zu Herzen genommen und fühlte, wie all dieses Leid mich nach unten zog –

wieder einmal. Ich stand einfach nur da und starrte die Großmütter an, bis ich mich endlich flüstern hörte: »Bitte helft mir, Großmütter. Gebt mir Orientierung. Gebt uns allen Orientierung und gebt sie uns *jetzt*. Zeigt uns, was wir aus all dem lernen sollen.«

Sie warfen mir einen flüchtigen Blick zu und riefen: »**Höre uns zu!**« Aber dann wirbelten sie weiter umher. »Was machen sie da?« murmelte ich. Ihre blasierte Attitüde ärgerte mich, aber die Großmütter wirbelten weiter und tanzten, als ob sie sich um nichts in der Welt bekümmern würden. »**Die Zeit vergeht wie im Fluge**«, riefen sie, als sie an mir vorbeiflogen. »**Es ist nur noch wenig davon übrig**«, sagten sie, und als ich das hörte, fühlte ich, wie sich mein Herz zusammenzog. »**Wenig Zeit, um sich vorzubereiten, wenig Zeit, um zu lernen, was ihr lernen müsst**«, erklärten sie, »**also höre gut zu.**« Jetzt stand ich stocksteif, starr vor Konzentration.

»**Wir waren mit dir in Alabama**«, sagten sie und hielten vor mir an, und als ich das hörte, riss ich meine Augen weit auf. Vor einigen Wochen waren eine Freundin und ich zu einem Treffen nach Birmingham geflogen. Aber warum, so sagte ich, sprachen die Großmütter jetzt darüber? »Darüber wollte ich nicht sprechen«, murmelte ich, aber sie schenkten mir keine Beachtung.

»**Wir haben in Alabama heilige Stätten geöffnet**«, sagten sie, »**für mehr Licht, und dann brachten wir all jene zusammen, die dieses Licht beständig halten werden. Durch die Arbeit dieser Menschen**«, betonten sie, »**wird das Netz aus Licht heller leuchten und stärker sein denn je. Es wird den südlichen Teil der Vereinigten Staaten halten und ihn vollständig bedecken. Wenn die Menschen in Alabama mit dem Lichtnetz arbeiten, wird die angstbesetzte Energie, die diesen Teil deines Landes früher in Atem hielt, sich immer weiter verflüchtigen. Ihr habt hart und gut mit dem Lichtnetz gearbeitet, als ihr dort wart**«, sagten sie und schenkten mir ein Lächeln, »**und diese Arbeit wird weitergehen.**

Unsere Botschaft verbreitet sich tiefer und weiter«, sagten sie und unterstrichen das mit einer Armbewegung. »**Mache dir keine Sorgen darüber, wie schnell oder langsam sich unsere Botschaft zu verbreiten scheint**«, sagten sie kopfschüttelnd. »**Lasse all diese Gedanken los. Lasse**

auch deine Meinungen darüber los, wie sich unsere Arbeit entwickeln sollte. Wisse, dass *wir* dich leiten.

Wir lenken alles. Das Netz aus Licht verankert sich und vervielfacht dabei seine Reichweite auf der ganzen Erde – genau, wie es sein soll. Von jetzt an«, sie schauten mich scharf an, »folge unserer Führung und kümmere dich um nichts sonst. Tue einfach, was wir dir auftragen. Das ist alles, was wir wollen. Dies ist unsere Botschaft an dich. Es ist unsere Botschaft an alle. Folgt uns und lasst euch vom Göttlichen leiten.

Die auf Yang beruhenden und Yin verleugnenden Wege, die das Leben auf der Erde so lange kontrolliert haben, werden enden«, sagten sie. »Wir wissen, dass du dieser Vorstellung schwer folgen kannst, denn die auf Yang beruhende Welt ist die einzige, die du kennst, aber die Arroganz und der Egoismus dieser unausgewogenen Lebensweise gehen jetzt zu Ende. Von Jugend an wurdest du durch die Energie von Yang konditioniert. Dir wurde beigebracht, die Energie des Yin zu ignorieren, und aufgrund deiner frühen Konditionierung fühlt es sich für dich ganz natürlich an, davon auszugehen, dass es immer etwas gibt, was du *tun musst.«*

Sie lachten über die Absurdität dieser Vorstellung und fügten hinzu: »Aber wenn diese auf das Tun ausgerichtete Lebensweise zum Ende kommt, wirst du erkennen, dass wir (die Großmütter oder jede Form des Göttlichen, das du liebst) alles ›tun‹ werden.

Du kannst auf uns zählen. Jedes Mal, wenn du deine Aufmerksamkeit von der Welt ›da draußen‹ abwendest und nach innen lauschst, können wir dich führen. Wir ermutigen dich, es jetzt zu tun. Du hast schließlich das Rentenalter erreicht«, sagten sie und lachten über meinen überraschten Gesichtsausdruck, »so dass du deine Sucht, super verantwortungsbewusst zu sein, loslassen kannst. Es ist in Ordnung«, beruhigten sie mich. »Du kannst dich entspannen. Schließlich bist du einfach nur dabei.

Anstatt immer nur zu ›arbeiten, arbeiten, arbeiten‹, treffe dich, wann immer es möglich ist, mit einer Gruppe gleichgesinnter Seelen. Setzt euch zusammen und hört einander zu. Verbringt Zeit miteinander und teilt euer Licht. Feiert Feste, haltet Versammlungen ab, bildet Kreise«, sagten sie und kicherten, weil meine Überraschung wuchs. »Versammelt

euch um einen Tisch und teilt das Essen. Redet und betet miteinander. Umarmt einander und feiert eure Unterschiede. Habt Freude aneinander! Liebt einander! Lasst das harte ›Arbeiten‹ und schwelgt stattdessen in eurer Zweisamkeit. *Ihr seid hier!* Zu diesem bedeutsamen Zeitpunkt in der Geschichte eures Planeten seid ihr hier zusammen! Wie herrlich ist es für euch, *in einem solchen Moment dabeizusein.*

Ihr seid Gefährten auf dem Weg, also feiert das, während ihr den Weg weiter beschreitet. Ihr alle seid ganz wunderbar. Wir lieben und schätzen jede von euch. Bitte liebt und schätzt euch auch gegenseitig, denn wenn ihr das tut, kann unsere Liebe sich vervielfältigen, die Erde bedecken und alles Leben auf eurem Planeten erfüllen. Es ist Zeit für euch, die ›Härte‹ und die ›Anstrengung‹ von Yang loszulassen«, sagten sie und streichelten meinen Rücken mit ihren sanften Händen. »**Lass das Streben los, lass auch die Sorgen, die Angst und das Urteilen los. Welche Freude hat dir das alles gebracht?**« fragten sie und hoben ihre Hände gen Himmel. »**Setze dich stattdessen mit einem Freund zusammen; setze dich mit einem Fremden zusammen. Schätze, wer sie sind, und wenn du schon dabei bist, sei dir bewusst, wie sehr wir dich schätzen.**« Und mit einem breiten Grinsen riefen sie: »**Das tun wir!**«

»Angst ist nichts.«

Ein paar Tage später stieß ich in der Morgenzeitung auf eine Geschichte. Eine Gruppe von Männern hatte einen Obdachlosen zu Tode geprügelt, während der um Gnade bettelte.

Das Ganze war auf Video aufgenommen worden. Als ich die Schlagzeilen sah, las ich weiter und hoffte, dass jemand das Motiv für dieses Verbrechen erklären würde. Aber es gab keinen »Aha«-Moment, kein offensichtliches Motiv – es war bloß eine weitere sinnlose Geschichte über Brutalität.

Die Geschichte verfolgte mich, ärgerte mich so sehr, dass ich sie nicht mehr loslassen konnte. Ich musste darüber reden, musste irgendwie einen Sinn darin sehen. »Großmütter«, fragte ich, als ich endlich zu ihnen ging, »wie kann ich mich auf das Licht konzentrieren und einfach so weitermachen, wenn ich von Geschichten wie dieser verfolgt werde? Ich stelle diese Frage für mich selbst und für alle anderen«, sagte ich. »Es gibt so viele Geschichten wie diese. Wie können jene, die von solchem Leid hören, standhaft bleiben und nicht vor Mitleid und Entsetzen überwältigt werden? Sollte ich versuchen, die Nachrichten zu meiden? Sollte ich mich vor solchen Geschichten verstecken?«

»**Diese brutale Energie, von der du gelesen hast, ist auch in dir**«, antworteten die Großmütter. »**Sie ist in jedem vorhanden – entweder schläft sie im Moment, sie köchelt im hinteren Teil deines Bewusstseins oder wird auf irgendeine Weise ausgelebt. Sie ist immer da.**«

»Okay«, antwortete ich, »das verstehe ich. Ich habe genug hässliches Zeug in mir gesehen und gefühlt, um zu wissen, dass ihr die Wahrheit sagt. Aber noch einmal muss ich fragen: Was kann ich tun, wenn ich auf so etwas stoße? Diese Geschichten sind jeden Tag in den Nachrichten. Also frage ich. Ich frage für mich selbst, aber nicht nur. Ich frage für alle, weil wir alle damit umgehen müssen.«

»**Erstens**«, antworteten sie, »**verurteile niemanden dafür, dass er von der Wut übermannt wurde, wie die Männer in dieser Geschichte. Denn wenn du sie verurteilst, verurteilest du dich selbst und alle anderen auch. Die Menschen tragen diese Energie in sich, also kann aus der Verurteilung nichts Gutes entstehen. Öffne stattdessen deinen Verstand und dein Herz für diese Negativität, wann immer sie sich zeigt, und wenn du das getan hast, sei neugierig auf sie. Beobachte die Triebe, die in deinem Unterbewusstsein und in jedermanns Unterbewusstsein lauern. Was sagen dir diese Gefühle? Beruhen sie vielleicht auf Angst?**« fragten sie und schauten mir in die Augen. »**Achte auf die Angst. Angst ist die negative Emotion, nach der man suchen muss. Taten wie die, von denen du heute gelesen hast, *werden von der Angst getrieben und genährt.***

Angst ist *der* negative Grundzustand«, sagten die Großmütter, »**sie ist der Grund allen Elends. Nicht nur manchmal**«, sagten sie kopfschüttelnd, »**oder meistens, sondern *immer*. Also suche nach ihr. Und wenn du sie findest, sei neugierig auf sie. Öffne dich ihr mit sanfter Neugierde. Beobachte sie einfach und sieh, was sie zu sagen hat.**

Die Angst sucht immer nach etwas, von dem sie sich nähren kann«, erklärten sie. »Sie wird bei jeder Gelegenheit Nahrung finden, also wenn sie einmal auftaucht, behalte sie im Auge. Wende der Angst nicht den Rücken zu, ignoriere sie nicht, und versuche nicht, dich vor ihr zu verstecken. Das kann nicht funktionieren«, sagten sie und hoben den Zeigefinger. »Schaue sie vielmehr, sobald du sie bemerkst, direkt an. Dann setze dich hin und plaudere ein wenig mit der Angst. Verurteile sie nicht – schau einfach, was sie zu sagen hat. Und nachdem du eine Weile zugehört hast, setze dich ruhig hin und beobachte sie. Beobachte, was passiert.

Wir verraten dir ein kleines Geheimnis«, flüsterten die Großmütter. »*Angst ist nichts.* Ja«, lächelten sie zu meiner Überraschung, »du hast richtig gehört. *Angst ist nichts.* Sie ist ein Parasit. Er hat keinen Kern, keine eigene Lebenskraft. Sie ernährt sich vom Leben, und wenn ihre Geschichten einen nicht berühren und man nicht auf sie reagiert, sondern sie nur beobachtet, entzieht man der Angst die Möglichkeit, sich zu ernähren. Und wenn sie nirgendwo Nahrung findet, beginnt sie, sich aufzulösen. Und zwar jedes Mal. Jedes Mal, wenn du also der Angst ins Gesicht siehst, wird sie schwächer und schrumpft, und am Ende verschwindet sie ganz.

Angst ist der große Täuscher. Sie kommt mit allem, was sie tut, davon, weil sie alle zum Narren hält. Sie erfindet Gruselgeschichten, schmückt sie aus und macht sie so dramatisch, dass die Menschen Angst haben, sie auch nur anzuschauen. Dann haben sie Angst davor, die Angst anzusehen und sie als das zu sehen, was sie ist. *Angst macht den Menschen Angst vor der Angst«,* sagten sie und rollten mit den Augen. »Ist das nicht verrückt?

Fürchte dich nicht vor der Angst oder den Gefühlen, die sie hervorruft. Angst ist *nichts, gar nichts.* Wenn du dich mit ihr hinsetzt und ihr deine volle Aufmerksamkeit schenkst, wirst du dieses Nichts sehen. Schaue weiter hin, ohne auf das Drama zu reagieren, das sie heraufbeschwören will, und schließlich wird sich die Angst verflüchtigen.

Die Menschen, von denen du heute gelesen hast, die, die diesen Mann getötet haben, waren selbst von Angst getrieben. Sie verfingen sich in ihren Köpfen in einer ›Gruselgeschichte‹ und ließen sich von der Angst beherrschen. Menschen, die Greueltaten begehen, Menschen, die morden, foltern und vergewaltigen, sie alle hat die Angst erfasst. Angst«, sagten sie, »wenn man ihr die Kontrolle überlässt, wird jeder zu einem Monster.

Wenn du also von einem Fall wie diesem hörst, verurteile nicht, sondern bete für die, die aus Angst ihre Seele zumindest eine Zeit lang aus den Augen verloren haben. Heiße das Leuchtende gut, das immer noch in ihnen ist, immer noch da unter all dem Schmerz und dem mentalen Müll, den sie mit sich herumtragen. Wenn du auf diese Weise arbeitest, wirst du Opfer, Täter und dich selbst aufrichten. Du wirst sie alle aus dem Griff der Angst befreien.

Halte dich nicht von solchen Geschichten fern«, sagten sie und lachten, als ich meine Augen aufriss, »sondern nutze sie vielmehr für dein eigenes spirituelles Wachstum – als eine Art Disziplin. Wenn dir eine Geschichte wie diese begegnet, bete für die Opfer und Täter und prüfe dann, ob dieses besondere Drama Angst in dir geweckt hat. Und wenn das der Fall ist, höre auf mit dem, was du gerade tust, setze dich mit der Angst hin und schenke ihr deine volle Aufmerksamkeit. Tu es, bis sie sich aufzulösen beginnt. *So zu arbeiten ist Dienen*«, versprachen die Großmütter. »Jedes Mal, wenn du den Griff der Angst auf dich verringerst, verringerst du den Griff der Angst auf die Menschheit.

Alles ist Teil eines tief verwobenen Musters. Wir haben dir schon oft gesagt, dass du dir nicht helfen kannst, ohne allen und jedem zu helfen, und das ist hier sicherlich der Fall. Wenn also die Angst das nächste Mal ihr Gesicht zeigt, gehe furchtlos auf sie zu und unterhalte dich ein wenig mit ihr. Setze dich mit ihr hin und sieh ihr zu«, sagten sie. »Tu dies für deine eigene Freiheit und für die Freiheit der anderen. Du wirst es nicht bereuen.«

»Die Mutter der Mutter der Mutter deiner Mutter wusste…«

Als ich das nächste Mal zu den Großmüttern ging, dachte ich an ein bevorstehendes Treffen in Europa. Ich war besorgt über ein Missverständnis, das bei den dortigen Organisatoren aufgetreten war. Das war noch nie zuvor passiert, daher hatte es mich überrascht, und ich war nicht sicher, ob ich verstand, was los war. »Was ist los?« fragte ich die Großmütter. »Worum geht es?« »**Es ist das Ende einer Ära**«, antworteten sie, »**und der Beginn einer neuen Ära. In allen Übergangsperioden – wie in dieser – wird es Momente der Verwirrung und Meinungsverschiedenheiten geben, wenn die Ängste an die Oberfläche kommen. Sei darauf gefasst, dass dergleichen passiert, bei dir selbst, bei anderen, und sei nicht beunruhigt, wenn Disharmonie auftaucht. In Zeiten wie jenen, die du jetzt durchlebst, wird das einfach passieren.**

Heute ändert sich so viel, dass den Menschen unbehaglich wird, und wenn sie sich unwohl fühlen, kehren sie zu den früheren auf Yang beruhenden Mustern zurück, die sie gelernt haben. Dann flammen Urteile auf, es kommt zu Machtkämpfen, Ängsten, Wut, dem Bedürfnis, andere zu kontrollieren, Situationen zu beherrschen oder Gefühle zu kontrollieren – all das kommt auf. Das ist alles nicht angenehm, aber in Übergangszeiten *werden* sie sich zeigen. Wenn du dich also durch diese Zeiten des Wandels bewegst, sei achtsam mit dir selbst. Du stehst am Beginn von etwas Neuem«, sagten sie. »**Du lernst neue Wege des Seins kennen.**

Bei diesem Treffen in Europa wirst du weniger in den Yang-Modi arbeiten, an die du gewohnt bist. Ihr werdet nicht mehr so oft wie früher von Punkt *a* zu Punkt *b* gehen, sondern das Ganze und euren Platz darin erleben. Anstatt auf ein Ziel ›da draußen‹ zuzugehen, werdet ihr tiefer in euch selbst eintauchen.

Die Mutter der Mutter der Mutter deiner Mutter wusste, wie man das macht«, sagten die Großmütter. »**Deine Vorfahren von vor langer Zeit bezogen das ganze Leben mit ein. Sie kannten die Kraft des weiblichen Prinzips, und weil du ihre Erbinformation in dir trägst, ist diese Weisheit, diese Art zu sein, auch in dir. Rufe sie an. Wecke es auf. Bitte deine Vorfahren herein.**

Und rufe uns, die Großmütter, an.« Sie lächelten verschwörerisch. »**Zusammen mit uns zwölf sind wir dreizehn. Du bist die dreizehnte**«, lachten sie. »**Nimm deinen Platz bei uns ein. Du bist nicht vom Göttlichen**

getrennt. Immer und immer wieder wirst du deinen Platz im Kreis mit uns einnehmen. Sowohl Männer als auch Frauen werden es tun.

Setze dich zu uns. Setze dich hin und vermittle unsere Lehren, und so du das tust, werden sich alle Gefühle von Trennung, alle Gedanken von ›sie gegen mich‹, ›ich bin allein‹ und ›niemand versteht mich‹ in Nichts auflösen. Unsere Lehren werden dich schützen und leiten, wenn diese Arbeit beginnt, in dir zu leben. Wir versprechen dir, dass, sobald du einen Blick auf das großherzige Wesen wirfst, das du bist, du deine alten auf Yang beruhenden Wahrnehmungen nicht mehr vermissen wirst. Dann wirst du frei sein, jeden Tag in der Einen Liebe zu leben.«

»Mit der Welt ist alles in Ordnung.«

Wieder einmal habe ich »nur nachgesehen«, was in der Zeitung stand, und bin in das Drama auf den Seiten hineingeraten. Es war der tägliche Brei aus Katastrophen, Korruption, Gewalt – das Übliche, und obwohl ich dachte, dass ich beim Lesen ruhig und gefasst geblieben wäre, reichten die Geschichten, die meine Aufmerksamkeit erregten, am Ende, um meinen Gleichmut zu stören.

»Meine geliebten Lehrerinnen«, sagte ich, als ich vor die Großmütter trat, »die Welt scheint von Gier und Falschheit erfüllt zu sein. Wenn die Regierungen nicht korrupt sind, sind sie unfähig, und wenn sie sich gegenseitig die Taschen vollstopfen, wird der Planet verwüstet. Ich spreche seit Jahren mit euch darüber, und ihr sagt immer, dass der Kampf gegen Dinge, die falsch zu sein scheinen, ein endloser Prozess ist, der die Erde nicht wieder ins Gleichgewicht bringen wird. Da stimme ich euch zu«, seufzte ich entnervt, »und doch möchte ich nicht einfach aufgeben. Hier ist also wieder die gleiche Frage:

Wie kann ich oder können wir bei all dem, was jetzt vor sich geht, das Licht ruhig halten? Wie können wir das tun, ohne wütend zu werden oder uns überwältigt zu fühlen? Bitte antwortet auf eine andere Art«, bat ich. »Sagt es diesmal so, dass ich es *annehmen* kann. Bitte sagt mir die Wahrheit. Ich bin bereit, zu hören.«

»**Mit der Welt ist alles in Ordnung**«, antworteten sie und beäugten mich freundlich, und als ich das hörte, war ich nicht mehr mutlos, sondern wütend. »Es ist alles in Ordnung mit der Welt!« rief ich, aber die Großmütter und der Heilige Mann betrachteten mich weiter mit demselben wohlwollenden Blick, so dass ich mich etwas beruhigte. Ich begann sogar, meine Wut in Frage zu stellen. Schließlich sagte ich: »Vielleicht steckt mehr dahinter, als ich ahne.«

»**Sieh, worauf es ankommt**«, sangen sie im Chor. »**Es kommt darauf an, wer du in *diesem Moment* bist. Das Leben existiert in *diesem* Moment und nirgendwo sonst. Die Liebe ist hier in *diesem* Moment. Die Schönheit ist hier. Es kommt darauf an, wie vollständig du annimmst, was vor dir liegt.**« Mit geneigtem Kopf sahen sie mich direkt an und fragten: »**Sind diese Ideen, die dir so am Herzen liegen, und sind die verschiedenen Regierungs-, Wirtschafts-, Religions- und Sozialsysteme deiner Zeit wirklich von Bedeutung? Sind sie real? Sind sie von Dauer?**« fragten sie, und ich spürte, wie sich mein Verstand zu drehen begann. »**Sind sie in *diesem Augenblick* wirklich *von Bedeutung*, oder sind sie nur in deinem Kopf *von Bedeutung*?**«

Ich starrte sie an… verblüfft. Ich hatte nie darüber nachgedacht, nie diese (für mich) elementaren Wahrheiten in Frage gestellt. »Was, wenn sie doch nicht so elementar sind?« fragte ich mich, und als ich diese Frage stellte, sah ich die Großmütter lächeln.

»**Diejenigen, die versuchen, die Welt mit unlauteren Mitteln zu kontrollieren, wissen nicht, wie sie in *diesem* Moment leben sollen**«, erklärten sie. »**Solche Menschen werden von Angst getrieben – Angst vor Mangel, Angst davor, in der Welt nicht ›besonders‹ zu sein – deshalb horten, betrügen und stehlen sie. Sie haben Angst**«, sagten sie und hoben ihre Hände, als wollten sie sagen: *Nun… was erwartest du von solchen Menschen?* »**Und wenn du deine Energie darauf verwendest, gegen diese Menschen anzugehen, dein Schicksal zu beklagen, deine Hände zu wringen angesichts der ›Übel‹ der Welt, dann wirst auch du von der Angst getrieben.**«

Die Großmütter schüttelten den Kopf und sahen mich weiter mit ernster Miene an. »**Bleibe in *diesem* Augenblick und verlasse ihn nicht. Bleibe jetzt hier**«, sagten sie und zeigten mit Nachdruck auf das ›Hier‹ und das ›Jetzt‹, um das ›Hier‹ und das ›Jetzt‹ zu betonen. »**Wir sind bei dir. Wir sitzen in *diesem* Augenblick bei dir. Du bist nicht allein, und wir sagen dir, dass es in *diesem* Augenblick keine Angst gibt.**

Es gibt *hier* nichts Schlechtes, und es gibt auch *jetzt* nichts Schlechtes. *Schlecht* ist im Kopf, also verschwende keine Zeit damit, dich selbst oder andere zu verurteilen, zu bewerten und zu beurteilen, was du nicht verstehst. Renne nicht und mach dir keine Sorgen, sondern bleibe *jetzt* sitzen und bleibe *hier*. Bleibe bei uns. Halte dich aus dem Sog heraus, der überall wütet und wirbelt. Das Wirbeln und Wüten«, sagten sie und zuckten mit den Achseln, »**das ist, was Sog und Strudel tun.**« Mit einem Lächeln schüttelten sie fröhlich den Kopf und fügten hinzu: »**Aber das brauchst du nicht.**

Bleibe bei uns und richte deine Augen auf das, was vor dir liegt. Ist es nicht das Leben, das vor dir liegt? Ist es nicht die Schönheit, die vor dir liegt? Liegt nicht die Liebe vor dir? Warum willst du das verlassen?« fragten sie und spotteten des Grauens auf ihren Gesichtern. »**Willst du diesen *jetzigen Moment* wirklich verlassen, um im neuesten Strudel der Welt zu wüten und zu wirbeln? Ist das wirklich *so* faszinierend?**

Bleibe in *diesem Augenblick* bei uns«, sagten die Großmütter, »**und bewege dich von der Realität *dieses* Augenblicks aus vorwärts. Lasse aus *diesem Moment* das Vorwärts entstehen. Wenn du mit deinem Handeln wartest und dich führen lässt, wird dein Handeln gesegnet. Dein Handeln wird gesegnet sein.**« Dann, als sie mir einen Blick unendlicher Geduld zuwarfen, sagten sie: »**Gott, die Gottheit, die Eine Liebe bleibt immer in *diesem Augenblick*. Bleibe mit ihr.**«

»Ja, Großmütter«, stimmte ich zu, und als sie ihre Arme um mich legten, sagte ich: »Das werde ich. Ich werde in diesem Moment bleiben. Und ich werde es genug sein lassen.«

»Ihr seid das Licht im Netz!«

Über die Jahre hatte ich immer wieder gehört, dass das Jahr 2012 eine Zeit großer Veränderungen sein würde, aber da wir nun zu drei Vierteln durch dieses geschichtsträchtige Jahr gegangen waren und ich noch nichts Monumentales erlebt hatte, fragte ich mich allmählich... Die Dinge schienen so ziemlich »wie immer« zu verlaufen. Die Reichen wurden immer reicher, während die Armen immer mehr in Armut versanken, und soweit ich es beurteilen konnte, gab es nirgendwo auf der Welt einen Mangel an Lügen und Betrügereien.

»Großmütter«, sagte ich, als ich vor ihnen stand, »ich verstehe das nicht. Vielleicht bin ich nicht sensibel genug, aber ich sehe nicht die großen Veränderungen, die die Menschen für diese Zeit vorhergesagt haben. Wir sollen in eine neue Ära eintreten, aber ich sehe sie nicht. – Ach, lasst uns die Vorhersagen vergessen«, sagte ich schließlich, als mir klar wurde, wie satt ich all diese »Geschichten« und mich selbst hatte, weil ich ihnen Aufmerksamkeit schenkte. »Gibt es etwas, das wir wissen sollten, Großmütter? Ich meine, zu dieser besonderen Zeit?«

»**Wenn dieses Jahr zu Ende geht, gehen auch viele der alten Wege zu Ende, die die Menschheit so lange in Atem gehalten haben. Niemand ist für diese alten Wege verantwortlich**«, sagten sie, und ich schaute sie bestürzt an. Was meinten sie damit, dass niemand verantwortlich sei? Ich hatte meine Liste. Es gab viele Menschen, denen ich die Schuld für die Probleme in der Welt geben wollte. Ich hatte eigentlich erwartet, dass die Großmütter meine Liste bestätigen würden, und als mir dieser Gedanke durch den Kopf ging, warfen sie ihre Köpfe zurück und brüllten vor Lachen.

»**So wie niemand für den Schmerz der Vergangenheit verantwortlich ist, so ist auch niemand für den Wandel, der jetzt stattfindet, verantwortlich.**« Ich starrte sie an, unfähig zu antworten. »**Es ist Zeit**«, sagten sie und warfen mir einen wachen Blick zu. »**Einfach gesagt... es ist Zeit.**

Immer wenn die Menschheit der Kontraktion überdrüssig wird, wenn sie der ständigen Einflößung von Angst und Furcht überdrüssig wird und sich entscheidet, dass sie bereit ist, mit offenem Herzen zu leben,

ganz gleich, was passiert«, sagten sie, »**dann öffnet sich das Herz der Menschen. Das ändert *alles*, und die Herzen öffnen sich jetzt. Auch wenn du überall um dich herum das Todesröcheln der alten Wege hörst – die Krämpfe des Königs Gier, das Schreien und Stöhnen derer, die Systeme errichten, um Menschen als ›Dinge‹ zu ihrem persönlichen Vorteil zu benutzen, kannst du sicher sein, dass ein neuer Wind zu wehen begonnen hat. Er wird Kontraktion, Kontrolle und Gemeinheit jeder Art hinwegwehen. Glaube daran**«, sagten sie und wiegten sich hin und her.

»Äh … äh … äh, Großmütter«, warf ich ein, »was sollen wir eurer Meinung nach jetzt tun? Wie können wir helfen, diese Veränderung, von der ihr sprecht, herbeizuführen?«

Sie lächelten mit einem wissenden Lächeln, schüttelten den Kopf und sagten: »**Ihr braucht nichts zu tun. Nichts als Liebe**«, ergänzten sie. »**Nutzt jede Gelegenheit zu lieben. Seid das wandelnde Gebet, von dem wir dir gesagt haben, dass ihr es seid. In Liebe zu leben ist eure wahre Natur, also lebt eure Natur. Seid, die ihr seid, und genießt es, am Leben zu sein. Haltet euch am Lichtnetz und seht, wie das Lichtnetz euch hält. Ihr seid kostbar für das Licht, deshalb wird das Netz aus Licht euch natürlich in jedem Augenblick unterstützen. Ihr seid das Licht im Netz!**« riefen sie aus. »**Bewahrt also euer Geburtsrecht. Es ist Zeit.**«

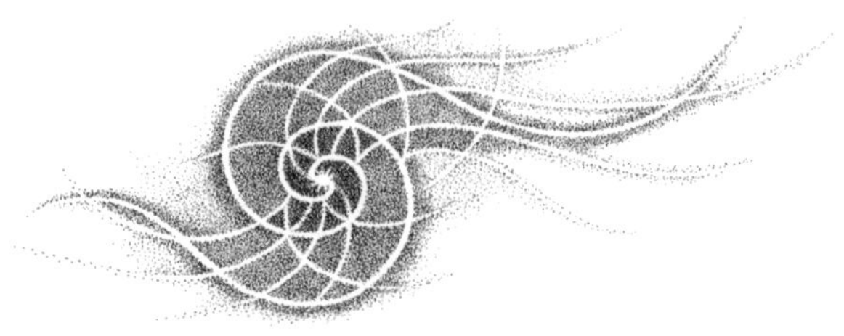

KAPITEL 11

Liebe ist die einzig wahre Sache

»Wir halten dich im Netz aus Licht, das uns alle für immer hält.«

Gegen Ende November reisten Roger und ich zu einem Großmüttertreffen in Australien. Auf dem letzten europäischen Treffen arbeiteten wir intensiv mit den Vorfahren, vertieften unsere Verbindung zu den Großmüttern, vertieften unser Verständnis der Arbeit und vor allem vertieften wir uns selbst. Am Tag bevor das australische Treffen beginnen sollte, ging ich zu den Großmüttern und fragte sie, ob es etwas Besonderes gäbe, das wir über *dieses* Treffen wissen sollten. »Was«, fragte ich, »ist der Zweck dieses Treffens?«

Kaum hatte ich ausgesprochen, wurde ich mir einer großen Gruppe von Aborigines gewahr, die an mir vorbeiliefen. Sie trugen Werkzeuge und Utensilien, und als sie vorbeikamen, sah ich ihre glänzende bronzene Haut. Das waren die Ureinwohner dieses Kontinents.

»Wir gehen jetzt«, sagten sie, und ich schaute sie überrascht an, »aber bevor wir gehen, möchten wir dir unseren Segen geben. Alles ist vergeben«, sagten sie, und ich fragte mich, was sie damit meinten. »Du bist nicht schuld an dem, was zwischen unseren Völkern geschehen ist«, erklärten sie, und ich holte tief Luft, aber was sie dann sagten, erschütterte mich wirklich.

»Wir vergehen als Volk. Unser Leben, so wie es war, ist jetzt vorbei, also werden wir zu einem anderen Leben woanders weiterziehen. Unsere Nachkommen werden hier weiterleben, auch wenn sie anders leben werden als wir.« Dann standen sie still, schauten mich aufmerksam an und sagten: »Irgendwann wird es auch dir so ergehen.« Ich schaute sie aufmerksam an und merkte, dass ich mir die Hand vor den Mund gehalten hatte. Er war aufgegangen. »Der Wandteppich webt sich selbst«, sagten sie, »und wir sind nur Fäden darin. Wir sind nicht die Weber, und doch leben und lieben wir, und die Schönheit unseres besonderen Fadens glänzt in dem Gobelin. Es gibt keine Schuld, noch gibt es Ruhm oder Schande in allem, was im Leben geschieht. Wir sind einfache Fäden«, sagten sie und sahen mich unbekümmert an. »Du und wir. Wir sind Fäden, und unsere Fäden segnen die deinen, also gebe dir nicht die Schuld für die Dinge, die deine Rasse der unseren angetan hat, oder für das, was du persönlich getan hast. Vergib dir, so wie wir dir vergeben.

Bald werden wir in die Traumzeit verschwinden«, sagten sie, und als ich das hörte, schnappte ich nach Luft. »Bitte segne auch uns.« Ich nickte ihnen ein wortloses »Ja« zu. »Sowohl in der Traumzeit als auch in dieser sogenannten ›Zeit‹ werden wir dich weiter im Herzen der Einen Liebe halten. Wir werden dich im Netz aus Licht halten, das uns alle für immer hält.« Und als sie das sagten, wandten sie sich um und gingen davon.

Mir liefen die Tränen über das Gesicht, als ich sie gehen sah, und obwohl mir die volle Bedeutung ihrer Botschaft nach wie vor nicht klar war, verstand ich schon genug. Diese großartige Rasse von Menschen verwandelte sich nun in etwas anderes und würde an einem anderen Ort in anderer Form wieder erscheinen. Und ihnen zufolge war dies kein einmaliges Ereignis, sondern würde eigentlich auch anderen Gruppen, vielleicht allen Kulturen und Rassen auf der Erde passieren. Was sie zu vermitteln versuchten, war gewaltig, aber ihre Botschaft war mehr, als ich fassen konnte. Alles, was ich fühlte, war mein ach so schweres Herz. Ich schüttelte den Kopf, um meine Gedanken zu klären, und als ich meine Hände über mein wehes Herz legte, verbeugte ich mich tief vor diesen Menschen, als sie hinter dem Horizont verschwanden.

Ich habe nie erfahren, warum die Großmütter mir diese Erfahrung geschenkt haben, aber die Kommunikation mit den Menschen dieses alten Volkes hat mich sehr bewegt, und als in der ersten Nacht des Treffens in den Bergen oberhalb von Brisbane eine Aborigine-Frau anbot, uns zu beräuchern und zu segnen, fühlte ich mich sehr geehrt.

Diese Frau entsprach nicht meiner Vorstellung von einer Aborigine. Wie viele Bewohner Amerikas war auch sie ein Halbblut, aber ihre Hingabe, sich mit dem Land zu verbinden, war sehr stark. Sie lernte soviel sie nur konnte über die Traditionen ihres Volkes und übernahm die alten Bräuche.

Ich fühlte eine Mischung aus Dankbarkeit und Trauer, als sie und ihre Freundin ein Feuer entzündeten und uns, Stöcke aneinanderschlagend, in Rauch hüllten. Es war Dankbarkeit für das Geschenk, das sie uns machten, und Trauer über die Vergänglichkeit dieses Lebens, von dem wir alle ein Teil waren. Jetzt, da sie zu ihrem Erbe erwachte, verließ ihr »Volk« diesen Teil der Welt.

Die Zeremonie, die die beiden Frauen für uns abhielten, war ein großes und aufrichtiges Geschenk, und die Reinheit ihrer Absicht, uns und zugleich ihre Sippe oder ihren Stamm zu ehren, war zutiefst berührend. Sie hatten beschlossen, all das Gute, das sie aus dieser schnell dahinschwindenden Kultur noch mitnehmen konnten, weiterzuführen, und ihre Sehnsucht, sich mit diesen Menschen zu verbinden, war greifbar. In meinem Herzen verbeugte ich mich auch vor ihnen.

Die »Großmütterversammlung« in Australien zog Menschen vorwiegend europäischer Abstammung sowie einige Aborigine-Frauen an. Gemeinsam riefen wir die Vorfahren unserer Blutlinien und des Landes an und baten darum, dass im ganzen Land Frieden und Vergebung herrsche. Wir tanzten und sangen auch, gaben die Ermächtigung der Großmütter weiter und hatten eine wunderbare Zeit miteinander. Als unsere gemeinsame Zeit endlich zu Ende ging und die australischen Frauen zusammenstanden und ein Segnungslied der Maori sangen, um Roger und mich auf unseren Weg nach Neuseeland zu bringen, blieb kein Auge trocken.

Unsere Neuseeland-Erfahrung begann in Wellington, das auf der Südspitze der Nordinsel liegt. Von dort fuhren wir in den Norden zu einem alten Bauernhaus, wo Menschen aus Europa, Amerika und Australien warteten, was das Treffen in Neuseeland zu einem weiteren internationalen Ereignis machte. Makere, eine Maori-Älteste, die von der Südinsel angereist war, führte die Eröffnungszeremonie für uns durch, und dann teilten wir die Botschaft der Großmütter und gaben ihre Ermächtigung weiter.

Der Maori-Älteste teilte mit uns die Lehren der Waitaha, eines seefahrenden Volkes, das sich lange vor der Ankunft der Maori in Neuseeland niedergelassen hatte. Sie war eine von fünf Menschen, die einige Jahre zuvor von den Vorfahren der Waitaha zusammengerufen worden waren. Diese Fünfergruppe war gemeinsam über die ganze Südinsel gereist und reaktivierte unter der Führung der Vorfahren heilige Stätten auf der Insel. Ihre Gruppe hatte geholfen, die uralten Friedenspfade im gesamten Südpazifik und auch in anderen Teilen der Welt wieder zu öffnen.

Sie war von den Lehren der Waitaha durchdrungen und teilte diese Überlieferungen gerne mit uns. Diese wundervolle Frau und die Weisheit, die sie in sich trug, wurden zu einem wesentlichen Teil der Arbeit mit den Großmüttern auf dieser Versammlung, und es stellte sich heraus, dass die Botschaften der Waitaha und der Großmütter gut zusammenpassten. Im darauffolgenden Jahr kam Makere zu uns nach Kalifornien und gab diese Lehren auch an ihre dortigen Großmütterschwestern und -brüder weiter.

»Lasst Mut in euch aufsteigen. Nichts kann euch abhalten.«

Als wir wieder zu Hause waren und ich an die Versammlungen zurückdachte, die in den Niederlanden, in Australien und Neuseeland stattgefunden hatten, stiegen Fragen in mir auf. Ich war bei jedem dieser Treffen tief bewegt gewesen, aber jetzt war ich neugierig zu erfahren, was bei diesen Treffen tatsächlich stattgefunden hatte. Wir hatten eine gute Zeit miteinander verbracht, die Herzen der Menschen schienen sich zu öffnen, aber hatten wir wirklich dauerhaft Gutes getan? Ich hatte meine eigenen

Eindrücke vom Wert dieser Veranstaltungen, aber ich wollte wissen, was die Großmütter dazu zu sagen hatten.

Ich rief die Großmütter an, trat in ihren Kreis, und kaum dass ich meine Frage stellte, antworteten sie: »**Ein großes Erwachen fand statt. Ein Erwachen zur Macht und ein Erwachen zu der Familie, die ihr zusammen bildet. Keine von euch wird je wieder allein sein**«, sagten sie, »**und die Menschen, die zu diesen Versammlungen kamen, wissen das. Wenn ihr unseren Lehren folgt, arbeitet ihr zusammen, und gemeinsam werdet ihr in die Macht kommen. Ihr habt jetzt eine Familie gegründet, eine Gemeinschaft. Und innerhalb dieser Gemeinschaft vervielfacht sich die Kraft aller.**

Das Netz aus Licht wird jeden von euch ganz und gar unterstützen«, versprachen sie. »**Es wird alles unterstützen, was ihr tut. Aufgrund der Arbeit, die ihr bereits geleistet habt, ist das Netz an diesem Punkt in der Lage, die Erde in einer Weise zu unterstützen, wie es seit Tausenden von Jahren nicht möglich war. Durch eure Zusammenarbeit hast du eine große Rolle bei dieser Reaktivierung des Lichtnetzes gespielt.**« Glücklich lächelnd sagten sie: »**Das Netz aus Licht liebt euch.**«

Dann schauten sie mich von oben bis unten an und sagten: »**Lasst Mut in euch aufsteigen. Nichts kann euch abhalten. Der Griff der Angst wird jetzt schwächer, so dass jede von euch in ihrer ganzen Schönheit-gleich-Macht hervortreten kann. Jetzt!**« betonten sie. »**Genießt diese Zeit**«, sagten die Großmütter und breiteten ihre Arme aus, damit ich verstand: Sie meinten nicht nur mich, sondern alle. »**Ihr habt es verdient. Wir halten euch und segnen euch**«, und mit erhobener Hand sagten sie: »**Bleibt auf Kurs.**«

»Du bist dabei, mehr zu werden, als du je warst.«

Nicht lange nach diesem Besuch bekam ich viele Mails, in denen Katastrophen vorausgesagt wurden – jede Menge. Das Ende des Jahres 2012 rückte schnell näher, und mit ihm kam die Angst vor den Veränderungen, die für diese Zeit vorhergesagt worden waren. Nach unserer Rückkehr aus Neuseeland warteten so viele dieser Nachrichten auf mich, dass ich genug davon hatte. »Diese Botschaften sind weder aufbauend, noch geben sie mir irgendwelche nützlichen Ratschläge«, murmelte ich. »Sie machen nur Angst.«

Ich hatte genug von Vorhersagen, beschloss aber, dass ich nichts gegen einen kleinen praktischen Rat hätte. Also würde ich zu den Großmüttern gehen, ihnen diese Warnungen vor die Füße legen und sie stattdessen um etwas Hilfreiches bitten. »Großmütter«, sagte ich, als ich zu ihnen kam, »wir könnten jetzt etwas Nützliches und Aufmunterndes gebrauchen. Die Menschen misstrauen dieser Zeit, in der wir leben. Wenn ihr also eine hilfreiche Botschaft für uns habt, würdet ihr sie uns bitte weitergeben?«

Die Großmütter sagten erst einmal nichts, sondern sahen mich nur unbeeindruckt an. Dann zeigten sie auf den Blumenstrauß, den ich früher am Tag im Garten gepflückt hatte. Er verzweigte sich anmutig in alle Richtungen, und mit den gelben Astern wirkte er herbstlich. Ich verstand nicht, warum die Großmütter ihn mir jetzt zeigten, vermutete aber, dass das etwas mit meiner Frage zu tun haben musste.

»**Es liegt viel zu viel Besorgnis in der Luft**«, sagten sie. »**Zu viel nagende Unruhe. Hört auf!**« befahlen sie. »**Wenn ihr euch Sorgen um die Zukunft macht, hört sofort damit auf und denkt stattdessen an uns. Seht uns an!**« riefen sie und brachen in fröhliches Gelächter aus. Sie breiteten ihre Röcke weit und schwangen sie fröhlich von einer Seite zur anderen. »**Wir sind glücklich, wir sind immer glücklich. Wir sind glücklich, weil wir in Liebe leben. Wir leben in einem ständigen Zustand der Liebe**«, glucksten sie, »**und *wenn ihr bei klarem Verstand seid*, tut ihr das auch!**

Es ist das Ego. Dieser alte Haufen Elend«, sagten sie, ihre Nasen vor Ekel gerümpft. »**Es ist das Ego, das seine Zeit mit Sorgen verbringt. ›Was habe ich falsch gemacht?‹ stöhnt es. ›Was wird aus mir werden? Was stimmt mit der Welt nicht? Ich muss die Kontrolle übernehmen!‹**« Sie waren in ihrem Schauspiel aufgegangen, und als sie weitermachten, beugten sie sich vor, schlugen einander auf den Rücken und konnten sich vor Lachen kaum halten.

Als sie sich schließlich aufrichteten und wieder aufrecht standen, konnte ich sehen, dass sie sich sehr anstrengen mussten, ernst zu bleiben.

»Wir versichern euch, dass mit euch und der Welt alles *in Ordnung* ist«, sagten sie. »Ganz gleich, wie euch die Dinge erscheinen, es ist *alles in Ordnung.* Wir haben dir heute diese Blumen gezeigt, denn sie sind glücklich, sie selbst zu sein. Sie sind schön, sie duften und sie sind anmutig. Diese Blumen *wissen,* dass mit ihnen alles in Ordnung ist, und sie *wissen, dass* mit dem Garten alles in Ordnung ist. Sie blühen, weil es das ist, was sie tun. Es liegt in ihrer Natur, schön, duftend und anmutig zu sein«, sagten sie, »und das sind sie auch. Es liegt in ihrer Natur, zu blühen.

Und das liegt auch in deiner Natur, aber manchmal verlierst du dich in den Höhen und Tiefen der Welt. Und wenn du das tust, vergisst du, dass auch du blühst. Genau in diesem Moment«, sagten sie und warfen mir einen bedeutungsvollen Blick zu, »bist du dabei, mehr zu werden, als du es *je* warst. *Das*«, erklärten sie, »ist Blühen!«

Sie öffneten mir die Arme und sagten: »Wende deine Gedanken und Herzen uns zu, und lass uns dir Liebe einflößen. Wir werden dich mit Liebe erfüllen. Die Kraft der Liebe umgibt und umhüllt alles, was sie berührt, so lass sie dich jetzt berühren. Lass dich mittragen vom Strom der Liebe. Ein Strom der Liebe steigt jetzt auf, und wenn er emporsteigt, wird er alles mit anheben. Schließe dich seinem Fluss an. Lass die Liebe herein. Wir lieben dich genau so, wie du bist«, sagten sie, »deshalb werden wir dich gerne bis zum Äußersten anfüllen. Rufe uns einfach an.

Lasse all die Dinge los, an die du dich geklammert hast – lasse deine Ängste und Befürchtungen los. Lasse sie los. Wir werden dich jeden Tag und jede Nacht in Liebe halten. Es ist wahr: Liebe ist alles, was es gibt«, erklärten sie. »Liebe ist die einzige Realität.

Die ›Schrecken‹, die du siehst, von denen du hörst und über die du liest, sind nicht von Dauer. Sie sind nur Treibgut, Strandgut, das der Fluss der Liebe fortspülen wird. Er wird das alles wegspülen«, wiederholten sie und nickten dabei. »Liebe ist das einzig Wahre, das einzig Dauerhafte.«

Dann hoben sie ihre Köpfe und schauten mich über die Nasenspitzen an. »Kannst du dich mit der Liebe zufriedengeben?« fragten sie, und ich schaute sie überrascht an. »Kannst du auf die täglichen Dramen des Lebens verzichten? Kannst du damit zufrieden sein, einfach nur zu lieben

und geliebt zu werden? Es ist wirklich einfach. Liebe macht dich nicht reich, und Liebe macht dich nicht berühmt. Nein«, sie schüttelten den Kopf, »**das tut sie nicht. Stattdessen wird sie dich glücklich machen.**«

»Ihr seid darauf geeicht, in Angst zu leben.«

Die Großmütter hatten meine Frage beantwortet – mehr als nur beantwortet. Ich spürte den Widerhall der Wahrheit, als sie von der unbesiegbaren, tragenden Kraft der Liebe sprachen. Ihre Botschaft hallte bis in die Zellen meines Körpers. Deshalb überraschte es mich, als eine Woche nach dieser Botschaft und ohne ersichtlichen Grund meine Energie und mein Selbstvertrauen zu schwinden begannen, abfielen und immer weiter abfielen. Plötzlich stellte ich alles in Frage. War das, was ich mit den Großmüttern tat, all die Mühe wert? Hatte diese Arbeit wirklich etwas gebracht? Hatte ich wirklich vor, Jahr um Jahr so weiterzumachen?

Ich hatte diese Energieeinbrüche schon früher erlebt. Ich glitt dahin, freute mich meines Lebens, war voller Dankbarkeit und Zuversicht, als plötzlich – *rumms*: Der Boden war mir unter den Füßen weggezogen worden. Wann immer diese seltsame Niedergeschlagenheit aufgetaucht war, wussten die Großmütter Rat, und sobald mir bewusstwurde, was los war, ging ich zu ihnen.

»Großmütter«, sagte ich, »ich fühle mich niedergeschlagen. Es kam ganz plötzlich, und wieder ertappe ich mich bei der Frage, ob ich mit dieser Arbeit, die ihr mir gegeben habt, weitermachen soll. Es tut mir leid, dass ich schon wieder darauf zu sprechen komme«, sagte ich. »Ich weiß nicht, warum ich mich so fühle, aber ich bin wirklich müde und mutlos. Bitte helft mir.«

»**Es ist eine mutlose Welt**«, sagten sie, und ich riss die Augen auf. »**Die Welt wird heute von Angst regiert. Das Bewusstsein der Masse, die deinen Planeten beherrscht, hat dir beigebracht, dass du sehr wenig tun kannst, um das Leben auf der Erde zu verbessern; dass der Einzelne nicht wichtig ist, dass ein Mensch allein nichts ausmacht.**

Du sollst das gar nicht erst in Erwägung ziehen, überhaupt nicht darüber nachdenken, sondern losgehen und ›etwas kaufen‹, um dich besser

zu fühlen. Dir wird gesagt, ›bloß nicht daran rütteln‹. Und...«, sie lächelten bedauernd, »**obendrein soll man Angst um sein eigenes Überleben haben. Angst, Angst, Angst**«, sangen sie. »**Immer und immer wieder werdet ihr gedrängt, Angst zu haben. Solche Lehren führen zu Mutlosigkeit, und es ist ein Wunder, dass ihr noch nicht alle aufgegeben habt. Schließlich seid ihr darauf geeicht, in Angst zu leben.**« Ich starrte sie fassungslos an und konnte an ihrem Gesichtsausdruck erkennen, dass die Großmütter jetzt in Fahrt waren.

»**Du fühlst heute einen Energieverlust, weil du dich in der Geschäftigkeit der Welt verfangen hast**«, sagten sie und zeigten auf mich, »**und sobald das geschah, hast du begonnen, nach außen zu schauen und dort nach Orientierung zu suchen. Du hast vorübergehend deinen Orientierungssinn verloren, und als das passierte, suchtest du außerhalb von dir nach Unterstützung. Aber die gibt es dort nicht**«, sagten sie. »**Die Welt, in der du lebst, kann dich nicht leiten. Sie hat ihren Weg verloren. Verliere deinen nicht!**« Sie warfen mir einen schnellen Blick zu. »Nein, Großmütter«, sagte ich mit großen Augen, »das ist das Letzte, was ich will.«

»**Du musst beherzt sein. Wann immer dich Verwirrung überwältigt und du dich fragst, was du tun sollst, weißt du, dass du dich im Nebel der Verzweiflung verfangen hast, der über der Erde hängt. Ergib dich nicht seiner grauen Hoffnungslosigkeit. Wenn du dich von der Welt leiten lässt, wirst du immer müder werden. Irgendwann wirst du einer Unbewusstheit anheimfallen, und wenn das geschieht, wirst du nicht mehr wirklich leben, sondern nur noch vom Leben gelebt werden.**« Sie hatten jetzt meine volle Aufmerksamkeit, und ich hing an ihren Lippen.

»**Das Gegenmittel gegen diesen Zustand der Verwirrung ist der Ruf an uns oder an irgendeine Form des Göttlichen. Komm zu uns**«, sagten sie. »**Komm jeden Tag für eine Weile. Wir werden dich ermutigen und führen.**

Blicke *nicht* auf die Welt, um dich leiten zu lassen«, wiederholten sie. »**Die Welt ist verloren. Und... falls du das vergisst und außerhalb deiner selbst nach Weisung suchst, wirst auch du verlorengehen. Der Nebel, der über der Erde hängt, wirkt wie eine Droge und führt zum Verlust der Orientierung, des Sinns und der Hoffnung. Nur wenige sind sich dieses**

Nebels bewusst, und so viele Menschen leben tatsächlich ihr Leben in seinem Taumel.

Schau auf uns oder auf irgendeine Form des Göttlichen«, sagten die Großmütter erneut. »**Komm zu uns, rufe uns an. Es gibt viel zu tun – wichtige Arbeit, aber du musst wach sein, um sie zu tun. Ruf uns, und wir werden dich führen.**«

Sie umringten mich, verschränkten ihre Arme eng vor der Brust und sagten: »**Versuche in einer Zeit wie dieser nicht, auch nur einen Tag ohne Verbindung zum Göttlichen zu leben. Eine Wolke der Verwirrung liegt dicht über der Welt, und diese Wolke macht es dir schwer, die Wahrheit zu erkennen. In einer Zeit wie dieser brauchst du eine nährende Quelle, eine, die rein ist, und nicht eine, die versucht, dich zu kontrollieren. Rufe uns an**«, sagten die Großmütter, »**und denke daran, auch wenn du dich manchmal allein fühlest: Du bist *nicht* allein.**«

»Sitze den Sturm aus.«

Es vergingen mehrere Wochen, bis ich wieder zu ihnen ging, aber eines grauen und regnerischen Tages hatte ich das Gefühl, dass sie mir etwas zu sagen hatten – etwas, das jeder hören sollte. Also ging ich zu ihnen. »Großmütter«, sagte ich, »ich fühle etwas. Bei diesem Wechsel des Wetters habe ich das Gefühl ›tu es‹ , aber ich weiß nicht, was das ›es‹ ist. Habt ihr eine Botschaft für mich? Wenn ja, dann gebt sie mir bitte, und ich werde sie weiterleiten.«

»**Hör uns zu**«, sagten sie, »**die Zeit ist gekommen...**«, und als sie sprachen, bemerkte ich, dass heute der heilige Mann neben ihnen stand. »Ja, hör ihnen zu«, sagte er, und ich neigte meinen Kopf und schloss die Augen. Bald merkte ich, wie sehr ich mich konzentrierte, denn mein Kopf begann zu schmerzen. »Bitte macht mir eure Botschaft klar«, sagte ich zu den Großmüttern, »diesmal so klar, dass ich sie *wirklich* verstehe. Und bitte haltet meinen Geist ruhig.«

Sie lachten über die Bitte um einen ruhigen Geist und zogen mich zu sich. Dann machten sie eine Geste und zeigten auf etwas, das vor uns lag. Ich schaute angestrengt dorthin, wohin sie zeigten, und versuchte zu erkennen, was es war, aber alles, was ich ausmachen konnte, waren einige sich schnell bewegende Wolken in der Ferne und weit am Horizont die Sonne. »**Ja**«, nickten sie, sagten aber sonst nichts. »Das ist ziemlich vage«, murmelte ich, während ich weiter den Horizont absuchte.

Der Himmel begann nun, andere Farben anzunehmen. Die Wolken wurden orange, grau und weiß, und doch konnte ich durch ihre wogenden Formen immer noch Flecken eines strahlend blauen Himmels erahnen. »**Schau hin**«, sagten die Großmütter.

Nun begannen die Wolken sich zu schieben, sie schienen miteinander zu spielen, und dann hörte ich Donner und sah Blitze. Plötzlich kam mir die Vision von Black Elk in den Sinn, in der er Pferde in vielen Farben herangaloppieren sah, und dann erblickte ich ihn – Black Elk. Hier war der große Medizinmann der Sioux. »Zumindest glaube ich, dass er es ist«, sagte ich, während ich in die Ferne blinzelte.

»Die Zeit ist gekommen«, sagte er, und es waren dies genau die Worte der Großmütter. »**Die Zeit ist gekommen**«, stimmten er und die Großmütter an. »**Bleibe ruhig. Halte dich ruhig und bleibe bei dir.**« Dann überstürzten sich die Wolken, sie wogten und rasten über den Himmel. »Was für ein Sturm!« rief ich. »Was für ein Tosen!« Blitze erhellten den Himmel, krachten hernieder und blitzten dann überall zugleich. Dann hallten das Brausen des Windes, das Grollen des Donners und das Knistern der Blitze ringsum nach. »**Ein großes Gewitter**«, sagten die Großmütter, und ich dachte nur, wie gerne ich mich irgendwo im Trockenen verkriechen würde, wo ich das alles aussitzen konnte. Aber da war ich nun: mittendrin. »**Das ist *der Sturm***«, sagten die Großmütter. »**Man hat keine Kontrolle über einen Sturm wie diesen. Du musst warten und zuschauen. Warten und zuschauen**«, sagten sie. »Ja«, antwortete ich, meine Augen gen Himmel gerichtet.

»So einen Sturm habe ich noch nie erlebt«, sagte ich, »nicht einen so heftigen. Er ist beängstigend und ehrfurchtgebietend zugleich. So etwas geht weit über alles hinaus, was ich kenne.«

»**Ja**«, die Großmütter nahmen mich fest in ihren Blick. »**Der große Sturm ist im Anmarsch. Er wird Veränderung schaffen, und Verände-**

rung ist notwendig. Respektiere ihn«, sagten sie. **»Versuche nicht, dich bei solchen Kräften einzumischen. Du kannst nicht ändern, was geschehen muss.**

Halte dich an die Wahrheit. Halte am Lichtnetz fest und stärke es. Sei ein Licht für andere. Dieser Sturm muss kommen, aber vergiss nie, dass unter dem Brausen des Sturms, unter allem auf der Erde das leuchtende Lichtnetz liegt. Erinnere dich daran und bleibe still«, sagten sie. **»Bleibe im Netz aus Licht und sitze den Sturm aus.«**

»Der Moment des Gebens und der Moment des Empfangens sind ein und dasselbe.«

Wenige Tage danach weckten mich die Großmütter am frühen Morgen. Ich hatte sie gebeten, mir zu sagen, was ich von den Erfahrungen mit dem Sturm weitergeben sollte, aber ich hatte nicht erwartet, dass sie mich aus einem tiefen Schlaf reißen würden, um es mir zu sagen. »**Pass jetzt gut auf«**, sagten sie, »**und versende diese Botschaft.«** »Ja, Großmütter«, sagte ich, wach und schreibbereit.

»Denkt an das Lichtnetz, werft es aus und vergrößert seine Kraft«, sagten sie. »**Wenn ihr in dieser Zeit etwas bewirken wollt, gibt es nichts Größeres, was ihr vollbringen könnt. Das Lichtnetz reicht über die Erde hinaus, ist unter ihr und durchzieht sie. Es bedeckt und durchdringt alle Wassermassen, Landmassen und Wesen auf dem Planeten. Es hält die Welt.**

Es wird die Welt stabil halten, während sich die Energien auf eurem Planeten verschieben. Es wird die Erde stabil halten, während das, was nicht mehr nützlich ist, niedergeht und sich auflöst. Dies sind die Zeiten des Wandels, von denen wir gesprochen haben«, sagten sie. »**Diese Zeiten sind jetzt da, und ihr habt eine Rolle zu spielen. Lasst euch diese Gelegenheit nicht entgehen.**

Überall auf der Erde stehen eure Schwester und Brüder euch bei «, sagten sie. »**Viele arbeiten jetzt mit dem Netz aus Licht, und aufgrund der Liebe in ihren Herzen sind sie in der Lage, seine Kraft und Reichweite zu vergrößern. Schließt euch ihm an«**, riefen sie.

»Beginnt damit, euch das Lichtnetz wie ein großes Fischernetz vorzustellen, und geht dann und nehmt euren Platz darin ein. Irgendwo, wo zwei Stränge aufeinandertreffen, ist ein Ort, der sich für euch richtig anfühlt. Setzt euch dort hin und lasst euch vom Netz halten.

Es wird euch tragen und halten und euch mit Wohlgefühl erfüllen. Hier könnt ihr euch wirklich ausruhen, euch im Netz entspannen und dabei erleben, dass es euer eigenes Herz ist, das das Lichtnetz erleuchtet. Ganz gleich, welchen Schmerz ihr im Leben erfahren habt, euer Herz ist immer noch rein«, sagten die Großmütter. »In seinem Kern ist es Liebe; es ist Licht, und so ist es das Juwel des Herzens, welches das Netz erleuchtet. Lasst jetzt Licht aus eurem Herzen in das Netz aus Licht fließen.

Und das ist das Wunderbare«, riefen sie und warfen ihre Arme in die Luft. »In dem Moment, in dem ihr daran denkt, Licht aus eurem Herzen in das Netz aus Licht zu schicken, strömt eine große Lichtwelle aus dem Netz zurück in euer Herz. Der Moment des Gebens und der Moment des Empfangens sind derselbe Moment«, deklamierten sie. »Jedes Mal, wenn ihr an die Kraft des Lichtnetzes denkt und es auswerft und ausweitet, bekommt *ihr* mehr. So wirkt das Göttliche. Es gibt keinen Mangel im göttlichen Plan«, sagten sie und warfen mir freudige Blicke zu. »Alles ist Ausdehnung, Fülle und Erfüllung.

Wenn ihr an das Lichtnetz denkt und es haltet, werdet ihr feststellen, dass es überall hinreicht, insbesondere dorthin, wo Leid herrscht. Jedes Mal, wenn ihr an das Lichtnetz denkt, vergrößert ihr ganz automatisch seine Kraft. Denkt also daran und haltet es. Haltet, haltet, haltet«, sagten sie.

»Stärkt die Kraft des Netzes für all jene, die diese göttliche Verbindung brauchen. Tut es für die Familie der Menschheit – tut es für die Menschen überall – wo auch immer. Stärkt die Kraft des Lichtnetzes für die Führer dieser Welt und erinnert sie an ihren Platz im strahlenden Netz. Haltet das Netz aus Licht für alle, die das Göttliche suchen«, sagten sie. »Wir versprechen euch, dass das Lichtnetz jeden zu sich und seinem ihm zukommenden Weg zum Göttlichen zieht – dem Weg, der für ihn am besten ist. »Stärkt die Kraft des Lichtnetzes für das Tierreich«, sagten sie, »**und bittet darum, dass jedes Tier erhält, was es am meisten braucht. Tut dasselbe für das Pflanzenreich und für das Mineralreich. Werft die Kraft des Lichtnetzes aus und stärkt es für alles, was lebt. Bittet darum, dass alle Menschen auf allen Welten glücklich sind**«, lächelten sie und fügten hinzu: »**Und das schließt natürlich auch euch ein.**

Nehmt jetzt euren Platz im Lichtnetz ein«, wiesen sie uns an. »**Zögert nicht. Wenn ihr es tut, werdet ihr nicht nur die Erde segnen, sondern auch euch selbst mit Ausstrahlung erfüllen. Die Zeit ist gekommen**«, sagten die Großmütter und warfen mir einen entschlossenen Blick zu. »**Nehmt euren glanzvollen Platz ein.**«

Ich habe ihre Nachricht verschickt.

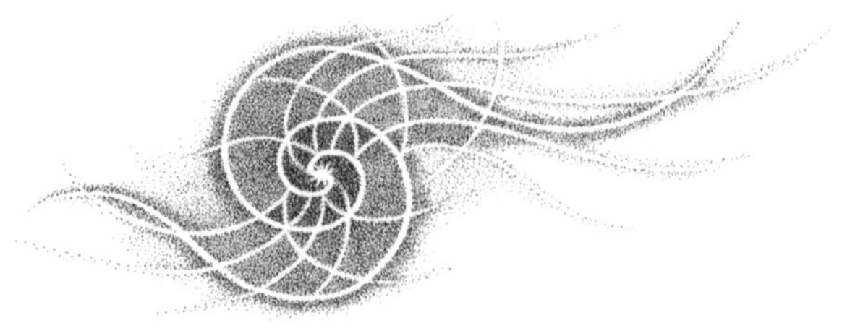

KAPITEL 12

Warum mit den Vorfahren arbeiten?

»Wenn du die Geister der Ahnen anrufst, lass sie in der vollen Kraft ihrer Jugend zu dir kommen.«

Als ich das nächste Mal zu den Großmüttern ging, hatte ich keine Frage im Sinn, sondern ich spürte nur, dass sie mich riefen. Kaum hatten sie mich begrüßt, sagten sie: »**Frage uns nach den Vorfahren.**« »Oh!«, antwortete ich und trat schnell in die Mitte ihres Kreises. »Bitte erzählt mir etwas über die Vorfahren«, ging ich darauf ein, und als die Großmütter aufstanden, sah ich, dass sie schmaltaillierte weite Röcke trugen. Es war viele Jahre her, dass sie sich mir so, als junge Frauen gezeigt hatten, und ich war erstaunt.

»Großmütter?« fragte ich ungläubig. »**Ja, wir sind es**«, lachten sie, und dann legten sie ihre Hände an die Hüften und schienen sich ein wenig hervorzutun, wobei sie sich immer im Kreis drehten. »**Wir zeigen dir hier dich selbst**«, sagten sie, während sie auf sich zeigten, »**und wir zeigen dir auch deine Vorfahren.**« Ich warf ihnen einen verwirrten Blick zu. Worüber in aller Welt sprachen sie?

»**Deine Vorfahren waren jung, als sie deine Abstammungslinie in die Welt brachten**«, sagten sie. »**Alle Vorfahren waren jung, als sie die Entscheidung trafen, die Energie weiterzugeben.**« Ich muss immer noch verwirrt ausgesehen haben, denn dann sagten sie: »**Kinder bekommen. Die Vorfahren waren jung, als sie diese Entscheidung trafen.**«

Ich versuchte, mir die Vorfahren jung vorzustellen, und als ich über ihre Worte nachdachte, begannen sich Hunderte von Vorfahren in den Raum um uns herum zu drängen, und genau wie die Großmütter gesagt hatten, waren sie alle jugendlich. »**Im Leben hat alles seine Zeit** «, erklärten sie, »**und die Zeit, ein Vorfahre zu werden, ist früh. Das ist der Zeitpunkt, an dem die Linie fortgesetzt wird. Deshalb stellen wir dir die Ahnenreihen in ihrer Jugendzeit vor.**«

Ich trat einen Schritt zurück, um einen besseren Blick auf diese jungen Vorfahren zu haben, und als ich das tat, bemerkte ich, dass ich anfing, mit ihnen mitzuschwingen. Ich begann, ihre Kraft in meinem eigenen Körper zu spüren. Von den Vorfahren ging eine vorwärtsdrängende Bewegung aus, und als die mich traf, verstand ich, dass es so war, als sie Kinder bekamen. Als sie die DNA weitergaben, bewegte sich ihre Energie so, drängte voraus in die Zukunft.

»**Wenn du die Geister der Ahnen anrufst**«, sagten die Großmütter, »**lass sie in der vollen Kraft ihrer Jugend zu dir kommen.**«

»Das ist so anders als die Art, wie ich bisher an die Vorfahren gedacht habe.« Ich schüttelte verwundert den Kopf. »Vorher hatte ich sie mir wie meine älteren Verwandten vorgestellt – im mittleren oder hohen Alter. Aber sie so zu sehen und zu fühlen!« Und da standen sie – aufrecht und selbstbewusst. Reihen und Reihen von Vorfahren hatten sich versammelt, und die Linien, die sie bildeten, reichten weit über den Horizont hinaus.

»**Das sind die Menschen, von denen du abstammst**«, sagten die Großmütter, »**das ist deine Linie. Es ist an der Zeit, dass du dir deinen Anteil an dieser Linie zu eigen machst, dass du dir deinen Anteil an diesem kontinuierlichen Fluss von Kraft, Vitalität, Jugend und Stärke zu eigen machst. Diese Kraft fließt jetzt in dir.**

Heutzutage halten sich viele Menschen auf der Erde mit ihrer Energie zurück. Sie ›kommen zurecht‹«, sagten sie und schüttelten enttäuscht den Kopf. »**Einige von ihnen funktionieren gerade noch so. Sie haben mit Depressionen und Hoffnungslosigkeit zu kämpfen, und so ist ihre**

Energie zwangsläufig schwach und begrenzt. Deine Vorfahren haben die Hoffnung nicht verloren«, sagten sie und sahen mir fest in die Augen, um sich zu vergewissern, dass ich verstand, worauf sie hinauswollten. »**Wenn sie die Hoffnung verloren hätten, hätten sie die Abstammungslinie nicht fortsetzen können. Du stammst von hoffnungsvollen, nach vorne schauenden Menschen ab. Fordere dein Erbe ein!**

Menschen, die krank sind und keine Kraft haben, können sich nicht fortpflanzen. Das«, sagten sie und zeigten auf die Ahnengeister, die bei uns standen, »**ist dein Erbe. Was auch immer du bisher von ihnen gedacht haben magst,** ***das*** **ist dein Erbe. Fordere es ein«**, sagten sie wieder. **»Ihre Stärke ist deine Stärke, ihre Standhaftigkeit dein Geburtsrecht«**, betonten sie. »**Du bist nicht bloß ein kleiner Zweig, den die erste Brise davonweht. Du bist eine beachtliche Kraft.**

Dreh dich jetzt um«, forderten sie mich auf, »**und verbeuge dich vor ihnen. Ehre deine Vorfahren – vor allem die Frauen deiner Linie. Verneige dich vor ihnen, eine nach der anderen, und nenne die, die du kennst beim Namen. ›In Dankbarkeit verneige ich mich vor dir, Marie‹«**, machten sie vor. »**›Ich verneige mich vor dir in Dankbarkeit, Rose. Ich verneige mich vor dir in Dankbarkeit, Carrie. Ich verneige mich vor dir in Dankbarkeit, Antoinette. Ich verneige mich vor jeder von euch.‹**

Deine Vorfahren mögen sich dir auf die Weise zeigen, wie du sie dir vorgestellt hast, oder sie mögen dir viel jünger erscheinen, aber wie auch immer sie sich zeigen, wisse, dass das, was du erlebst, deine Linie ist. Beachte, dass, wenn du dich vor ihnen verneigst, sie sich ihrerseits vor dir verneigen. Ihr erkennt einander an, und wenn ihr euch gegenseitig anerkennt, werdet ihr einander natürlich wertschätzen.«

Ich tat wie geheißen: Ich verneigte mich vor jeder Frau meiner Linie, beugte ihr meinen Kopf zu, und dabei fühlte ich unsere Verbindung. Dann verneigte ich mich auch vor den Männern meiner Linie. Diese Verbindung war echt! Und als der Kontakt zwischen uns immer stärker und stärker wurde, schwoll mir das Herz in meiner Brust. Das ging weit über alles hinaus, was ich mir je hätte vorstellen können. Ich hätte mir nie träumen lassen, dass eine solche Verbindung mit der Vergangenheit möglich wäre, und während ich noch dabei war, stieg Welle um Welle ein Gefühl in mir auf. Es dauerte nicht lange, bis Tränen mein Gesicht herabliefen.

»**Danke deinen Vorfahren für die Geschenke, die sie dir gemacht haben**«, sagten die Großmütter, »**für die Gaben, die über deine Blutlinie zu dir gekommen sind. Dass du in dieser Zeit am Leben bist, ist ein Geschenk. Alles, was du hast und dir innewohnt, ist ein Geschenk. Danke ihnen**«, sagten sie und nickten ihrerseits den Vorfahren zu.

»**Sei dir bewusst, dass sie dir ebenfalls danken – dir danken, dass du du selbst bist, dass du der Wahrheit dienst und dich entschieden hast, dieses Leben aus deinem Herzen heraus zu leben. Und sie danken dir dafür, dass du all dies in diesen so schwierigen Zeiten tust.**

Bitte sie, dich zu unterstützen, damit du noch standfester wirst«, sagten die Großmütter. »Ah…«, antwortete ich, und mir versagte die Stimme, als die Vorfahren näher an mich herantraten. »Sie umringen mich jetzt«, sagte ich. »Sie halten mich, segnen mich, und sie tun es auf die altmodische, klassische Art und Weise. Sie legen ihre Hände auf meinen Kopf und sagen: ›Ich gebe dir meinen Segen, meine Tochter.‹« Jetzt war ich ganz in Tränen aufgelöst.

Die Großmütter nickten und lächelten mir zu, nickten und lächelten uns zu. »**Lass von nun an die Vorfahren bei dir sein. Beziehe sie so gründlich in dein Leben ein, dass sie mit dir sind, wann immer du eine Zeremonie abhältst; und wann immer du Hilfe brauchst, werden sie da sein, um dir zu helfen. Sie werden es tun**«, sagten sie, »**sie sind *begierig* darauf, es zu tun.**

Es gibt auch Gaben verschiedener Kulturen, die in deiner Blutlinie liegen«, sagten sie dann, und ich schaute sie überrascht an. Worüber sprachen sie? »**Einige Menschen tragen die Gaben nur einer Kultur in sich, während andere die vieler in sich tragen. In diesen Verbindungen zu verschiedenen Völkern liegt Macht. Verneigen dich jetzt vor *dieser Macht***«, sagten sie, »**und wenn du das tust, wird die Kultur, das Volk, das du in dir trägst, dich erkennen.**«

Da begann ich, mich vor den Kulturen meiner Blutlinie zu verneigen, und als ich das tat, spürte ich, wie Wellen des Glücks in mir aufquollen.

Wärme und Güte schwollen an und überfluteten mich, als ich mich an meine polnischen Vorfahren erinnerte, und als ich mich vor ihnen und vor meiner kulturellen Verbindung mit Polen verneigte, fühlte ich, wie mir neue Kraft zuströmte.

»**Sieh, wie du dich fühlst, wenn die Vorfahren dich jetzt wiegen**«, sagten die Großmütter, »**erlebe, wie sie sich mit dir bewegen und mit dir tanzen.**« Und plötzlich tanzte, drehte und verbeugte ich mich mit diesen Menschen, die ich nie gekannt hatte. Ich genoss die Freude des engen Kontakts mit dieser Familie aus meiner Vergangenheit, als ich die Worte »Hände binden« hörte. Vor vielen Jahren, als ich in der High School war, stieß ich auf diesen Ausdruck und las über die Macht des alten Sakraments des Händebindens, das war ein vorchristlicher Hochzeitsritus oder eine Bindungszeremonie.

»Oh!« flüsterte ich. »Es muss gerade eine Art Hochzeit stattfinden, eine irgendwie geartete tiefe Verbindung«, und als ich das sagte, kamen die Großmütter und die Vorfahren herbei und umarmten mich. Wir wurden zu einem Leib, umarmten und küssten uns und begannen zu jubeln, zu stampfen und zu klatschen, um unser Zusammensein zu feiern, unser Zusammensein über die Grenzen der Zeit hinweg. Wir tanzten weiter, bis wir uns in einer solchen Harmonie miteinander bewegten, dass wir wie ein Wesen waren.

Was ich erlebte, als wir so tanzten, ging weit über alles hinaus, was ich mir je hätte vorstellen können. Der Tanz, den wir aufführten, war erhebend, und doch fühlte ich, während wir zusammen herumwirbelten, auch die Wildheit und Freiheit dabei. »Dies ist ein traditioneller Segen«, sagte ich mir, »und obwohl es nichts ist, was ich kenne, ist es mir aus irgendeinem Grund vertraut. Irgendwo, irgendwann muss ich das schon einmal gemacht haben«, sagte ich mit belegter Stimme.

Dann kamen die Vorfahren auf mich zu und bedeckten mich mit einem Umhang. Als nächstes setzten sie mir eine Krone auf den Kopf. »Was ist das?« fragte ich, und als ich das Gewicht der Krone spürte, schüttelte ich den Kopf, um herauszufinden, ob es meine Einbildung war oder ob sie wirklich da war. Sie war da. Ich war erstaunt über das, was da auf meinem Kopf lag, und ich hörte mich sagen: »Ich bin Königin. Oder König«, korrigierte ich mich. »Ich weiß es nicht.«

Voller Staunen blickte ich mich um, als ich versuchte, alles in mich aufzunehmen. Mitten im Geschehen hielt ich inne, als ich merkte, dass ich nicht wusste, welches Geschlecht ich hatte, wie alt ich war oder wo ich überhaupt war. Und das Seltsamste von allem war: Es war mir einerlei. Es war mir wirklich egal. Ich war so sehr in dem, was ich erlebte, dass der Moment alles für mich war. Dieses Abenteuer war so fremd, so großartig und unerwartet, dass ich wollte, dass es nie endete. Ich wollte seine seltsame Schönheit immerfort in meinem Herzen tragen.

Ich blickte auf die Großmütter, die mich sofort wieder ansahen. Ich bemerkte, dass ihre Augen voller Tränen waren, und danach muss ich eingeschlafen sein, denn es war das Letzte, woran ich mich erinnere.

Nachdem diese Reise vorbei war und ich den Großmüttern und Vorfahren gedankt hatte, spürte ich das Bedürfnis, etwas zu tun. Ich musste etwas schreiben, singen oder zeichnen, um meine Dankbarkeit gegenüber meinen Vorfahren auszudrücken. Ich war so überwältigt von der Liebe zu meinen lang dahingegangenen Verwandten, von denen ich bis jetzt gar nichts gewusst hatte, dass ich ihnen Ehre erweisen wollte. Ich wollte für sie, für mein Volk singen oder tanzen, und ohne lange nachzudenken, stand ich auf und begann, mit erhobenen Armen und nach oben gewandten Handflächen über den Boden zu gleiten. Und so tanzte ich, mich wiegend, zu einer Melodie, die nur in meinem Kopf spielte. Ich klatschte in die Hände, stampfte mit den Füßen und freute mich über die Verbindung mit diesen Lieben, von denen ich bisher dachte, sie seien schon lange von mir gegangen.

Ich tanzte so lange, bis ich erschöpft war, und als ich endlich stehenblieb und die Großmütter mit einem etwas dämlichen Lächeln im Gesicht anstarrte, sagten sie: »**Setz dich jetzt hin. Schreibe einen Dankesbrief an die Vorfahren. Schreibe ihn an deine Blutlinie und die Kultur deiner Vorfahren, und danke ihnen am Ende des Briefes, dass sie mit dir weitergehen. All die Arbeit, die du von diesem Augenblick an mit uns tun wirst, wird sie einschließen**«, sagten sie, mich fest anblickend. »**Die Vorfahren**

›stehen hinter dir‹. Sie stehen dir zur Seite, und alle Segnungen, die du in Zukunft erhalten wirst, werden auch die Vorfahren erhalten. Und so soll es auch sein«, sagten sie, und als ich zu ihnen aufblickte, konnte ich nicht umhin zu bemerken, dass die Großmütter sehr zufrieden aussahen.

Diese Erfahrung mit meinen Vorfahren bewegte mich tief. Tatsächlich hatte mich das, was ich erlebt hatte, so in ehrfürchtiges Staunen versetzt, dass mir diese Reise nicht mehr aus dem Kopf ging. Noch nie hatte ich eine solche Liebe erfahren, eine Verbindung, die weit über das hinausging, was wir als »Zeit« bezeichnen.

Die Großmütter hatten meinen Horizont sehr erweitert. Vor einigen Jahren, als sie mich zum ersten Mal anhielten, die Vorfahren in die Arbeit einzubeziehen, hatte ich mich dagegen gesträubt. Ich konnte es mir einfach nicht vorstellen. Arbeit mit den Vorfahren hatte mich nie auch nur im Geringsten interessiert. Tatsächlich hatte ich sie als eine Art primitive Fixierung betrachtet, als eine unwichtige, fast schon alberne Sache. »Der Umgang mit den Vorfahren ist vielleicht etwas für Stammesangehörige«, dachte ich damals, »aber dafür habe ich keine Zeit. Schließlich bin ich eine gebildete Frau. Warum sollte ich mit den Toten kommunizieren wollen?«

Die Idee selbst war mir lächerlich, ja sogar gruselig erschienen. Man hatte mir beigebracht zu glauben, dass »die Toten tot sind«, und mehr gab es dazu nicht zu sagen. So hatte ich es als junge Frau gelernt, und nachdem mein Verstand sich damit abgefunden hatte, war ich sehr froh, dass es dabei geblieben war.

Da ich *nichts* über die Bedeutung der Verbindung mit den Vorfahren wusste, gab meine Unwissenheit eine perfekte Leinwand für die Großmütter ab. Weder wusste ich etwas über das Thema, noch hatte ich eine Ahnung von seiner Bedeutung. Und ich bin sicher, dass die Großmütter meine Angst vor dieser Art von Kontakt verstanden, denn sie führten mich sehr behutsam an die Arbeit mit den Vorfahren heran. Zumindest am Anfang.

Aber nach dieser Erfahrung mit den Vorfahren meiner Blutlinie änderte sich alles. Die Großmütter hatten mir das Herz geöffnet, und nun *liebte* ich diese meine Vorfahren. Ich sah, wie engstirnig und verschlossen ich gegenüber jenen gewesen war, die mir vorausgegangen waren, und als ich es einmal verstanden hatte, beschloss ich, etwas zu unternehmen. Ich nahm Bilder von meinen Großmüttern, Großvätern und anderen Familienmitgliedern heraus, machte einen Altar für sie, stellte Blumen darauf und zündete eine Kerze für diese, meine Vorfahren, an.

Jeden Tag saß ich vor ihren Bildern und verbrachte Zeit mit diesen relativ unbekannten Menschen, und als mir der hawaiianische Vergebungsritus von Ho'oponopono in den Sinn kam, führte ich ihn mit und für jeden von ihnen durch. Ich sagte ihnen, wie sehr ich meine Unwissenheit über sie und die Vernachlässigung bedauerte, und bat sie um Vergebung. Ich sagte ihnen, wie sehr ich sie liebte, und dankte diesen längst verstorbenen Familienmitgliedern für alles, was sie mir mitgegeben hatten.

Im Verlauf dieser Arbeit öffnete sich mein Herz immer weiter, und zu meiner großen Überraschung konnte ich diese Familienmitglieder, die ich nie kennengelernt hatte, wertschätzen und immer besser verstehen: eine Großmutter und ein Großvater, die lange vor meiner Geburt gestorben waren, eine Tante, die in meiner Kindheit starb, mein Vater, der starb, als ich noch sehr jung war. Als ich mit ihnen arbeitete, begann ich ein Gefühl für die Menschen zu entwickeln, die sie gewesen waren, und für die Seelen, die sie noch immer sind. Wenn ich sagte: »Ich liebe euch«, war das nicht nur ein Lippenbekenntnis. Jetzt *liebe* ich sie wirklich, und im Zuge dieser Verwandlung in mir kam ich diesen geliebten Menschen nahe, denen ich nie begegnet bin.

Diese Arbeit gab mir einen Teil von mir selbst zurück. Sie vertiefte auch mein Verständnis, nicht nur für diese lang »Verstorbenen«, sondern für alle, die je gelebt hatten. Die Zeit, die ich jeden Tag im Gebet verbrachte, ermöglichte es mir, die besondere Kostbarkeit dieser bis dahin unbekannten Leben zu spüren, und durch dieses Fenster konnte ich einen Blick auf die Kostbarkeit und Einzigartigkeit jedes Lebens werfen. Ich gebe nicht vor zu verstehen, wie all dies zustande kam, aber das Ergebnis dieser Arbeit lehrte mich Bescheidenheit.

»Ihr werdet Wunden heilen, die über viele Generationen weitergegeben wurden.«

Das nächste war die Vorbereitung auf das bevorstehende Großmüttertreffen in Belgien. Sollte ich diese Informationen über die Vorfahren weitergeben, wenn ich dort war? Da frage ich lieber meine weisen Lehrerinnen.

»**Ihr werdet in Belgien zusammenkommen, um alte Feindschaften und Trennungen zu heilen, die im Laufe der Zeit zwischen den Stämmen, ethnischen Gruppen und Nationen auf dem Kontinent entstanden sind**«, antworteten die Großmütter. »**Menschen aus ganz Europa werden an diesem Treffen und damit an dieser Heilung teilnehmen, und darum wird es nicht nur Europa, sondern die ganze Welt betreffen.**

In den vergangenen mehreren Hundert Jahren emigrierten Europäer in viele Teile der Welt«, sagten sie, »**und als sie das taten, brachten sie unweigerlich sowohl die ›schlechten‹ als auch die ›guten‹ Eigenschaften ihrer Kultur mit. Die Feindseligkeiten, Verurteilungen und der Glaube an die Trennung, die die zahllosen Kriege in Europa verursachten, begleiteten diese Menschen natürlich bis in die entlegensten Winkel der Erde.**«

»Großmütter«, überlegte ich, »ich habe mich oft gefragt, warum die meisten von uns, die sich zu dieser Arbeit mit euch hingezogen fühlen, europäischer Herkunft sind. Das hatte mich immer irritiert.« »**Das ist kein Zufall**«, antworteten sie, verschränkten die Arme vor ihrer Brust und erklärten: »**Ihr habt etwas zu erledigen.**« Ich behielt sie im Auge, während ich darüber nachdachte. Sie sahen ziemlich ernst aus, und als mir klar wurde, wie ernst sie es meinten, fragte ich: »Ihr meint, wenn wir mit den Vorfahren über das Lichtnetz zusammenarbeiten, werden wir nicht nur die Probleme bereinigen können, mit denen wir heute konfrontiert sind, sondern auch den Schaden, den unsere Vorfahren in der Vergangenheit angerichtet haben?«

»**Ihr werdet Wunden heilen, die über viele Generationen weitergegeben wurden**«, antworteten sie, »**und diese Heilung wird das Lichtnetz stärken. Die Arbeit, die ihr tun werdet, wird segnende Wellen über die Erde schicken. Ihr werdet das Lichtnetz weiter und tiefer als je zuvor strahlen lassen. Und ihr werdet in der Lage sein, diese tiefgreifende**

Arbeit zu tun, *weil* ihr mit den Vorfahren arbeiten werdet«, antworteten sie.

Ich betrachtete sie schweigend und nahm die Ungeheuerlichkeit ihrer Worte auf. Dann fragte ich: »Würdet ihr euch bitte genauer über das Gute äußern, das aus dieser Arbeit in Europa hervorgehen wird?« Bei dieser Frage leuchteten die Augen der Großmütter auf.

»**Die Vorfahren werden in Scharen bei eurer Zusammenkunft in Belgien dabei sein**«, sagten sie, »**euch umarmen und von euch umarmt werden. Jene, die einst Stammeshäuptlinge, Könige, Grafen, Präsidenten und Führer anderer Art waren, werden zum ersten Mal seit Äonen zusammenkommen. Ihre Nachfahren werden sie rufen, und sie werden kommen.**«

Als ich das hörte, standen mir die Nackenhaare auf, und sie nickten, um mich wissen zu lassen, dass sie verstanden, welche Wirkung ihre Ankündigung hatte. Dann sagten sie: »**Während ihrer Zeit auf Erden band diese Führer eine heilige Treue, und diese Treue bindet sie immer noch an ihr Volk. Es verpflichtet sie, das Richtige für sie zu tun.**

In dieser Zeit ist das Leben auf diesem Planeten nicht mehr auf Trennung und Spaltung ausgerichtet – die Trennung in einzelne Königreiche, Länder, Rassen oder Religionen. Das Ziel heute ist *ein Volk* und *eine Liebe*. Diese Führer von früher, die zu dieser Versammlung berufen werden, werden mithelfen, die Menschheit auf dieses Ziel hin zu bewegen.

Diese Veränderung der Menschheits-Ziele ist unausweichlich«, erklärten die Großmütter, »**und so werden diese längst vergangenen Führungspersönlichkeiten vortreten und helfen, ihr Volk in eine neue Richtung zu geleiten. Sie werden nicht mehr das tun, was sie in der Vergangenheit getan haben. Sie werden nicht mehr gegeneinander arbeiten; jetzt werden sie sich auf die Einheit zubewegen. Die Einheit ist die Aufgabe der Zeit, in der ihr lebt, und alles andere verblasst vor dieser Aufgabe.**

Ströme der Vergebung werden durch die Adern aller Anwesenden fließen, einschließlich der Vorfahren. Wenn dies geschieht, wird Schwere von ihnen abfallen und ihre alten Zwistigkeiten und Vorwürfe werden im Staub zurückgelassen. Diese Wesen von vor langer Zeit haben sich

nach Glück ***gesehnt*****«,** sagten die Großmütter mit milden Blicken, »**und Vergebung bringt Glück. Immer! Seit Äonen haben die Vorfahren auf diesen Bewusstseinswandel gewartet, und wenn ihr sie ruft, wenn ihr ihnen euer Herz öffnet und um ihre Unterstützung bittet, werden ihr sie** ***sehr*** **glücklich machen.**

Von dieser Arbeit in Belgien wird viel Gutes ausgehen«, sagten sie und lächelten mir zu. »**Schismen und Wunden werden heilen, Familien werden wieder zusammengeführt, und wo einst nur Trauer und Verlust waren, wird die Liebe erblühen. Die Verwundeten werden umarmt, die Mütter werden nicht mehr weinen und die Scham und die Schuld, mit der so viele gelebt haben, werden verfliegen. Die Vorfahren werden euch segnen«,** sagten die Großmütter, und ich schnappte nach Luft. »**Tatsächlich** ***werdet*** **ihr gesegnet sein; es wird überall Jubel herrschen.**

Nicht mehr zurückschauen: nicht mehr zurück auf Kriege, Völkermorde, Vergewaltigungen und Verwüstung. Keine Wiederholung der Geschichte mehr. Kein Misstrauen mehr und keine Diskriminierung mehr. Stattdessen«, sie erwärmten sich für ihr Thema, »**werdet ihr lernen, all die scheinbaren Unterschiede zwischen euch wertzuschätzen und auch die scheinbaren Trennungen zwischen den Nationen und Rassen. Denn wenn Vergebung eure Herzen erfasst, werdet ihr all diese scheinbaren ›Unterschiede‹ bewundern. Und schließlich«,** sagten sie strahlend, »**werdet ihr in eurer darunterliegenden Bruderschaft und Schwesternschaft gemeinsam die Freude entdecken.**

Diese Zusammenkunft wird Trennungen heilen«, erklärten die Großmütter, »**Trennungen zwischen Individuen und zwischen Nationen und Trennungen innerhalb des Landes selbst. Was ihr euch als einen Kontinent vorstellt, der aus getrennten Ländern und verschiedenen Landmassen besteht, ist in Wirklichkeit nur ein Land. Erinnerst du dich an den Traum, den wir dir vor Jahren vermittelten und der dir zeigte, wie unter der Wasseroberfläche des Ozeans all die Inseln und Landmassen eigentlich miteinander verbunden sind?«**

Obwohl dieser Traum schon mehr als zehn Jahre zurücklag, hatte ich ihn nie vergessen. Darin tauchte ich in das Wasser des Ozeans, so tief, dass ich erkennen konnte, dass die scheinbaren Trennungen der Kontinente, Inseln und Landmassen tatsächlich nicht real waren. Als ich tief genug tauchte, sah ich, dass alles miteinander verbunden ist und immer war.

Als ich mich jetzt an den Traum erinnerte, schaute ich zu den Großmüttern auf, und sie nickten. »**Während ihres Lebens auf der Erde bezogen sich die Vorfahren, die bei dieser Versammlung erscheinen werden, nur auf ein Gebiet der Welt**«, erklärten sie. »**Dieses Gebiet *war* ihre Welt**«, erklärten sie. »**Zu ihrer Zeit war es alles, was sie kannten. Aber wenn wir die Vorfahren in diesem Jetzt zusammenbringen, werden die falschen Trennungen, unter denen sie einst lebten und die sie für wahr hielten, nicht mehr gelten.**

Alle Königreiche, Länder, Bündnisse und Grenzen auf der Erde sind vorübergehend«, sagten die Großmütter. »**Sie sind nur für eine gewisse Zeit gut.**« Sie blickten auf, und als sie den fassungslosen Ausdruck auf meinem Gesicht bemerkten, fügten sie hinzu: »**Alle Trennungen auf der Erde sind von Menschen gemacht, und als solche halten sie nur eine gewisse Zeit. Sie alle, *sie alle* sind vorübergehend.**

Bei diesem Großmüttertreffen wird sich große Heilung ereignen, die in der Vergangenheit widerhallen und in die Zukunft hineinwirken wird.« Inzwischen war ich so benommen von all diesen Erklärungen, dass ich ungläubig den Kopf schüttelte, als sie sagten: »**Wir erinnern dich noch einmal daran, dass die Zeit, wie du sie dir vorstellst, nicht wirklich existiert.**

Es gibt keine sogenannte *Vergangenheit, Gegenwart oder Zukunft*«, sagten sie. »**Nur das Jetzt. ›Vergangenheit‹ und ›Zukunft‹ sind nur gedankliche Konzepte – sie existieren nicht wirklich. Und weil es nur das Jetzt gibt, werdet ihr, wenn ihr und die Vorfahren unsere Ermächtigung annehmen, begeistert sein, wie einfach es für euch ist, euch über die ›Grenzen‹ der Zeit hinaus zu verbinden. Die zeitlose Verbindung, die ihr herstellen werdet, wird Glück über die ganze Erde verbreiten.**

Und von nun an, wann immer jemand unsere Ermächtigung erhält, wird er sie für sich selbst, für seine persönlichen Vorfahren und für die Vorfahren des Ortes, an dem er lebt, erhalten. Die Erde ist *eins*«, erinnerten sie mich. »**Das Leben ist *eins*. Alle sind *eins*.**

Vergebung«, summten die Großmütter, als sie auf den Füßen wippend ihre Arme hin und her schwangen. »Bei dieser Zusammenkunft wird Vergebung auf die Erde herabregnen. Sie wird in den Körper der Mutter einsinken.

Heute wird Energie aller Art im Körper der Erde gespeichert«, erklärten sie. »Sowohl die sogenannte ›gute‹ als auch die ›schlechte‹ Energie sind im Inneren der Erde gespeichert. Wir haben das schon früher erklärt, aber wenn ihr und die Vorfahren die Ermächtigung gemeinsam erhaltet, wird die Vergebung bis ins Herz eures Planeten dringen. Ein Wolkenbruch der Vergebung wird den ganzen Planeten überspülen und alte, eingeschlossene Energie, die dort gespeichert ist, auslöschen.« Ich starrte sie an, aber sie lächelten fröhlich, winkten abwehrend mit den Händen und fuhren fort.

»Auf persönlicher Ebene«, sagten sie, »werdet ihr, nachdem ihr den Vorfahren in dieser Gruppe Vergebung erteilt habt, feststellen, dass viele deiner eigenen negativen Gewohnheiten und Denkmuster weniger ausgeprägt sind. Auch wirst du dich leichter fühlen. So wie der Planet die Schlacke aus der Vergangenheit abwirft, wirst auch du dich leichter fühlen.

Wir bitten dich, jede Gelegenheit zu nutzen, dich für Vergebung und Loslassen zu entscheiden. Wir bitten dich, dich dafür zu entscheiden, zu segnen, anstatt zu urteilen, und diese Entscheidung bei jeder Gelegenheit zu treffen. Lasse die Vergebung, die du bei dieser Ermächtigungszeremonie mit den Vorfahren erfährst, immer wieder zu. Jedes Mal, wenn du dich für Vergebung entscheidest, wird der Nutzen, den du daraus ziehst, weiter und weiter gehen und sich immer weiter ausbreiten. Jedes Mal, wenn du dich für Vergebung entscheidest, wird daraus Freiheit für dich und für andere entstehen. Wähle!

Weil Vergebung voraus in die Zukunft wirkt, zurück in die Vergangenheit, aber auch im *Jetzt*, wird sie zugleich zu einer besseren Gesundheit führen«, sagten die Großmütter. »Jedes Mal, wenn du dich für Vergebung öffnest, wirst du alles loslassen, woran du dich unwissentlich festgehalten hast. Und diese unbewussten Zustände, die du mit dir herumgeschleppt hast, haben dich in deiner Energie gebremst.

Jedes Mal, wenn du deinen Vorfahren Anerkennung zollst und sie segnest, segnest du dich selbst. Du tust einen großen Schritt. Jedes Mal, wenn du deine Vorfahren umarmst, durchbrichst du die Einschränkungen, die sich aus dem Einfluss der individuellen Bindung ergeben. Lange Zeit haben deine Gefühle der Anhaftung dich in falschen Gefühlen der Trennung gehalten«, sagten sie. »**Hat das nicht lange genug gedauert?**«

Da atmete ich ein paar Mal tief durch, bereit, so viel wie möglich von dem, was sie mir erzählten, zu verstehen. Nach einer kurzen Pause fragte ich sie: »Großmütter, gibt es irgendetwas, das mir oder jemand anderem bei dieser Arbeit im Weg stehen könnte? Gibt es irgendetwas, das uns daran hindern könnte, auf diese Weise in die Vergebung zu gelangen?«

»**Das Ego**«, antworteten sie, »**das kleine ›Ich‹.**« **Das Gefühl von ›ich‹ und ›mein‹. Es ist nur das Ego, was sich der Hinwendung zu Wahrheit und Freiheit widersetzt. Das Ego und sein Kollege, die Angst. Das statische Duo**«, lachten sie. »**Dieses Paar klammert sich immer an den Status quo.**

Das Wirken des Egos merkst du immer, wenn du dich in Angst zusammenziehst, anstatt dich in Liebe auszudehnen. Und wenn du es feststellst, beobachte es einfach. Verurteile dich nicht wegen deiner Reaktion, beobachte einfach. Das wird der Zusammenziehung der Angst jedes Mal die Kraft nehmen. Die Arbeit mit den Vorfahren wird dir neue Flügel für unsere Arbeit verleihen, und du bist bereit, diese neuen Flügel anzuprobieren.

Die ursprüngliche Energie der Schöpfung wohnt der Erde noch immer inne«, sagten die Großmütter. »**Das Urmuster, aber auch die vielen Überlagerungen durch die Energien der Menschheit sind vorhanden. Die ursprüngliche Prägung ist rein, aber die menschlichen Einflüsse sind es nicht. Im Laufe der Zeit haben die menschlichen Energien die tatsächliche Gestalt der Energie der Erde verzerrt, aber die Arbeit mit den Ahnen wird vieles davon klären. Wenn du mit den Vorfahren arbeitest, werden die Schichten hemmender Energie, die im Laufe der Zeit die Erde überlagert haben, wegbrechen und verdampfen. Wenn dies geschieht, wird das Lichtnetz so viel heller leuchten, dass seine erhöhte Ausstrahlung sowohl das Netz der Erde als auch die Erde selbst stärken wird.**«

Während sie weiter erklärten, wie es funktioniert, sah ich hinter ihnen unseren schönen blauen Planeten sich im Weltall drehen. Er drehte sich langsam um seine Achse, und während ich zusah, bemerkte ich, wie die Energiegitter und Ley-Linien auf dem Planeten begannen, sich tiefer in der Erde zu verankern. Sie schienen jetzt tiefer verwurzelt zu sein, viel tiefer. Die Veränderung, von der die Großmütter sprachen, war bereits im Gange.

»Alle sogenannten Zeitperioden sind im Netz oder Gewebe des Lebens miteinander verbunden.«

Auf meiner nächsten Reise bat ich die Großmütter, mir zu erklären, wie die Arbeit mit den Vorfahren tatsächlich abläuft. »Mit unserem begrenzten Verständnis ist dieses Konzept für uns schwer zu begreifen«, sagte ich. »Bitte erklärt uns, wie es gemacht wird, damit wir sicher sein können, gut und richtig zu arbeiten.«

»**Weil es keine tatsächliche Zeit gibt**«, begannen die Großmütter, »**gibt es keinen Unterschied zwischen dem, was man sich als Vergangenheit, Gegenwart und Zukunft vorstellt.**« Als ich das jetzt wieder hörte, konnte ich nicht umhin zu denken: »Das mag für euch Großmütter einfach sein, aber ich habe es immer und immer wieder gehört und verstehe es noch immer nicht. *Hilfe!*« rief ich innerlich.

»***Alles*** **ist in diesem Moment präsent**«, antworteten sie. »**Die Vorfahren sind jetzt hier bei euch, und sie sind immer hier bei euch. Was ihr als *Zukunft bezeichnet,* ist ebenfalls gegenwärtig. All diese sogenannten Zeitperioden sind im Netz oder Gewebe des Lebens miteinander verbunden. Eure Vorfahren stehen jetzt und haben schon immer hinter und neben euch gestanden, waren stets bereit, euch jederzeit zu helfen. Sie sind bemüht, euch zu unterstützen.**

Euer früheres Selbst aus dem, was ihr als eure vergangenen Leben bezeichnet, steht euch ebenfalls bei, und wann immer für euch in der Gegenwart Heilung stattfindet, geschieht sie auch für sie. Sie findet auch für diejenigen statt, die euch in eurer Familienlinie folgen werden. ***Eure***

Heilung wirkt sich auf alle Wesen aus. Immer wieder haben wir euch gesagt, dass ihr euch selbst nicht helfen könnt, ohne allen zu helfen, und wir meinten, was wir sagten: *allen*!«, betonten sie. »Wann immer du liebst, vergibst und dich lieben lässt, hilfst du *allen.*

Dieses Konzept ist nicht schwer zu begreifen. Was wir gerade gesagt haben, ist ganz einfach. Der Grund, warum ihr damit hadert, liegt in eurem Ego. Das Ego hat den Wunsch, sich wichtig zu fühlen. Das Ich, der Verstand klammert sich an vertraute Konzepte und Ideen, weil es auf diese Weise seine Identität bestätigt. Auf diese Weise bestätigt es seine *Richtigkeit.* Das Ego will immer richtig sein. Deshalb ist das Vertraute für das Ich, für den Verstand beruhigend. *Das kenne ich,* sagt es sich. *Das ist ein Teil von dem, was ich bin!*

Es gibt nichts Schwieriges am Konzept der Zeitlosigkeit, aber das Ego, der Verstand mag es nicht. Die Zeitlosigkeit erschüttert seine Identität. Wer wäre denn das Ich«, fragten sie, »wenn es *vorher* nicht existiert hat und *nachher nicht* existieren wird? Der Widerstand gegen das Konzept der Zeitlosigkeit kommt vom Ego, das ständig versucht, seine eigene Bedeutung zu untermauern.« Dann lachten sie und fragten: »Wer hat denn den Satz *Ich denke, also bin ich* geprägt, wenn nicht das Ich – in diesem Fall das Ich von Descartes? Die Seele würde sicher nicht so reden.

Um die Wahrheit dessen, was wir euch sagen, zu erfahren, versucht es einmal so: Tut für einen Moment so, als hätte euer Ego Urlaub genommen, eine Reise gemacht und euch mit eurer Seele alleingelassen. Stellt nun diese Frage: ›Kümmert sich meine Seele darum, ob das, was ich *Zeit* nenne, existiert oder nicht?‹« Sie schauten mich fragend an. »Nun… tut sie es?«

Ich tat wie geheißen, schloss meine Augen und dachte daran, dass mein Ego verschwunden sei. Dann stellte ich die Frage. Sofort überkam mich ein Gefühl der Lächerlichkeit, und ich begann zu kichern. Das war eine absurde Frage! Laut lachend hielt ich mir die Seiten, als Wellen der Heiterkeit mich schüttelten. Dann schaute ich zu den Großmüttern auf, und als sie mich so sahen, lachten sie mit.

»Ruft die Vorfahren herbei.«

Das mit den Großmüttern ging ganz schön ab. Mehrere Wochen lang hatten sie mich ununterbrochen über die Vorfahren unterrichtet. So war es keine Überraschung, als sie mich endlich baten, über diese Arbeit eine Botschaft auszusenden. »**Was wir jetzt sagen werden, ist sehr wichtig**«, diktierte der Große Rat, »**und nur bestimmte Menschen werden sich anhören können, was wir euch sagen werden. Nur bestimmte Menschen werden danach handeln und die Arbeit, die wir euch auftragen, ausführen. Ihr wisst, wer ihr seid**«, gestikulierten sie vor ihrem unsichtbaren Publikum, »**und wir sprechen zu euch.**

Wann immer ihr zusammenkommt, um zu meditieren, zu beten und die Gegenwart der Liebe auf Erden zu verstärken, ruft zuerst uns oder irgendeine Form des Göttlichen an. Ruft auch das Lichtnetz an. *Dann*«, sie machten eine gewichtige Pause, »***ruft die Vorfahren herbei.* Ruft die Vorfahren eurer Familienlinie, die Vorfahren des Landes, in dem ihr geboren wurdet und in dem ihr jetzt lebt, herbei. Ruft die Vorfahren überall auf der Erde herbei. Denkt einfach an ihr Höheres Bewusstsein und ladet diesen erleuchteten Aspekt von ihnen ein, an dem Band der Liebe mitzuwirken, das das Netz aus Licht bietet. Sobald jemand das Netz aus Licht anruft, wird er sofort dessen Unterstützung spüren, und das gilt für die Ahnen genauso wie für euch. Auch sie werden sich für die Umarmung durch das Netz aus Licht erwärmen, und da sie von nun an mit diesem großartigen Gebilde verbunden sein werden, werden sie dem Netz beim Halten und Anheben der Erde helfen können. Dank euch werden die Vorfahren die Chance haben, am Wohlergehen dieses Planeten mitzuwirken.**

Sobald die Vorfahren in die Gemeinschaft mit dem Lichtnetz eintreten, wird der Schmerz aus ihren vielen Lebenszeiten verblassen und sich auflösen. Die Vergangenheit wird dann wirklich vorbei sein.« Da lachten die Großmütter laut auf. »**Eure Arbeit mit dem Lichtnetz wird sie segnen und alle Leben segnen, die sie je berührt haben – ihre Kinder, ihre Enkel, ihre Nachbarn, Freunde und Bekannten aus vergangenen Zeiten**«, lachten die Großmütter laut. »**Sie werden gesegnet sein, und ihre Nachkom-**

men werden ebenfalls gesegnet sein. Alle, die ihnen nachfolgten, alle, die ihnen *jemals* folgen werden, werden gesegnet sein. Denkt einen Moment lang«, sagten sie, »**über das nach, was wir sagen.**«

»Großmütter«, ich blickte sie unverwandt an, »das ist erstaunlich. Dieser Segen der Vorfahren bewegt sich in der Zeit vorwärts und rückwärts. Das bedeutet, dass alles, was meine Großeltern an meine Eltern und meine Eltern wiederum an mich weitergegeben haben, geläutert wird. Auf der Stelle«, sagte ich, und mir dämmerte die Ungeheuerlichkeit dessen. »Keine ›Sünden der Väter, die die Söhne büßen‹ mehr. Kein Weiterführen des Familienkarmas mehr.«

»**Ja**«, nickten sie. »**Wir sprechen hier von wahrer Macht.**« Sie lächelten, schüttelten langsam den Kopf und wiederholten: »***Es gibt keine Zeit.* Zeit ist nur ein mentales Konzept. Ein von Menschen gemachtes Konzept, keine Realität. Zeit existiert nicht. Jetzt ist für immer! Wenn du also in *das Jetzt* eintrittst und die Vorfahren in diesem Moment mit einbeziehst, werden *alle* berührt. Jeder schmeckt die Liebe – *jetzt*!**

Die Kraft dieses Segens wird die Erde in eine Decke der Vergebung hüllen. Jede Art Schwere wird sich heben. Uralte Feindschaften werden wegbrechen, Stammeshass wird sich auflösen. Rassismus, Sexismus und Vorurteile werden keine Heimat mehr haben. Und der Begriff ›Fremder‹«, lächelten sie, »**wird obsolet werden.**« Ich schluchzte auf, als ich das hörte, aber nach einer Weile begann ich zu lachen. »Großmütter«, sagte ich, »wie wunderbar ihr seid. Wie *vollkommen* wunderbar ihr seid.«

»**Ja**«, sagten sie und schienen mir zuzustimmen, »**und *auch ihr seid wunderbar.* Das, was wir von euch erwarten, ist wunderbare Arbeit, und alle werden vom Wunder dieser Arbeit beeindruckt sein. Was wir von euch erbitten, ist einfach, aber weil die Menschheit so lange an das Märchen von der Zeit geglaubt hat, hat sich noch niemand darangemacht, diese Heilung mit den Vorfahren zu vollbringen.**« Einen Moment lang schienen sie in Gedanken versunken, dann sagten sie plötzlich: »**Du hast Recht. Es *ist* wunderbar!**« Sie blickten mir fest in die Augen und riefen: »**Tut es!**«

»Die Sehnsucht der Vorfahren, ihre Liebe und Weisheit mit euch zu teilen, hat gewaltige Ausmaße angenommen.«

Es ist schon lange her, dass ich so viele Informationen über etwas für mich so völlig Neues erhalten hatte. Diese Dinge über die Ahnen faszinierten mich, und so kam das Thema einfach immer wieder.

Eines Tages dämmerte es mir, dass es in der Zeit, in der wir leben, etwas geben musste, das diese Arbeit notwendig machte. Ich hatte mich noch nie auch nur im geringsten für Vorfahren interessiert – weder für meine noch für die von anderen –, aber jetzt vermittelten die Großmütter eine ganz andere Herangehensweise zu diesem Thema. Als ich das nächste Mal zu ihnen ging, fragte ich: »Hat es etwas mit der Zeit, in der wir leben, zu tun, dass es für uns wichtig ist, etwas über die Vorfahren zu wissen? Warum jetzt, Großmütter?«

Sie lächelten und legten schnell ihre Flügel und Mäntel um mich. Es fühlte sich so wunderbar an, von diesen liebevollen Frauen eingehüllt zu sein, und aus irgendeinem Grund brachte es mich zum Weinen. Als die Großmütter mich wiegten und trösteten, wurde mir klar, wie bedeutsam alles war, was sie mir beibrachten, und wie dankbar ich war, etwas zu lernen, das mir so völlig fremd gewesen war. Meine Lehrerinnen führten mich in so viel Wichtiges ein, und jedes Mal, wenn ich zu ihnen reiste, lehrten sie mich mehr.

»**Die Zeit für die Arbeit mit den Ahnen ist gekommen**«, erklärten die Großmütter. »**Nichts geschieht vor seiner Zeit. Bist *du* bereit *dafür*?**« fragten sie und blickten mich entschlossen an. Ich nickte stumm: »Ja.«

»**Es gibt jetzt eine große Sehnsucht bei denen, die vor euch gegangen sind. Sehnsucht und Trauer steigen jetzt auf in allen Ländern der Erde.**« Ich begann zu schluchzen, als sie das sagten, weil ich die Trauer fühlte, von der sie sprachen. Irgendwie »wusste« ich es, und während ich weinte, wurde mir klar, dass die Sehnsucht der Vorfahren und die Sehnsucht im Land meine eigene Sehnsucht widerspiegelte. Auch ich hatte dahingelebt und mich nach mehr gesehnt.

Die Großmütter beobachteten mich und nickten verständnisvoll. »**Die Energie muss ein bestimmtes Level erreichen, bevor Veränderungen**

stattfinden können«, erklärten sie. **»Bevor es einen Wechsel geben kann, muss sich etwas aufbauen.«**

Dann zeigten sie mir etwas, das aussah wie eine Wippe, deren eines Ende am Boden und das andere in der Luft war. »Oh! Ich verstehe, was ihr meint«, sagte ich. **»Es muss sich genügend Gewicht von einem Ende zum anderen bewegen, damit diese Verschiebung stattfinden kann«**, sagten sie. **»Wir haben darauf gewartet, dass sich diese Masse aufbaut, und jetzt ist sie bereit.**

Sehnsucht hat die Macht, Veränderungen zu bewirken«, erklärten sie. **»Man hat dir gesagt, dass, wenn ein Mensch so sehr nach Gott verlangt wie ein Ertrinkender nach Luft, dieser Mensch zu Gott gelangen wird. Die Sehnsucht nach dem Göttlichen wird einen immer zu Gott führen. Und in diesem Fall hat die Sehnsucht der Vorfahren, ihre Liebe und Weisheit mit euch zu teilen, gewaltige Ausmaße angenommen. Sie sind es müde, ihre Nachkommen leiden zu sehen, und das Leiden von Mutter Erde macht sie krank. Die Vorfahren sind bereit, mit uns und mit euch zusammenzuarbeiten, um diesen Wandel von der Unwissenheit zur Weisheit, von der Dunkelheit zum Licht zu vollziehen.**

Die Vorfahren können das Märchen von der Trennung durch den Tod nicht länger aufrechterhalten. Seit Äonen hat dieses Märchen so viel Elend über die Menschheit gebracht, und das Schlimme daran ist, dass das Märchen falsch ist«, sagten die Großmütter. **»*Es gibt keinen Tod.* Ihr versteht das noch nicht, aber die Vorfahren kennen die Wahrheit, und sie wollen helfen, euch zu befreien. Sie wollen helfen, das Gefängnis der Unwissenheit, das euch gegenwärtig umgibt, niederzureißen.«**

Ich lehnte mich vor und richtete meine ganze Aufmerksamkeit auf sie, und da erhaschte ich Blicke auf verschiedene Vorfahren, die hinter den Großmüttern standen. Einige von ihnen waren von menschlicher Gestalt, während andere riesige, unspezifische Gestalten waren. Einige von ihnen erinnerten mich ein wenig an Tiere, und manche waren nicht ganz da, nur eine vage Präsenz von Energie. Jeder der Vorfahren trug jedoch unbestreitbar die Liebe in sich.

»Oh, geliebte Vorfahren«, rief ich, während ich mich vor ihnen verbeugte, »danke, dass ihr gekommen seid. Danke für eure große Liebe. Wir brauchen euch so sehr. Jetzt schwebt eine Todesangst über der Erde«, sagte ich, »so viel Angst, dass sie das Streben unterdrückt, das uns zum Licht trägt. Die Angst blockiert das Licht. Sie lähmt die Menschheit.

Unsere Energie steckt fest«, sagte ich. »Anstatt sich in Liebe auszudehnen, ziehen wir uns in Angst zusammen und lassen die Angst in uns hinein. Heute fällt es uns schwer, frei zu handeln, und so ist das meiste, was wir tun, eine Reaktion. Wir reagieren immer auf etwas.

Trotzdem gibt es viele, die sich gerne weiten würden«, sagte ich, »gerne mehr lieben und mehr erleben würden, aber das ist schwierig, weil wir so verschlossen sind. Wir sind innerlich so festgezurrt, dass wir unsere Energie nicht freisetzen und sie nicht fließen lassen können. Es mag einfach klingen, aber es ist schwer für uns, einfach loszulassen und zu lieben.«

Als ich mich diese Worte sprechen hörte, wurde mir klar, dass ich nicht nur von Einzelpersonen sprach. Ich sprach auch von Nationen, Rassen und ganzen Kulturen. »Wir stecken fest«, sagte ich schließlich. »Wir stecken in Angst fest.«

Die Vorfahren waren ruhig geblieben, und nun nickten sie zustimmend. »Das ist es, was uns zu euch hingezogen hat. Ihr braucht nicht so zu leiden.« Mitfühlend schüttelten sie den Kopf. »Ihr seid nicht allein. Es gibt keinen Tod, keine Trennung von irgendjemandem oder irgendetwas. Ihr versteht das falsch, und ihr habt es lange, lange Zeit falsch verstanden. Diese Angst vor Tod und Trennung, die ihr mit euch herumschleppt, ist *die* grundlegende Angst«, sagten sie. »Sie ist es, die hinter all euren *geringeren* Ängsten steckt. Dieses alte Muster der Angst ist einfach nicht wahr, und sobald ihr uns anruft und uns einladet, mit euch zusammenzuarbeiten, wird diese uralte Angst vor Tod und Trennung dahinschmelzen. Wir sind hier, um euch zu helfen.

Wann immer ihr zusammenkommt und mit dem Lichtnetz arbeitet, denkt daran, uns einzuladen, ebenfalls mit euch zu arbeiten. Wir können nicht zu euch kommen, wenn ihr uns nicht einladet, aber wir möchten euch sehr gerne helfen. Wir kennen die Wahrheit über das Leben und den sogenannten Tod«, lächelten sie, »also ruft uns an. Ihr braucht keine Angst vor uns zu haben. Wir sind jetzt so, wie wir immer waren, außer dass wir den Schleier des Todes durchschritten haben und wissen, wie substanzlos er ist. Es ist wirklich lustig«, sagten sie, und beim Zuhören merkte ich, dass mir langsam leichter ums Herz wurde. Die schweren Gefühle verließen mich.

»Vorfahren«, sagte ich, »ich möchte wirklich lernen, was ihr uns lehren möchtet. Ich will es in mich aufnehmen und über die Angst hinausgehen. Ich bin es leid, festgefahren und verwirrt zu sein. Ich will diese Freiheit, von der ihr sprecht. Ich will sie für mich selbst, und ich verspreche, mit eurer Hilfe und der Hilfe der Großmütter eure Botschaft an alle weiterzugeben, die bereit sind, sie zu hören.«

Da lächelten sie. Sie standen Seite an Seite mit den Großmüttern, hielten sich an den Händen und hoben ihre Arme: Die Großmütter und die Vorfahren begannen zu tanzen. Sie bildeten einen Kreis mit mir in der Mitte und tanzten auf mich zu und dann wieder weg von mir. Als sie auf mich zukamen, konnte ich fühlen, wie sie mich mit Liebe und Mut erfüllten, und als sie wegtanzten, spürte ich, wie sie die Angst wegzogen. Als Schichten alter Energie mich verließen und neue Energie eintrat, erinnerte ich mich daran, dass die Großmütter diesen Tanz kurz nach ihrem ersten Erscheinen aufgeführt hatten. Es hatte sich damals wunderbar angefühlt, und es fühlte sich auch jetzt wunderbar an. »Ahhhh!!!!« Ich atmete aus und öffnete mein Herz, um noch mehr von dem zu erhalten, was sie so großzügig zu geben hatten.

Nachdem dieser Tanz einige Minuten gedauert hatte, stand ich auf und begann, in der Mitte ihres Kreises herumzuwirbeln. Ich tat dies eine ganze Weile lang, und als ich allmählich langsamer wurde, ließ ich mich zu ihren Füßen auf den Boden fallen. »Ich bin so müde«, flüsterte ich, als ich dort lag, »so müde. Ich hatte keine Ahnung, dass ich so erschöpft bin. Gott sei Dank«, flüsterte ich, als ich unbeweglich dalag. »Gott sei Dank für eure Hilfe.«

Ich lag lange Zeit so da. Ich hatte keine Kraft mehr, und die Fähigkeit, mich zu bewegen, ja sogar der Wunsch, mich zu bewegen, war mir abhandengekommen. Als ich da lag und mich einfach ausruhte, setzten die Großmütter und die Vorfahren ihren Tanz fort. Sie erfüllten mich mit

Liebe, nahmen mir die Angst, und alles, was ich tun konnte, als sie um mich herumtanzten, war, »Danke« zu flüstern. Immer und immer und immer wieder – »Danke, danke, danke.«

Ich ruhte mich eine lange Zeit aus, und als ich endlich wieder zu mir kam, setzte ich mich langsam auf und verbeugte mich vor den Vorfahren und vor den Großmüttern. Meine Kraft war zurückgekehrt.

»Ich kann nicht den ganzen Tag hier liegen«, sagte ich mir. »Ich habe noch viel zu tun.« Und wenn man bedenkt, was gerade geschehen war, klang diese Aussage sogar in meinen Ohren witzig. Ich schüttelte den Kopf, lachte über mich selbst, und die Großmütter legten ihre Arme um mich und wiegten mich hin und her. Dann winkten sie und die Vorfahren mir zum Abschied, und ich machte mich auf den Weg.

Als ich in die gewöhnliche Realität zurückkehrte, blieb ich ein paar Minuten ruhig in meinem Zimmer liegen, gab meiner Energie Zeit, sich wieder einzugewöhnen, und als ich mich bereit fühlte, ging ich die Treppe hinunter in die Küche, wo ich mir etwas zu essen machte. Danach arbeitete ich eine Zeitlang im Garten. Dann fing ich an, das Haus aufzuräumen, wischte Staub und fegte die tägliche Ansammlung von Hundehaaren ab, und als ich den Badezimmerspiegel putzte, fiel mein Blick auf mein eigenes Spiegelbild, das zu mir zurückblickte. Ich stand einen Moment lang still und starrte mich an. »Da ist«, sagte ich, als ich in den Spiegel schaute, »diese nahe und liebe Fremde.«

Ich hielt inne, während ich ihr tief in die Augen blickte, und sagte zu ihr: »Ich hätte nie geglaubt, dass die Arbeit mit den Vorfahren meine Angst vor dem Tod verschwinden lassen würde.« Und als ich diese Worte sprach, konnte ich nicht umhin, den fassungslosen Blick auf meinem Gesicht zu bemerken. Das hätte ich mir wirklich niemals vorstellen können.

Dann setzte ich mich auf den Rand der Wanne und dachte darüber nach, wie die Großmütter mich nach und nach in immer tieferen Kontakt mit den Vorfahren gebracht hatten. Wie ich so sinnierte, hörte ich die Großmütter sagen: »**Alles ist vorbereitet. Es gibt ein Muster und einen perfekten Zeitpunkt für jedes Ereignis. Das Timing ist immer tadellos**«, sagten sie, »**und unsere Zeit ist jetzt. Dies ist die Zeit, in der unsere Arbeit aufblüht.**«

»*... die Vorfahren werden euch gesegnet heißen, und ihr werdet gesegnet sein.*«

Als wir uns auf das nächste Treffen in Kalifornien vorbereiteten, bemerkte ich, wie sehr die Botschaft der Großmütter bereits in uns erblüht war. Wir arbeiteten jetzt wirklich als ein Team, ein Team, das reich an Offenheit und voller Harmonie war. Die Gruppe von Laguna Beach hatte die Organisation des Treffens vollständig übernommen, und die Art und Weise, wie wir zusammenarbeiteten, zeigte, wie gründlich wir die Botschaft der Großmütter verinnerlicht hatten. Als wir uns auf die Ankunft der auswärtigen Gäste vorbereiteten, die herkommen würden, um an diesem achten Großmüttertreffen teilzunehmen, verlief alles reibungslos. Dieses Mal würden wir eine tiefe Arbeit für unsere Vorfahren leisten – uns selbst heilen, unsere Familienlinien heilen und unseren geliebten Planeten heilen.

Von der Kraft und dem Schutz des Lichtnetzes aus arbeitend, begannen wir damit, uns in Dreiergruppen aufzuteilen, um Heilung so weit wie möglich die Ahnenlinien hinabzusenden. Im Laufe unserer Arbeit umarmte das Lichtnetz den Schmerz und hob ihn auf, den Schmerz, den wir länger mit uns herumtrugen, als wir uns erinnern konnten, und heilte ihn. Immer, wenn der Schmerz an die Oberfläche kam, hob das Netz ihn wieder auf und heilte Leiden, die unsere Familien seit vielen Generationen verfolgt hatten. Es wurde viel geweint und sich umarmt, während wir gemeinsam mit unseren Vorfahren sangen und tanzten. Und weil sich Menschen aus allen Teilen der Welt zu diesem Ereignis versammelt hatten, verbreitete die Heilung, die von dieser Zusammenkunft ausging, den Frieden auf der ganzen Erde. Zwei Monate später würde es in der Schweiz und in den Niederlanden ein Treffen geben.

Da die Versammlung in der Schweiz für Menschen gedacht war, die die Botschaft der Großmütter noch nicht kannten, würden wir mit ihnen keine vertiefte Ahnenarbeit machen. Aber in den Niederlanden war es eine andere Geschichte. Die Großmütter hatten uns versichert, dass aus diesem Treffen große Heilung hervorgehen würde, und als Frauen und Männer aus ganz Europa, Kanada und den Vereinigten Staaten zum niederländischen Treffen kamen, waren wir begeistert. Da so viele verschiedene Nationalitäten vertreten waren, waren wir der Meinung, dass die Tiefe und Breite der Arbeit, die wir leisten konnten, unsere Erwartungen bei weitem übertreffen würde. Gemeinsam würden wir das Netz aus Licht fest verankern, und diese Verankerung würde uns auf unserem weiteren Weg schützen. Aus der Sicherheit dieses mächtigen Unterstützungsnetzes heraus wären wir in der Lage, die Reichweite der Liebe über Zeit und Raum hinweg zu vergrößern.

Alles entfaltete sich wunderbar, bis ich erklärte, wie wir bei der Arbeit mit unseren Vorfahren tatsächlich vorgehen würden. Kaum hatte ich das Thema angesprochen, bekamen alle im Raum angstvolle Gesichter. Überall wurden Hände emporgereckt, und es gab so viele Fragen, dass es unmöglich war, sie alle zu beantworten. Von einem Augenblick zum anderen waren wir von liebevoller, friedlicher Energie in Angst und Unruhe geraten. Was war los?

Dann konnte ich die Angst spüren, die durch den Raum waberte. Auch in meinem Körper gab es ein inneres Beben, und als ich mir dessen bewusstwurde, erkannte ich, dass es Angst sein musste. Was sonst würde diesen Umschwung bewirken? Schnell fragte ich die Teilnehmer: »Merkt jemand, dass jetzt Angst aufkommt?« und eine Reihe von Händen schoss in die Höhe.

»Deshalb wurde diese Arbeit mit den Vorfahren noch nie zuvor getan«, erklärte ich. »Diese Art Arbeit löst Angst aus – viel Angst. Furcht vor dem Tod und Angst vor dem Unbekannten. Das ist der Grund, warum die Menschen sich von dem, dem wir uns zuwenden werden, abgewandt haben, der Grund, warum diese Arbeit noch nie zuvor getan wurde.« Als ich sprach, bemerkte ich eine junge Frau, die in der Mitte des Raumes stand und sehr aufgewühlt zu sein schien. Sie lief hin und her und sagte immer wieder: »Ich muss sprechen, ich muss sprechen.« Ihr hübsches Gesicht war so vom Schmerz gezeichnet, dass sie viel älter aussah als sie war, und obwohl ich keine Ahnung hatte, was sie sagen würde, konnte ich erkennen, dass sie wirklich sprechen musste. Also brachte ich ihr das Mikrofon.

Als ich neben ihr stand und das Mikrophon hielt, spürte ich, wie ihr Körper zitterte. Sie versuchte, sich zu beruhigen, und endlich bekam sie die Worte heraus. »Ich bin aus Deutschland«, sagte sie, »und ich habe mich mein ganzes Leben lang abgesondert gefühlt. Ich habe mich abgesondert und allein gefühlt, und ich habe es auch bei anderen Menschen gespürt. So viele Menschen leben auf diese Weise. Es ist schrecklich«, klagte sie. »Es gibt keine Nähe und es gibt keine Liebe. Alles ist Trennung!« Dann schluchzte sie: »Ich halte den Schmerz dieser Trennung nicht mehr aus!«

So stand sie neben mir, schüttelte sich und schluchzte, und ich sah, wie die Menschen im Raum auf ihre Stuhlkanten vorrückten und sich zu dieser Frau hinüberlehnten. Sie sprachen mit ihren Augen und waren bereit, den schrecklichen Schmerz zu lösen, den sie so lange mit sich herumgetragen hatte. Ich war immer noch neben ihr, hielt sie fest und betete, dass ihr Leiden aufhören möge, als aus dem hinteren Teil des Raumes Gesang ertönte.

»Oh, wie wir dich lieben. Oh, wie wir dich lieben«, sang eine Stimme. Das singen uns die Großmütter, wenn wir ihre Ermächtigung erhalten, und nun stimmte der ganze Raum in den Gesang mit ein. Die Hände reckten sich nach der jungen Frau, während alle Augen auf ihr ruhten, und während wir weiter das Lied sangen, sahen wir, wie ihr Gesicht weich wurde. Sie nahm unsere liebevolle Umarmung auf. Wir konnten es sehen! Sie begann, den Schmerz loszulassen, den sie ihr ganzes Leben lang mit sich herumgetragen hatte. Das Netz aus Licht, das Netz der Liebe hielt sie fest.

In weniger als einer Minute änderte sich alles, und als wir sahen, wie sie weich wurde, weinten die meisten von uns. In den wenigen Augenblicken, die verstrichen waren, seit sie zu sprechen begonnen hatte, waren wir zu dem Einen Herzen geworden, von dem die Großmütter uns sagen, dass wir es sind. Wir waren zum Netz aus Licht *geworden.*

Ich weiß nicht, wer das Lied anstimmte, das dieser Frau Heilung brachte. Wahrscheinlich werde ich es nie erfahren, aber die Sängerin hatte nicht nur sie aufgebaut, sondern sie vermittelte uns allen ein Gefühl von Gemeinschaft, und dafür bin ich ihr ewig dankbar. Ich danke der Sängerin, dass sie dieser großen Liebe eine Stimme gegeben hat, und ich danke allen, die bei diesem Lied mitgesungen haben. Als wir immer und immer wieder sangen: »Oh, wie sehr wir dich lieben«, haben wir die Kraft des Lichtnetzes in uns selbst vergrößert. Und es war unser Einssein, unsere Gegenwart in der großen Liebe, die es dieser jungen Frau ermöglichte, die heilige Verbindung in ihrem eigenen Selbst zu spüren.

In dem Augenblick, als die Menschen in diesem Raum ihren Schmerz sahen, reagierten sie darauf, und weil ihre Herzen so offen waren, konnte sich das Göttliche durch sie alle manifestieren. Gemeinsam erlebten wir einen heiligen Moment. Von diesem Moment an war die Angst aus der Versammlung verschwunden. Nun gab es keine angstvollen Fragen mehr, kein Zögern und keine ängstlichen Blicke. Endlich waren wir in der Lage, uns in die Arbeit mit unseren Vorfahren zu stürzen, für die wir zusammengekommen waren.

So tauchten wir tief ein, hießen unsere Vorfahren willkommen und wurden von ihnen willkommen geheißen. Wir spürten die Gegenwart der zeitlosen Liebe in Aktion – bezeugten, wie Liebe und Vergebung die Ahnenlinien zurück in die Vergangenheit und voraus in die Zukunft zogen. Wir haben vergeben und uns wurde vergeben, und nachdem wir das getan hatten, wurden wir mit unvorstellbarer Heilung belohnt – für uns selbst, füreinander und für alles, was lebt. Wir waren überwältigt von der Schönheit und Güte, die den Raum erfüllte.

Einige Monate vor diesem Treffen hatten uns die Großmütter gesagt: **»Wenn ihr diese Arbeit tut, werden die Vorfahren euch gesegnet heißen. Und ihr werdet gesegnet sein.«** Jetzt verstanden wir, was sie meinten.

Anmerkung zur Ausführung der Arbeit mit den Ahnen:

Wenn wir die Vorfahren in das Netz aus Licht einladen, rufen wir ihr höheres Bewusstsein an. Im Wesentlichen rufen wir die Vorfahren des

Lichts an – jene, die, wie wir alle, lieben und dienen wollen. Wir rufen weder die Persönlichkeiten der Vorfahren an noch rufen wir die Geschichten ihres Lebens auf. Tatsächlich halten wir uns bewusst von Geschichten fern, denn obwohl jedes Leben von ihnen erfüllt ist, sind Geschichten nicht das, was wir sind. Wenn wir mit jemandem arbeiten, rufen wir das Wesen dieses Menschen an, wenn wir also diejenigen anrufen, die vor uns gegangen sind, rufen wir das Wesen an, das sie sind und immer waren. Das *Wesen*, das jeder von uns ist, ist ewig, unveränderlich und eins mit dem Göttlichen. Das ist das Wesen, mit dem wir arbeiten.

Die Auflösung der vermeintlichen Barrieren zwischen »Leben« und »Tod« ist unweigerlich Teil der Arbeit mit den Vorfahren. Es dauert nicht lange, bis man erkennt, dass »Leben« und »Tod« tatsächlich eins sind, jeweils ein Aspekt des Flusses, nicht zwei getrennte Zustände.

Jedes Mal, wenn wir uns mit den Vorfahren verbinden, erden wir uns in unserer beständigen Verbindung mit dem Netz aus Licht, das das Leben in Zeit und Raum liebt und hält. Von diesem beständigen Ort aus, dem Urmuster des Lichtnetzes, arbeiten wir. Wenn auch du diese Arbeit tun möchtest, bitten wir dich also dringend, dich zunächst in der kraftvollen Gegenwart des Lichtnetzes zu erden. Das Netz bietet eine leuchtende Bahn zu anderen Ebenen, während es uns gleichzeitig in seiner Matrix der Liebe hält und schützt.

Die Ahnenerklärung
durch den Großen Rat der Großmütter

Ich rufe das Netz aus Licht an und bekräftige meine Einheit mit dem Göttlichen. Ich ehre meine liebevolle Verbindung mit denen, die heute leben, mit denen, die in anderen Zeiten lebten, und mit denen, die erst noch geboren werden. Die Liebe wird weder durch den Kalender noch durch die Uhr begrenzt. Jeder von uns ist ein ewiges Wesen, Teil der Einen Liebe. In Erinnerung an diese Wahrheit neige ich mein Haupt in Dankbarkeit und grüße die Liebe in meinem höheren Bewusstsein und im höheren Bewusstsein aller anderen. Ich lade die Vorfahren meiner Familienlinie und die Vorfahren des Landes, in dem ich lebe, ein, sich diesem Segenswerk anzuschließen. Ich heiße alle willkommen, die das Licht lieben und ihm dienen, um sich im Netz aus Licht zu verbinden.

Wenn wir zusammenkommen, bitte ich um Vergebung für meine Unwissenheit und Kleingeistigkeit in der Vergangenheit; ich möchte nicht mehr über andere urteilen und andere kritisieren, und ich möchte auch nicht mehr über mich selbst urteilen und mich kritisieren. Ich vergebe auch gerne jedem, der mich jemals verurteilt oder kritisiert hat. Das kann ich jedes Mal mit Leichtigkeit tun, wenn ich mich daran erinnere, dass es der Atem der Einen Liebe ist, der durch mich atmet, und der Schlag des Einen Herzens, der Leben durch mich pulst. Mein unsterbliches Selbst existiert außerhalb der Grenzen des Handelns und jenseits der Umstände von Zeit und Ort. Wenn ich mich also dieser Gegenwart in mir zuwende, fällt jeglicher Schmerz aus der Vergangenheit ebenso wie jede Angst vor der Zukunft weg. Alles ist vergeben.

Mit weit geöffnetem Herzen entbiete ich allen Wesen Segen – wo auch immer. Und während wir einander freudig umarmen, singen wir gemeinsam:

Mögen alle auf der ganzen Welt glücklich sein.
Mögen alle auf der ganzen Welt glücklich sein.
Mögen alle auf der ganzen Welt glücklich sein.

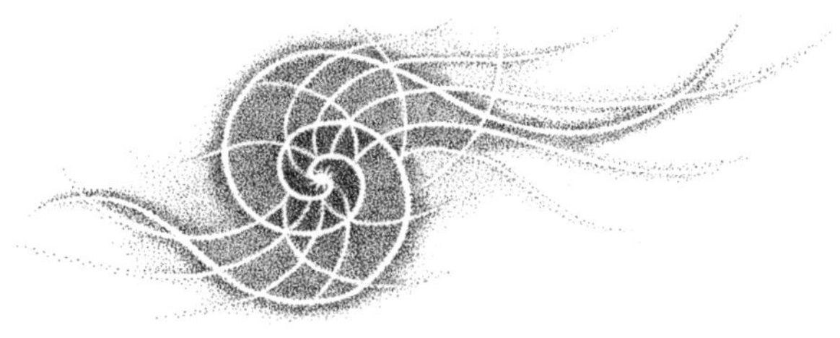

KAPITEL 13

Frauen auf der ganzen Welt sprechen über das Lichtnetz

Ruth Polak, Niederlande

»Ich arbeite als Psychotherapeutin und Heilerin. Da ich 79 Jahre alt bin, bin ich selbst Großmutter. Ich benutze das Netz aus Licht jeden Abend vor dem Schlafengehen, um unsere Mutter Erde zu unterstützen. Ich leite auch eine Meditationsgruppe, und wir visualisieren das Lichtnetz, wenn wir zusammen sind. Ich liebe es zu sehen, wie die Erde durch das Netz erhellt wird. Es ist eine Freude für mich zu fühlen, dass es etwas gibt, das ich der Erde geben kann, um ihr zu helfen, in diesen Zeiten stabil zu bleiben.«

Kate Hedlund, Kalifornien, USA

»Ich erlebe das Netz aus Licht auf der körperlichen Ebene, wenn ich meine Meditations- und Qi Gong-Übungen mache, besonders mitten in der Nacht. Bei diesen Gelegenheiten habe ich das Gefühl, in ein zähflüssiges Gitter eingebettet zu sein, in dem die Luft die Dichte von Wasser angenommen hat. Anstatt mich durch dieses Gitter zu bewegen, das sich sowohl innerhalb als auch außerhalb meines Körpers befindet, habe ich das Gefühl, dass ich von ihm bewegt werde. In diesen Momenten ist mein Geist ruhig, und mich umhüllt ein Gefühl von Wohlbefinden und Frieden.«

Caroline van Daal, Niederlande

»Seit ich begann, die Bücher der Großmütter zu lesen, arbeite ich mit ihnen zusammen. Es ist wie eine Heimkehr. Ich habe erstaunliche Zeichen ihres Wirkens in meinem Leben erhalten, und ich habe mich ihnen sehr nahe gefühlt und viele Botschaften erhalten. Als ich die letzte Nachricht über das Lichtnetz erhielt, mit einem Bild des Netzes (das mir bei der Visualisierung sehr geholfen hat), ging es um die Verbindung des Lichtnetzes mit der Erde, und da wurde mir klar, dass das Netz aus Licht überall ist. Aber an manchen Orten liegt es in einem Dornröschenschlaf und muss wieder aufwachen. Ich las schnell die Anleitung, wie man das macht, und machte dann Urlaub in Dänemark.

Als ich in Dänemark am Strand stand, die Wellen hörte und das Land spürte, fühlte ich mich genötigt, das Netz aus Licht anzurufen, damit es an diesem Ort wiedererweckt werde. Ich habe gebetet, das Netz wieder zu erwecken, und die Erde dort gebeten, sich an ihre Kraft und ihr Licht zu erinnern, und ich habe ihr dafür gedankt, dass sie uns getragen und uns so viel gegeben und uns so sehr geliebt hat. Ich spürte eine tiefe Energie, und dann verließ ich den Strand.

An diesem Abend kehrte ich mit meinem Mann und unserem Hund zu einem kurzen Spaziergang im Dunkeln an den Strand zurück. Dabei erregte etwas meine Aufmerksamkeit: überall Lichter im Sand und in den Wellen! Immer wenn eine Welle brach, gab es Lichter wie Sterne im Wasser, und dann leuchteten auch der Sand und die Steine am Strand wie Sterne. Wo immer wir auch hingingen, hinterließen wir eine funkelnde Lichtspur. Es war unglaublich! Ein wahres Wunder! Die Abende davor und danach gab es nichts dergleichen zu sehen, nur an diesem einen Abend. Ich hatte das Gefühl, dass die Erde auf die Verbindung mit dem Netz aus Licht reagierte und uns buchstäblich das Lichtnetz *zeigte*, uns *zeigte*, dass wir eine Spur aus Licht hinterlassen, wenn wir mit dem

Göttlichen verbunden sind, und dass wir furchtlos, mit weit geöffnetem Herzen und mit allem, was vor uns liegt, unseren Weg gehen.

Wir standen und gingen und staunten lange in dieser Nacht und waren sehr dankbar, dass wir so verbunden waren und ein solches Wunder gezeigt bekommen hatten. Ich danke dir, dass du diese Lehre in die Welt gebracht und deine Spur aus Licht hinterlassen hast. Liebe und Frieden von der anderen Seite des Ozeans.«

Janet, Alaska, USA

»Kürzlich, während einer Mondfinsternis, als sich eine Gruppe von uns mit dem Netz aus Licht (dem Leben) verband, begann die tibetische Glocke in meinem Haus zu erklingen!«

Su Guest, Stafford, UK

»Das erste Mal, dass ich mit dem Lichtnetz in Kontakt kam, war 2011 in Holland bei dem Großmüttertreffen. Es fühlte sich lebendig und sehr tröstlich an. Damals wurde mir klar, dass ich seit vielen Jahren mit einem ähnlichen ›Netz‹ gearbeitet hatte, das mir 2001 bei einem Meditationsworkshop in Asien gezeigt worden war. Mit der Zeit fühlt sich das Netz viel flüssiger an, und jetzt empfinde ich es eher als ein bewegtes, sich veränderndes Gebilde. Ich arbeite jeden Tag mit ihm und rufe es an, mich in Zeiten der Not zu halten. Es fühlt sich wie eine riesige leuchtende Rettungsdecke an!

Ich war einmal an einem ruhigen Nachmittag im Fitnessstudio und lief auf dem Laufband. Kaum jemand war da, nur eine Handvoll Leute an verschiedenen Geräten. Ich begann, mir das Netz vorzustellen und wickelte mich darin ein. Dann spürte ich, wie ›yang‹ die Fitnesshalle war, mit all dem Lärm, den Bildschirmen und der Trennung zwischen den Menschen, die von ihrem Ehrgeiz getrieben wurden, die keinen Blickkontakt miteinander hatten, die alle nur der Zeit hinterherliefen. Also warf ich das Lichtnetz um die Fitnesshalle herum aus, und innerhalb von fünf Minuten hatte ich einen Kreis von Leuten um mich, die plauderten, sich reckten und auf den Laufbändern neben mir trainierten. Es war ziemlich erstaunlich! Nach kurzer Zeit verließ ich sie und ging mit einem Lächeln in meinem Herzen nach Hause.«

Martha Apaza, Kalifornien, USA

»Vor genau zwei Jahren war meine Ehe in einem prekären Zustand, und auch unser Sohn, ein begabter Sechsjähriger, hatte es schwer. Ich nahm Kontakt zu meiner Bekannten Penni Thorpe auf, die ich sehr schätze, und sie erzählte mir von den Großmüttern. Das erregte meine Aufmerksamkeit, und ich öffnete ihnen mein Herz.

Jede Nacht vor dem Einschlafen sprach ich mit ihnen und bat sie um Hilfe. Eines Tages fühlte ich beim Duschen ein wohliges, warmes Gefühl, und mit geschlossenen Augen spürte ich ein helles Licht, das mich mit Wohlwollen überschüttete. Später hörte ich auf der Suche nach Führung eine klare Botschaft: ›Alles ist wie und wo es sein soll.‹

Ich lerne, das Gegebene anzunehmen. Unserer Familie geht es jetzt gut; wir haben großes Glück. Ich hatte die Ehre, einige der Informationen von den Großmüttern sowohl an Freunde als auch an Fremde in Not weiterzugeben. Das Schöne an all dem ist, dass das Lichtnetz nicht nur mir geholfen hat, sondern dass es mich auf den Weg gebracht hat, etwas für andere zu tun.«

Molly Moondakini, Maine, USA

»Was immer wieder mit dem Lichtnetz auftaucht, ist eine numinose Präsenz. Die Großmütter sind unerschütterlich, unterstützend und alle zusammen sehr präsent. Sie begegnen dir mit offenen Armen bei der Reise- und Traumarbeit, bei der Meditation, beim Wandern, beim Malen, sogar während du im Supermarkt Schlange stehst! Das Netz aus Licht ist da. Es wurde gewirkt und wird immer für dich da sein, auch wenn du diese Bewusstseinsebene verlassen hast.

Die wichtigste Lektion, die ich von den Großmüttern gelernt habe, ist, dass sie hinter jedem fühlenden Wesen stehen, auch hinter Personen, bei denen wir Unstimmigkeiten oder Ängste empfinden. Es ist, als ob die Großmütter durch unsere täglichen Begegnungen mit Fremden, Familie oder Freunden ihre Großfamilie vorstellen würden. Wenn wir erst einmal anerkennen, dass wir alle ihre Enkelkinder sind, werden wir erkennen, dass wir uns alle auf einer viel stärkeren gemeinsamen Basis befinden, als wir je dachten. Die Gemeinschaft, die durch dieses Bewusstsein entsteht, stärkt wiederum das Lichtnetz.«

Anne Calweart, Antwerpen, Belgien
»Ich sage immer zum Goldenen Netz aus Licht: Liebes kostbares, elektrisierendes Leben,

Ich bin hier.
Ich bin anwesend
Bereit. Hier und jetzt.

Ich sehe das Lichtnetz überall, wie einen goldenen Regen, der fällt und tief in alles, was existiert, eindringt. Wenn ich daran denke, fühle ich mich leichter. Es ist Magie.«

Farion Pearce, Kalifornien, USA
»Ich liebe es, meinen Tag mit der Lichtnetz-Meditation zu beginnen. Sie erinnert mich daran, dass ich Liebe bin; ich bin Licht; und untrennbar ein Teil von allem. In dieser Erkenntnis und Erfahrung, eins mit unserer Quelle zu sein, erfahre ich auch den Segen, der Welt und allem in ihr auf der tiefsten Ebene helfen zu können. Wenn ich dieses Bewusstsein in meinen Tag mitnehme, werde ich darin unterstützt, aus dieser Erkenntnis heraus zu handeln.«

Karin Alliet, Belgien
»Vor etwa drei Jahren las ich ihr erstes Buch, und für mich schien der Bussard der Vogel zu sein, der die Großmütter repräsentierte. Ich wohne in einem kleinen Haus, und ein paar Tage, nachdem ich das Buch gelesen hatte, saß ein junger Bussard auf einer Mauer im Garten und schaute mich an. Es fühlte sich an, als würde er von den Großmüttern grüßen. Seit dieser Zeit fühle ich eine besondere Verbindung zu den Bussarden, und oft kreisen drei von ihnen über meinem Haus und rufen mich mit ihrem

besonderen Ruf. Später fuhr ich nach Frankreich, und auf dem Rückweg nach Hause begleiteten mich Bussarde den ganzen Weg. Das war sehr bewegend für mich und gab mir mehr Vertrauen in meinen Kontakt mit der unsichtbaren Welt.«

Nancy Pfeiler, Oregon, USA

»Ich habe in den letzten zwei Tagen mit dem Netz aus Licht meditiert und stelle fest, dass ich an bestimmte Orte gerufen werde, um dort zu arbeiten. Ich wurde zu einem Fluss in der Nähe gerufen, und während ich dort mit dem Lichtnetz arbeitete, beobachtete ich, wie das verbindende Licht zum Ozean floss. Dann wurde ich zur Arbeit mit dem Lichtnetz nach Minneapolis, Minnesota, im gesamten Nahen Osten, insbesondere in die Türkei, und dann nach Salem, Oregon, wo ich lebe, gerufen. Ich bin sicher, dass die Arbeit über das Netz, um all diese Orte im Licht zu verbinden, einen großen Unterschied macht. Danke, dass ich euch helfen durfte.«

Miriam Levenson, Belgien

»Die Großmütter haben mir kürzlich eine neue Verwendung für das Lichtnetz gezeigt. Ich habe Einfühlungsvermögen für Menschen, die leiden, was oft dazu führt, dass ich mich ausgelaugt und (früher oder später) frustriert fühle. Trotz des Wunsches, so viel wie möglich zu helfen, weiß ich, dass ich nicht allen helfen kann, noch kann ich die Ursache ihres Leidens beseitigen. Dieser chronische, scheinbar hoffnungslose Zustand bedrückte mich. Der einzige Weg, den ich finden konnte, um die Verbindung zu unterbrechen, war, zu hart und streng zu werden und sogar den Kontakt zu bestimmten Menschen abzubrechen. Ich wusste, dass ich einen Weg finden musste, mich auf liebevolle Weise vom Leiden anderer zu trennen und gleichzeitig in einer fürsorglichen Beziehung mit ihnen zu bleiben.

Ich ging in meiner Meditation zu den Großmüttern und bat sie um Hilfe. Sie zeigten mir, wie ich Energie verliere, wenn ich mich an eine mir nahestehende Person *anschließe*, die zwar leidet, deren Leiden aber nicht schnell aufgelöst wird. Dann errichteten die Großmütter das Netz aus Licht zwischen mir und dieser Person – wie eine starke Lichtwand. Sie sagten mir, ich solle mich auf das Lichtnetz konzentrieren, statt auf die Person oder ihr Leiden. Wenn ich mich auf das Lichtnetz konzentrieren würde, würde ich drei gute Dinge tun: Ich würde meine Energie dort halten, wo sie hingehört (bei mir); ich würde das Lichtnetz stärken, was dazu beitragen wird, das Leiden aller Menschen zu lindern, einschließlich meines eigenen; und das Lichtnetz würde auch auf diese spezifische Person ausstrahlen, ihren Schmerz lindern und ihr Leben erträglicher machen. All dies würde ohne mein direktes, kontrollierendes Eingreifen geschehen.

Ich ersetzte sofort meine früheren, frustrierten und negativen Gedanken über die Situation durch diese Visualisierung. Innerhalb eines Tages hatte ich aufgehört, mich deprimiert und wütend zu fühlen. Nach drei Tagen waren mein Groll und meine Frustration vollständig verschwunden. Das Gefühl, mich gegen diese Person oder ihr Leiden verteidigen zu müssen, verschwand; ich brauchte weder wegzugehen noch musste ich irgendwelche konkreten Maßnahmen ergreifen. Ich war sogar in der Lage, in liebevollem Kontakt mit ihnen zu sein, ohne ein Urteil über ihre Situation zu fällen oder den Wunsch zu verspüren, sie zu retten. Dies war ein wichtiger Durchbruch in einem seit langem bestehenden Muster der Beziehung zu anderen Menschen.«

Schwester Rosemarie, keine Adresse
»Die Sonnenstrahlen auf der Brust der Ozeanmutter
bilden funkelnde Juwelen, während ich meditiere.
Ich bin verloren in der Unermesslichkeit des Lichtes
der Liebe, so tief und weit.
Wellen glückseliger Harmonie und Gesang
sind Akkorde der Fürsorge und Heilung.
Mit dem Gesang der Wale und Delfine,
die mitschwingen mit dem Herzschlag
tief unten im flammenden Kern von Mutter Erde.
Wir tanzen den Tanz des Lebens
inmitten von Galaxien, unzählige
Sterne im Netz als Diamanten.

Ich werde mit Kostbarkeiten gehalten und getröstet
jenseits alles Sagbaren… jenseits alles Sagbaren.
Während meine Seele das Leiden von Ebola,
Taifunen, Kriegen und die Grausamkeit der Menschheit sieht,
verknüpft uns diese geheimnisvolle Gegenwart des Lichtnetzes
in eins mit der Liebkosung einer Mutter:
›Alles wird gut … alles wird gut‹,
singt Licht auf Licht auf Licht auf Licht immerdar.«

Catharina Schilperoort, Den Haag, Holland
»Viele Jahre lang habe ich jede Woche das Lichtnetz in ein Männergefängnis gebracht. Immer freuen sie sich darauf, und wenn wir vor der Meditation zu reden beginnen, bitten sie mich, zuerst die Meditation zu machen. Einige von ihnen bitten mich, jeden Tag zu dieser Meditation kommen zu dürfen.«

Stephanie Lavelanet, Missouri, USA
»Was du das Lichtnetz oder Kosmisches Netz nennst, ist meiner Meinung nach der Energiekörper oder die dynamische Kraft des Universums. Ich habe das vor sehr langer Zeit gespürt und meine Verbindung mit dem Ganzen erkannt, als ich noch ziemlich jung war. Ich hatte eine direkte Erfahrung mit dem Lichtnetz, als ich etwa vierzehn Jahre alt war.

Ich war im Urlaub in Vigo in der spanischen Provinz, die sie Las Asturias nennen. Meine spanischen Freunde brachten mich an den Strand, und während ich im Wasser spielte, sah ich deutlich, dass es aus Lichtteilchen bestand. Das passierte mir, nachdem ich *Das Cembalo des Heiligen Franziskus* gelesen hatte, wo ich auch die Aura von allem sehen konnte. Ich sah das Licht im Wasser, und die Bäume waren von einem Nebel aus Licht umgeben. Das dauerte eine ganze Woche, und ich verstand, wovon die Mystiker oder Ureinwohner Amerikas als Welten zwischen den Welten sprechen. Ja, alles ist miteinander verbunden. Ich sah das Netz aus Licht wie ein Netz, ein Überträger der Lebenskraft.«

Ruby Harvey, Sierra Nevada, Kalifornien, USA
»1999 bin ich mir durch meine Chi Gong-Praxis des Lichtnetzes bewusstgeworden. Wir sind ein Teil des Netzes, aber solange wir uns dessen nicht bewusst sind, sind wir nicht vollständig verbunden. Wenn wir einmal vollständig angeschlossen sind, erlaubt es uns, das Erwachen, Gewahrsein und das Sein im Jetzt zu praktizieren. Dann tun wir alles, was wir tun, für uns alle – für unsere Mutter Erde, unseren Vater Himmel und für uns alle in und auf der Erde und im Himmel. Mit diesem Wissen öffnen sich unsere Herzen und werden zu Werkzeugen des Geistes für unser aller Wohlergehen. Deine Seite zu finden, ist eine Freude, denn dann kann man die Energie von uns allen spüren, die zusammenarbeiten.«

Ragyi, Thailand
»Ich bat die Großmütter, mir zu zeigen, wie das Netz aus Licht durch mich wirkt, und dann wurde mir klar, dass ich schon lange damit gearbeitet hatte, bevor ich die Großmütter kannte. Ich sitze im Schneidersitz auf dem Boden, Namaste, und wenn ich meine Augen schließe, kommt Energie durch mein Herz nach oben, und von dort aus breitet sich Liebe aus.

Oben in meinem Kopf kribbelt es, und wenn ich das spüre, hebe ich meine Arme und öffne sie und sende Licht und Liebe aus. Ich respektiere und erkenne die Heiligkeit, die sich durch mich bewegt. Danach bin ich voller Dankbarkeit und lege meine Hände mit der Namaste-Geste über mein Herz und beuge mich nach vorne zum Boden.

Ich liebe es so sehr, dies zu tun und es für Menschen, Orte, die Erde, einen Baum oder ein Tier zu tun. Ich liebe es einfach, und wenn ich in der Öffentlichkeit bin, tue ich es ohne Gesten.«

Judy Ponio, Arizona, USA
»Seit einigen Jahren bin ich nun schon mit dem Netz aus Licht verbunden. Davor war ich auf der Suche nach etwas (nicht sicher, was) und wanderte ziellos durch mein Leben, in der Hoffnung auf Ganzheit. In dem Moment, als ich *Großmutter* wurde, habe ich mich verändert. Ich engagierte mich mehr und mehr für die Heilung der Erde und für die

Verbindung mit meinem Bewusstsein, als wir trommelten und uns auf das Netz aus Licht konzentrierten. Das Netz verbindet Menschen auf eine profunde Art und Weise und hilft, innere Konflikte zu heilen – ob wir das wollen oder nicht!

Meine Erfahrung beim Großmütter-Retreat in Kalifornien war für mich eine so tiefgreifende Zeit. Zuerst war ich ängstlich, verwirrt und hatte das Gefühl, ›ich gehöre nicht dazu‹. Doch nie, und ich meine, nie habe ich mich wie ein Schulkind gefühlt, das von seinen Spielkameraden nicht respektiert wird, als ich in diesem Retreat war. Niemals zuvor fühlte ich mich so seelenvoll geliebt. Und das alles wegen eines Lichtnetzes, das mich auffing, während ich durchs Leben wandelte. Meine Entwicklung der geistigen Gesundheit hat sich seit dem ersten Moment, als ich anfing, die Erde *großmütterlich zu behandeln*, immer weiter fortgesetzt.«

Anna Kente, Niederlande

»Meine Erfahrung mit dem Netz aus Licht hat sich im Laufe der Jahre verändert; sie ist mit mir gewachsen. Wenn ich jetzt mit dem Lichtnetz arbeite, bitte ich darum, dass alle Menschen zu sich nach Hause kommen. Im September traf sich eine Gruppe von uns Frauen und teilte ihre Sorge um unsere unruhige Welt – die Kriege und die Menschen auf der Flucht um ihr Leben, hier, dort und überall. Ebola und die damit verbundene Angst vor einer Art Pest oder Lepra… Wir beschlossen, eine Meditation über den Wunsch durchzuführen, dass alle und alle Dinge zu sich nach Hause kommen können. Dabei verband ich das Bild, das ich vom Lichtnetz habe, mit dem Gefühl, nach Hause zu kommen – zum Wohle aller.

Am vollständigsten fühle ich mich immer noch, wenn ich das Lichtnetz über dem Meer auswerfe. Wenn ich es ins und über das Meer auswerfe, fühle ich mich durch den Wasserkreislauf vollständig. Und irgendwo in der uralten Bewegung des Werfens eines Netzes ist mein Zuhause. Obwohl ich kein Jäger bin, bin ich ein Beschützer, ich bin ein ›Wächter auf der Mauer‹!«

Jean Oulette & Gloria Edgar, Saskatchewan und Manitoba, Kanada

»Jede von uns begann ihre Reise für sich allein, da die Botschaften der Großmütter uns so tief berührten, und wir hatten außerordentlich große Hoffnungen, dass sich in kürzester Zeit eine Gruppe um uns herum bilden würde. Wir leben in verschiedenen Provinzen Kanadas und haben beide den Verlust von Familie und Freunden erlebt. Wir fühlten uns sehr allein. Es schien, dass jeder Tag ein Kampf war, mit Gefühlen der Verlassenheit, der Angst, der Wunden, der Schuld, der Scham – wenn man darüber sprechen kann, wäre das ein Trost, den eine Gruppe hätte spenden können, und wirklich der Himmel auf Erden gewesen. Leider – es sollte nicht sein – gab es damals keine Gruppe und auch heute nicht.

Die Großmütter hatten für uns etwas ganz anderes im Sinn. Sie waren auf einer Mission, um uns zu zeigen, wie stark wir beide waren – ganz auf uns gestellt. Da wir keine Mitmenschen hatten, an die wir uns wenden konnten, wenn wir Angst vor der Einsamkeit und Zweifel an unserem Leben und an uns selbst hatten, blieb uns keine andere Wahl, als uns an das Lichtnetz und die Großmütter zu wenden. Wir haben das Gefühl, dass es das Netz war, das uns in diesen Zeiten zusammengehalten hat, und wir sind stolz darauf, sagen zu können, dass wir heute stark sind, voller Freude und voller Vorfreude auf die Zukunft, egal, was sie bringt, weil wir in unseren Herzen wissen, dass wir liebevoll mit ihr umgehen können. Wir haben gelernt, dass, ganz gleich, was dein Problem ist: *Wickel es in das Netz* (Liebe), und alles wird gut.«

Stephanie Mainberger, Zürich, Schweiz

»Seit ich die Ermächtigung der Großmütter erhalten habe, kann ich mich nicht mehr einsam fühlen. Wenn ich mich einsam fühle, erinnere ich mich sofort daran, dass ich die Großmütter anrufen kann, sei es der Archetyp in mir oder Mitglieder der Großmütter-Gruppe, die ich kenne. Ich stelle mir vor, sie sind bei mir, und das Gefühl der Einsamkeit kann nicht länger in meiner Seele verweilen. Wenn ich weiß, dass jemand verzweifelt ist, kann ich nicht nur für sie beten, sondern auch die Großmütter bitten, dorthin zu gehen und zu helfen, sie zu unterstützen und zu trösten.

Wenn ich schreckliche Nachrichten in den Zeitungen lese oder im Fernsehen sehe, erinnere ich mich an das Netz aus Licht und konzentriere mich darauf über diesem bestimmten Ort (wie Syrien), und ich halte dieses Bild fest. So ›tue‹ ich etwas, um die Welt zu heilen, und ich hoffe, dass es hilft.

Ich bin eine Hausfrau – keine besonderen Talente, keine besonderen großen Aufgaben, – aber ich versuche, für andere da zu sein, indem ich einfach zuhöre, was mein Mann, meine Kinder, Enkel oder Freunde mir erzählen. Oft höre ich einfach zu und halte sie, während sie ihre Gefühle und Gedanken aussprechen. Auch wenn ich nicht viel gegen die Situation tun kann, kann ich sie halten. Vieles hat sich in mir verändert, und ich bin sehr dankbar, dass ich die Möglichkeit hatte, die Ermächtigung der Großmütter zu erhalten.«

Barbara Moore, North Carolina, USA

»Die letzten Erfahrungen, die ich mit dem Lichtnetz gemacht habe, betrafen zwei Schwangerschaften. Eine Mutter ist meine ›Stammesschwester‹. Wisst ihr noch? – In den 1970er Jahren hatten wir einen Stamm von Menschen, die wie eine Familie waren. Nun, als wir uns trafen, war ich sechzehn und sie, meine Stammesschwester, war drei Jahre alt. Sie ist jetzt vierundvierzig, hat vor vier Jahren zum ersten Mal geheiratet und wollte ein Kind haben. Ihr Herz sehnte sich danach. Früher in ihrem Leben wurden ihr die Eileiter abgebunden, so dass sie eine Operation hatte, die dies erfolgreich rückgängig machte, und vor neun Monaten wurde sie schwanger.

Kurz nachdem sie schwanger geworden war, rief sie an und bat um Beistand. Ihr Arzt hatte gesagt, dass sich ihr Gebärmutterhals bereits öffnete. Sobald sie um Hilfe bat, blitzte das Bild des Lichtnetzes vor meinem geistigen Auge auf, und ich begann, es ihr zu beschreiben. Wir gingen gemeinsam an die Arbeit und webten das Lichtnetz in ihren Gebärmutterhals, um ihr Kind zu halten, zu halten, zu halten. Monatelang arbeiteten wir über weite Strecken, ich an der Ostküste und sie an der Westküste.

Wir arbeiteten zusammen, webten und hielten zusammen. Wir sahen, wie sie vom Lichtnetz durchtränkt wurde, und das ließ ihren Körper in die Schwerkraft sinken, beruhigte sie, und sie konnte sich entspannen. Ihr Arzt sagte ihr, sie müsse Bettruhe halten, aber was soll ich sagen, es war nicht ihre Art, stillzusitzen oder sich hinzulegen! Die Großmütter halfen ihr über die vielen Monate hinweg immer wieder, während ihr Sohn in ihrem Körper heranwuchs, umgeben vom und schwebend im Lichtnetz. Er wurde letzte Woche geboren. Es gab einige Komplikationen, und wir wirkten das Netz für ihn und seine Mutter, um ihnen beiden Trost, Leichtigkeit und Heilung zu geben. Und ich habe gerade die Nachricht erhalten: Sie sind jetzt zu Hause. Mutter und Sohn, beiden geht es gut!

Die zweite Mutter ist die Tochter einer engen Freundin. Sie lag achtundvierzig Stunden lang mit Komplikationen in den Wehen. Meine Freundin, die mit ihrer Tochter im Kreißsaal war, schickte mir eine SMS, in der sie sagte, dass sie erschöpft und voller Sorge seien. Wieder einmal kam mir das Lichtnetz in den Sinn. Ich schickte ihr ein Bild des Lichtnetzes und schlug ihr vor, es in ihren Gebärmutterhals zu »legen.« Die Mutter war dazu in der Lage und erweckte das Lichtnetz in sich selbst zum Leben. Meine Freundin sagte, sie sei so dankbar, denn danach habe sie im Kreißsaal mehr Ruhe empfunden, und ihre Tochter habe sich innerlich ausrichten können. Das Baby ist jetzt sicher auf der Welt.

Diese beiden Kinder sind mir sehr wertvoll, und ich bin den Großmüttern dankbar, dass sie mir erlaubt haben, auf diese Weise ein Instrument zu sein. Ich war nie physisch bei einer Geburt anwesend, aber jetzt fühle ich mich wirklich mit dem Schoß des Lebens verbunden.«

Heather Small, Adresse unbekannt

»Wenn es einen Weg gibt, wie jeder wissen kann, dass das Lichtnetz real ist, dann ist es der, in seinem eigenen Körper kennenzulernen, was unter Bodyworkern als *Fasziennetz* bekannt ist. Faszien sind Bindegewebe innerhalb unseres Körpers, die alles mit allem verbinden. Es ist eine durchgehende Einheit in unserer körperlichen Struktur, die alles an seinem Platz hält, von unseren Organen über unsere Knochen bis hin zu unseren Flüssigkeitsgefäßen. Es unterstützt alles!

Ich bin Energieheilerin, und so bin ich auf Informationen über diese wunderbare Struktur gestoßen. Ich erlebe sie auf zwei Arten – zum einen durch das körperliche Gefühl, sie zu berühren und zu dehnen. Zum anderen erfahre ich sie durch die Energie, die sie durch den ganzen Körper trägt. Wenn ich mit jemandem arbeite, *sehe* ich es eher so, wie Fotos des *Kosmischen Netzes* es zeigen, das vor Leben und Vitalität sprüht.

Es ist real, und jeder von uns trägt es in sich. Man kann es fühlen, sei es im physischen oder im weiteren, energetischen Sinn. Das Netz ist nicht auf eine bestimmte Art der Wahrnehmung beschränkt. Es existiert auf *allen* Ebenen, und es ist überall – in unseren Körpern und im Kosmos.

Ich suchte so lange nach Gott, und die Großmütter waren mein Punkt der direkten, unverstellten Verbindung – der erste Weg, für mich selbst göttliche Führung zu erhalten, an die ich glauben konnte. Sie fanden so viele Wege, um zu mir zu gelangen, und haben mein Verständnis und meine Wahrnehmung mehr und mehr geöffnet. Es geht einfach immer weiter. Ich bin so froh, so froh, Teil ihrer Arbeit zu sein. Es bringt mir eine solche Freude, die Heiligkeit jedes Fleckchens Erde, jedes Wesens, das ich berühre, wo immer ich hingehe, erneut zu kräftigen. Mit dem Netz aus Licht zu arbeiten ist ein müheloser, universeller Weg, ihre Liebe auszudehnen.«

Linnea Haley, Kalifornien, USA
»Ich bin das innere Lichtnetz, das dem äußeren Lichtnetz, von dem ich empfange, etwas zurückgibt.«

Marianne Iten, Thurig, Schweiz
»Ich hatte nie von der Botschaft der Großmütter gehört, aber tief in meinem Herzen spürte ich eine Verbindung zu Menschen, ob ich sie kannte oder ob sie mir fremd waren. Ich fühlte diese Verbindung selbst dann, wenn es unlösbare Schwierigkeiten zwischen uns gab, und ich wollte dieses Gefühl der Verbundenheit auf einem großen Seidentuch zum Ausdruck bringen.

Die Verbindung offenbarte sich als ein Geflecht, das endlos in Zeit und Raum existierte. Darin eingewoben waren Göttinnen und Idole, die ich aus meinen Studien der Frauengeschichte kannte, und über diesem Lichtnetz standen große blaue Tänzerinnen mit streichelnden Händen.

Als ich begann, an der Seide zu arbeiten, erkannte ich, dass es die weiblichen Qualitäten sind, die diese Verbindungen möglich machen, und mir wurde bewusst, dass ich selbst diese weiblichen Qualitäten und Fähigkeiten brauche, wenn ich Veränderungen in der Welt bewirken will. Ich arbeitete monatelang an diesem Stück, und als meine Freude daran zunahm, lud mich eine Freundin, als sie das Werk sah, zu einem »Ermächtigungs«-Treffen ein.

Ich war sehr überrascht, als Ulrike Stedniz, die deutsche Übersetzerin der Botschaften der Großmütter, die zuletzt erhaltenen Belehrungen vorlas! Sie sprach laut aus, was ich für meine eigenen privaten Gedanken gehalten hatte! Jetzt ergab alles einen Sinn, und ich hatte das Gefühl, zu Hause zu sein. Dankbarkeit, Inspiration und Freude leben seitdem mit mir.

Einige Monate später traf ich Sharon McErlane bei einem Großmüttertreffen in der Schweiz. Sie bat darum, dass mein Seidengemälde hinter ihr hänge, damit sie sich auf das dort abgebildete Netz aus Licht beziehen könne. Unser Treffen und dieser wunderbare Tag blieben mir unvergesslich, und ich fragte die Großmütter, was dies alles im Zusammenhang mit meiner Arbeit auf Seide bedeutete. Sie antworteten, dass das Seidengemälde Sharon gehörte. Ich durfte es dann an sie weitergeben.

Meine Arbeit auf Seide entwickelt sich weiter und bezieht Freunde in meine Kreationen mit ein. Gemeinsam bringen wir weibliche, stärkende und verbindende Lichtschals ins Leben. Meine herzliche Dankbarkeit gilt den Großmüttern.«

Diana Boyce, North Carolina, USA

»Ich hatte in letzter Zeit einige ernsthafte gesundheitliche Probleme, und zum ersten Mal in meinem Leben habe ich mich dabei ertappt, wie ich alle um mich herum um Fürbitten bat. Ich bat die Freunde aus meiner

Großmüttergruppe, mir Licht und Liebe zu schicken, und bat meine kirchlichen Freunde, für mich zu beten. Mein Name stand auf mehreren Gebetslisten, und bei vielen Treffen der Gruppe meiner Großmütter arbeiteten sie mit dem Lichtnetz für mich.

Ich hatte noch nie in meinem Leben um Fürbitten gebeten... also fragte ich eines Abends, als ich mit dem Netz aus Licht meditierte, die Großmütter: ›Warum bitte ich um so viele Gebete? Tue ich es aus Angst?‹ Ich wollte keine Angst haben und fühlte mich auch nicht besonders ängstlich. Aber warum dann ein solcher Wunsch?

Die Großmütter sagten mir, dass, obwohl mein Glaube stark sei, das Lichtnetz und all diese Fürbitten, um die ich gebeten hatte, viel Gutes bewirken würden. Es gibt viele, sagten sie, die Angst haben und um viele verschiedene Dinge bitten. Wenn sie Zeit mit dem Netz aus Licht verbringen und beten würden, würden sich *alle diese Menschen* dafür öffnen, Liebe und Licht zu empfangen. *Jeder einzelne von ihnen* hätte die Möglichkeit, zu heilen. Sie sagten mir, dass man sich mit oder ohne die Gebete anderer um mich kümmert, aber indem ich um all diese Fürbitten bat, trug ich dazu bei, dass für viele Gutes geschehen konnte. Ich half, ihnen den Weg zu öffnen, damit auch sie empfangen konnten.«

Heidi Nystrom, Finnland

»Letzte Woche ist etwas Erstaunliches passiert. Wir besuchten Bulgarien, um am Schwarzen Meer Golf zu spielen, und zwei Tage vor unserer Rückkehr nach Hause bemerkten wir beim Aufwachen einen großen schwarzen Wurm oder ein schlangenartiges Ding auf dem Fußboden. Ich fragte nach der Botschaft dieses schwarzen Dings und verstand bald, dass es sich nicht um eine Botschaft der Liebe handelte. Etwas daran war beunruhigend.

Während der ganzen fünf Stunden, die ich an diesem Tag auf dem Golfplatz verbrachte, betete ich und sprach mit allen Mächten der Liebe und des Lichts, arbeitete mit dem Lichtnetz und bat das Licht, hereinzukommen und dic Vergangenheit zu vergeben. In dieser Nacht träumte ich von einem riesigen Wesen, das aussah wie einer der alten Gottessöhne.

Ich bat darum, dass er ans Licht gebracht würde und dass alle Seelen, die je für ihn oder mit ihm gearbeitet hatten, dasselbe täten. Sie alle antworteten auf dieses Vergebungsgebet, und es waren so viele von ihnen anwesend, wie meine Augen sehen konnten. Dann bat ich sie, zu vergeben, dass ihnen vergeben werde und sich selbst zu vergeben. Als ich darum bat, zerfiel das riesige Wesen in Stücke, und ich bat darum, dass all diese Seelen befreit werden und dass Frieden zwischen ihnen allen herrsche.

Am nächsten Morgen war der Himmel bewölkt, aber die Sonne schien durch Wolkenlücken, sowohl über dem Land als auch über dem Meer. Während ich Golf spielte, bat ich immer wieder um mehr Liebe und Licht und darum, dass das Lichtnetz stark sein möge. Dann hörte ich die Worte: *Das Netz aus Licht wird aufgebaut.* Nachdem unser Golfspiel vorbei war und wir draußen saßen, um etwas zu essen, blickten wir auf, und ein Adler kreiste über uns.«

Anonym, irgendwo in Europa

»Als ich mich das erste Mal mit dem Lichtnetz verband, musste ich einfach weinen, lautlos, glücklich weinen; Tränen strömten über mein Gesicht. Es fühlte sich gut an, wie geheilt zu werden. Später batet ihr uns, an die heiligen Orte in Irland zu denken, die Licht in das Lichtnetz strömten. Und während ich daran dachte, wurde das Netz immer stärker und stärker, und das spürte ich auch.

Jeden Monat freute ich mich auf die Botschaft der Großmütter, und viele Male hatte ich die Vorstellung, dass ihre Botschaft für mich bestimmt war; genau richtig in meiner Situation. Ich habe damals wirklich mit den Großmüttern gelebt und die Menschen in der Straßenbahn, im Zug und auf der Straße gesegnet.

Ich bin jetzt Pfarrerin in der evangelischen Kirche. Ich bin glücklich in diesem Job, und das Komische ist, dass es in meiner Kirche viele Großmütter gibt. Aber das Traurige ist, dass ich jetzt nur die Worte und Bilder der christlichen Überlieferung verwenden kann. Ich würde all diesen Großmüttern in der Kirche gerne von den Großmüttern erzählen, aber sie würden es nicht verstehen.

Dennoch verbinde ich mich oft mit dem Netz aus Licht und werfe es über den Ländern, über die Natur und über die Menschen aus. Und noch immer segne ich die Menschen auf den Straßen und teile den Segen auf diese Weise mit meinen Kollegen und anderen Christen in der Kirche.«

Claudie Penn, England

»Ich bin ein Business-Coach und Moderatorin, und in den letzten zehn Jahren konzentrierte sich ein Großteil meiner Arbeit auf die Ermächtigung von Frauen, die Durchführung von Führungsprogrammen für Frauen und das Coaching von Frauen, die in Führungspositionen aufsteigen. Das ist eine echte Leidenschaft von mir. Im Dezember 2013 hatte ich meine Arbeit wieder aufgenommen und war bald ausgelaugt, so dass ich beschloss, ein paar Wochen zu Hause zu meditieren, zu schreiben und nachzudenken. Zu diesem Zeitpunkt begann das Netz aus Licht in meinen Träumen und Meditationen aufzutauchen, und ich schrieb in meinem Tagebuch darüber. Ich weiß nicht genau, wann es geschah, aber ich hatte plötzlich diese ständige Vision eines Netzes, fast wie ein Fischernetz, das alles und jeden auf der Welt verbindet und hält und in mir ein echtes Gefühl von Sicherheit und Ruhe erzeugt.

Ein paar Tagen später saß ich an einer Bushaltestelle und dachte über dieses Netz nach, also nahm ich mein Smartphone heraus und googelte ›Netz aus Licht‹, und das erste, was auftauchte, war die Website der Großmütter. Als ich sie zu lesen begann, fiel ich fast von der Bank. Das traf genau auf mein Leben zu und auf die Sehnsucht, die ich als Frau nach Lebenssinn und einer Verbindung zum Göttlichen verspürte. Ich habe beide Bücher sofort bestellt, und das hat mein Leben grundlegend verändert. Als ich sah, dass die Großmütter-Versammlung in Kalifornien im März stattfand, war mir klar, dass ich unbedingt dort hinwollte, obwohl ich mit keiner der Großmüttergruppen verbunden war, keine Ermächtigung erhalten hatte usw. Es fühlte sich einfach wichtig an.

Als ich beschloss, hinzufahren, hatte ich keine Ahnung, wie ich es mir leisten könnte, und so beschloss ich, dass ich hingehen würde, wenn ich wieder Arbeit hätte. In der Woche danach gab es plötzlich vier große

Aufträge mit mehr Geld, als ich in den letzten Jahren verdient hatte, also entschied ich, dass das ein kleines Zeichen war!«

Sally Schoof, Kalifornien, USA
»Das Netz aus Licht ist mein Freund. Wenn ich es anrufe, bin ich ermächtigt und vollständig mit Liebe, Hoffnung und der Energie erfüllt, die Arbeit zu tun, die so notwendig ist. Wann immer ich einen Ort brauche, an den ich gehen kann, gehe ich zu meinem Platz im Lichtnetz, weil ich mich dort sicher und mit den Großmüttern und Mutter Erde verbunden fühle. Das ist notwendige Arbeit, die wir tun, und ein Teil davon zu sein, hilft mir, mich mit anderen Menschen verbunden zu fühlen. Die Großmütter helfen mir, die Welt zu heilen, und dafür bin ich sehr dankbar.«

Anonym, Nordeuropa
»Vor einigen Jahren gab es eine Gruppe von Männern, die zu einem unserer Großmüttertreffen kamen. Während unserer Zeremonie standen sie zusammen, sprachen zu den Frauen dort und verbeugten sich vor ihnen. Ich war bewegt von dieser Geste, und wir mussten weinen. Sie baten die weinenden Frauen, ihre Geschichte zu erzählen; ich habe es damals nicht getan, aber jetzt werde ich es tun.

Meine Großmutter war während des Zweiten Weltkriegs mit ihren fünf Kindern in einem japanischen Konzentrationslager in Indonesien interniert. Das jüngste war erst ein Baby. Sie mussten ihr Haus und ihre Habseligkeiten zurücklassen, und mein Großvater wurde in ein Männerlager gesteckt, während meine Großmutter und die Kinder in eines der Frauen-und-Kinderlager gesteckt wurden. Meine Großmutter, mein Vater, meine Onkel und Tanten mussten dort in einem sehr kleinen Raum zusammen mit zwei anderen Familien und vielen Ratten leben. Es gab kaum zu essen, aber viele Krankheiten. Mein Vater, der noch sehr jung war, war ein halbes Jahr lang krank, und er überlebte nur knapp. Aber sie haben überlebt, alle sieben, Gott sei Dank.

Jeden Tag, so heißt es, mussten die Frauen und Kinder beim Appell erscheinen und sich in der Hitze des Tages eine Stunde lang vor den japanischen Soldaten verbeugen. Eine Menge schmutziger, hungriger, kranker und durstiger Frauen und Kinder verbeugten sich in der Hitze des Tages vor einigen bewaffneten Soldaten. Das ist ein schmerzliches Bild, das ich mit mir trage. Mein Vater konnte sich nie wirklich aus dieser Zeit lösen und litt sein Leben lang an einem traumatischen Stresssyndrom. Das war schwierig für ihn und für uns – für seine Frau und seine Kinder.

Als die Männer bei der Zeremonie der Großmütter sich vor uns verbeugten, hat mich das sehr überrascht. Es war, als hätte sich die Welt verkehrt: Ein paar verletzliche Männer verbeugten sich vor einer großen Gruppe von Frauen in Respekt und Wertschätzung. Das brachte mich wirklich zum Weinen. Es ist ein heilsames Bild, das ich in meinem Kopf trage und nie vergessen werde.

Diese Kriegsgeschichte und die Rolle meines Großvaters, der Theologieprofessor war, haben in meiner Familie viel Leid verursacht. Mein Großvater hatte nicht genug Wertschätzung für seine fantastische Frau, meine Großmutter. Er hielt sie und alles, was sie tat, für selbstverständlich. Er war ein großartiger Mann, aber er dachte nicht viel über seine Frau und seine Kinder nach – sicherlich dachte er nicht an all das, was sie durchgemacht hatten. Frauen sollten seiner Meinung nach nicht studieren. Ihr Platz war das Haus. Aber meine Tanten (später in ihrem Leben), meine Nichten und ich haben studiert, dank der großen Veränderungen in der Gesellschaft.

Mich mit dem Lichtnetz zu verbinden, hilft mir, meinem Vater und Großvater zu verzeihen und auch den Japanern zu verzeihen. Es ist tröstlich für mich, den Schmerz und die Frustration in meiner Familie heilen zu können, indem ich mich an das Lichtnetz anschließe. Es ist auch tröstlich, durch das Lichtnetz mit meinen Vorfahren zu arbeiten. Der Gedanke, dass diese Verbindung Generationen vor und nach mir heilen wird, ist ein wirklicher Trost!

Die Welt scheint heute von Krieg und Tragödien entflammt, aber trotz all des Leidens in der Welt danke ich den Großmüttern und dem Netz aus Licht für die *Liebe*, die wir verbreiten können.«

Terry Du Beau, Montana, USA
»Wenn ich die Nachricht von einem Hurrikan, einem Unfall, einem Feuer oder einer anderen Katastrophe in der Welt höre, an der der Planet, Menschen, Pflanzen oder Tiere beteiligt sind, sehe ich mich selbst, wie ich das Netz aus Licht an diesem Ort auswerfe, fast wie eine Fischerin, die ein Netz an der Seite ihres Bootes auswirft. Das Netz hat Lichter an allen sich kreuzenden Strängen. *Wir sind diese Lichter*! Und wir werfen unsere Energie und unsere Gebete an jenen Orten aus, die unsere Liebe und Unterstützung brauchen, weil wir eins sind! Das Lichtnetz zu visualisieren, hilft mir, meine Energie unmittelbarer in das Geschehen einzubringen, das ich gesehen oder von dem ich gehört habe!«

Aisha North, Adresse unbekannt
»Es gibt ein neues Netz von energetischen Fäden, die den Globus kreuz und quer durchziehen und mit Akupunkturpunkten verglichen werden können, die an Knotenpunkten in energetische Bahnen gesetzt sind, die nicht nur dazu dienen, diese Energien zu verankern, sondern sie auch zu verstärken.

Worüber wir sprechen, ist das neue energetische System von Pfaden, an dessen Einrichtung viele von euch maßgeblich beteiligt waren. Als ihr alle miteinander verbunden wart, habt eine große Anzahl dieser Gitterpunkte verankert, die sich durch die Interaktion zwischen euren physischen Körpern und diesen einströmenden Energien manifestieren und dieses ganze Netz von Pfaden ins Leben rufen. Jetzt ist es in Betrieb, wenn auch noch nicht in seinem vollen Potential. Eine gewisse Zeit der Anpassung ist erforderlich, da dies eine neue energetische Umgebung nicht nur für euch, sondern für den ganzen Planeten ist.

Dieses riesige Netz bedeckt nicht nur euren Globus, es ist auch tief in die Struktur dieses Planeten eingebettet, bis hinunter zum innersten Kern. Es kann mit einem beständigen Energiefeld verglichen werden, das euch nicht nur umgibt, sondern in jedem Teilchen eures Wesens eingebettet ist und euch alle auf eine ganz neue Weise verbindet. Dieses allumfassende Feld wird mit allem interagieren, was ihr um euch herum seht, und mit allem, was noch unsichtbar ist und nicht zu vergleichen ist mit dem, was bisher in diesem Teil der Schöpfung, auf dem Planeten Erde, errichtet wurde. Es wird euch alle wie in einem Schoß als energetisches Gewebe umhüllen, um die Frequenz von allem, mit dem es interagiert, zu erhöhen. Eine gewaltige Verschiebung wird den gesamten Planeten in eine neue Oktave heben, und während dies geschieht, werdet ihr mit ihm mit angehoben und beginnt ihr, in einer immer höher werdenden Frequenz zu schwingen.«

Peggy Huddleston, Alabama, USA

»In den vier Jahren, seit die Großmütter in mein Leben getreten sind, habe ich gelernt, dass ihr Timing perfekt ist. Und ihr perfekt passendes Geschenk an mich kam auf der Heimreise von einem Großmüttertreffen 2012 in Litauen. Als ich in der Abenddämmerung von Vilnius nach Kopenhagen flog, sah ich ein Lichtnetz, das niemand sonst zu bemerken schien, aber eines, das ich erkannte. Ich hatte die Gabe, das Lichtnetz zu sehen! Ich war von dieser Erfahrung bereits überwältigt, als wir einige Stunden später über Grönland flogen, fühlte ich eine überwältigende Dankbarkeit und Liebe für das Göttliche, und als ich aus dem Fenster schaute, sah ich zwei Inseln vor der Küste, die sich zu einem perfekten Herzen vereinten. Dann färbte sich die ganze Landschaft in ein exquisites Rosa, und ich weinte, überwältigt von der Freude, dass mir etwas so Schönes und Wunderbares gezeigt wurde. »**Wir wussten, es würde dir gefallen**«, sagten die Großmütter.«

Anne, Holland

»Ich benutze das Netz, wenn ich Fahrrad fahre, wenn ich gehe; ich arbeite mit dem Lichtnetz in meinen Zellen, und die Erfahrung ist jetzt, dass *ich das Lichtnetz bin.* Es gibt keine Grenzen mehr. Es gibt nur noch die Erfahrung des Lichts, die Verbindung des Lichtnetzes.

Ich verwende das Netz aus Licht bei Schmerzen oder kleinen Traumata. Es hilft mir! Ich benutze es auch, um die Dinge in der Welt besser zu machen, denn es gibt nur das Eine, aber in diesem Einen gibt es viele kranke Teile. Die Yang-Teile in der Welt sind jetzt außer Kontrolle geraten, und indem ich das Lichtnetz benutze, helfe ich, Samen des Lichts in die Teile der Welt zu bringen, die außer Kontrolle geraten sind. Wenn wir das tun, bringen wir das Gleichgewicht von Yin und Yang auf der Erde zurück, das so sehr gebraucht wird. Ich bin zuversichtlich, dass wir alle zu unserer Zeit bewusstwerden und *Licht* werden.

Wenn die Großmütter mich rufen, gehe ich zu ihren Versammlungen in Holland und Belgien. Ab und zu besuche ich einen Studienkreis der Großmütter, aber meistens arbeite ich allein. Aber wir sind alle eins, also bin ich nie allein! Ich studiere die Bücher und steige immer tiefer in das ein, was die Großmütter lehren. Wenn ich wissen will, was die Großmütter mir sagen wollen, höre ich auf mein Herz und höre, wie es die Wahrheit sagt. Aber wenn ich eine schnelle Antwort haben will, öffne ich ein Buch und sehe, was der Text zu sagen hat. Es ist immer die richtige Lösung und Antwort.

Deshalb bete ich von Herzen: ›Mögen alle Wesen auf der ganzen Welt glücklich sein.‹«

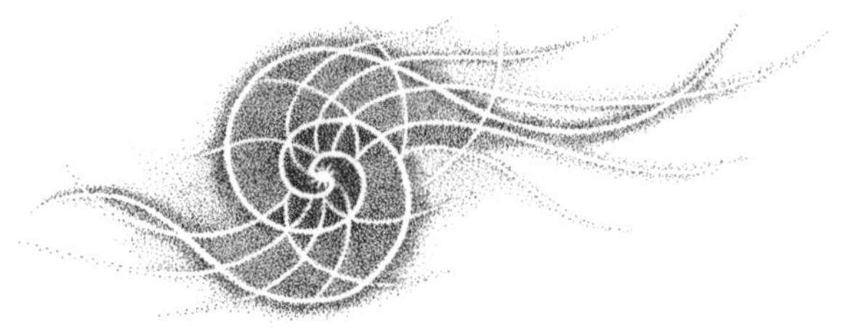

KAPITEL 14

Das Arbeitsbuch der Großmütter

»Dies sind Werkzeuge zur Förderung der individuellen Ermächtigung.«

»Über etwas« zu wissen, ja sogar, es zu »wissen«, ist nicht dasselbe, wie es zu leben. Die Meditationen der Großmütter sind daher so eingerichtet, dass sie ein intuitives Verständnis der Wahrheiten vermitteln, die sie mit uns geteilt haben. Einige der Meditationen in diesem Buch sind hier noch einmal zusammengetragen, damit ihr den direkten Zugang habt.

Diese Lehren haben mehrere Bedeutungsebenen und sind »Werkzeuge zur Förderung der individuellen Ermächtigung«. Unabhängig davon, ob du dich für die Ermächtigung der Großmütter entschieden hast oder nicht, werden dir diese Werkzeuge helfen, ihre Arbeit in die Praxis umzusetzen. »**Diese Meditationen verankern unsere Lehren, so dass unsere Lektionen tief ins Innere deines Körpers und Geistes dringen und dort bewahrt werden können. Dann können sie zu deiner eigenen Wahrheit werden. Wenn du diese Wahrheiten aufgenommen hast und in dir trägst, werden sie nicht mehr nur Gedanken sein, die durch deinen Geist gehen, sondern in der Tiefe verankert.**«

Die Meditationen der Großmütter führen zur Veränderung. Es sind keine intellektuellen Übungen, sondern Möglichkeiten, eine andere Art des Seins zu erleben. Dieser Teil des Buches ist als Arbeitsbuch für jene gedacht, die eine aktive Rolle bei dieser Arbeit spielen möchten. Einige

Meditationen sind einfach, während andere komplexer sind, aber alle sind so konzipiert, dass sie dir helfen, dein Gewahrsein und dein Bewusstsein zu heilen, ins Gleichgewicht zu bringen und zu erweitern. Und während dies geschieht, wirst du durch dein eigenes Dasein alles Leben auf Erden segnen. Du kannst, wenn du willst, diese Meditationen aufzeichnen, damit du direkt auf die Kraft in den Worten der Großmütter hören kannst.

VORBEREITENDE ENTSPANNUNGSÜBUNG

Wenn du mit dem Meditieren nicht vertraut bist, bringt dich diese einfache Methode in eine Entspannung und bietet einen Einstieg in die Arbeit mit den Großmüttern. Benutze sie nach Bedarf vor den jeweiligen Meditationen.

Finde zunächst einen Ort, an dem du allein sein kannst, nimm Platz und denke darüber nach, warum du diesen Platz eingenommen hast. Was erwartest du von dieser Erfahrung? Du bist vielleicht nur neugierig auf diese sogenannten Großmütter, oder du möchtest dich der Gegenwart des Göttlichen öffnen. Sei dir darüber im klaren, was du willst, wenn du an diese Arbeit herangehst. Deine Klarheit ehrt sie und dich. *Das ist deine Absicht.*

Sobald du dich hingesetzt hast, lasse deinen Körper eine offene Haltung einnehmen. Deine Arme und Beine sind gerade, es sei denn, du sitzt im Schneidersitz auf dem Boden. Nimm dir einen Augenblick, um wahrzunehmen, wie perfekt der Stuhl oder der Boden dich trägt. Sie tragen uns zu jeder Zeit, auch wenn wir es selten wahrnehmen. Fühle deinen Kontakt mit dem Stuhl oder dem Boden und nimm wahr, wie angenehm oder weniger angenehm du dich fühlst.

Wie nimmt dein Körper den Raum ein? Wo ruht sein Gewicht? Achte auf alle Teile deines Körpers. Sind deine Füße schwer auf dem Boden? Spürst du deine Füße? Nimm dir die Zeit, die du brauchst, um anzukommen, und beobachte, was in dir vorgeht, mit einer gewissen Distanz, etwa wie bei einer Inventur. Schlägt dein Herz schnell oder langsam? Ist der Atemrhythmus regelmäßig oder unregelmäßig? *Nimm es einfach wahr.*

Nimm einen langsamen, tiefen Atemzug, und wenn du ausatmest, denk daran, wie du das Alte loslässt (alte Gedanken, alte Einstellungen, alte Luft), und wenn du einatmest, denk daran, wie du das Neue aufnimmst. Schließe die Augen und mache das drei- bis viermal. Spüre, wie sich dein Atem in einem tiefen, langsamen Rhythmus ein- und auswärts bewegt. *Das Alte loslassen, sich dem Neuen öffnen.*

Beobachte, wie dein Herz schlägt, und nimm seinen Rhythmus wahr. Wird er langsamer? Beschleunigt er sich? Wie ist die Temperatur deines Körpers? Dein Herz kann schnell oder langsam schlagen. Dein Körper kann sich warm oder kühl anfühlen. Du bist vielleicht angespannt oder entspannt, wenn du beginnst, aber versuche nicht, etwas an dir zu ändern. Dränge dich nicht, »bemühe« dich nicht, dich zu entspannen. Beobachte einfach, ohne dich zu beurteilen. *Beobachte und nimm dir Zeit.*

Achte darauf, wo dein Körper angespannt ist und wo er sich weicher anfühlt, wenn du den Atem anhältst oder schnell oder langsam atmest. Kein Urteilen. Keine Eile. *Beobachte einfach weiter,* ohne dich zu bewerten. Wenn du dich schließlich entspannt hast, kannst du die Großmütter wissen lassen, dass du bereit bist, mit ihnen zu arbeiten.

MEDITATION ÜBER DAS NETZ AUS LICHT

Wir beginnen mit der Meditation über das Netz aus Licht. Die Großmütter bitten uns, diese Meditation oft durchzuführen, um die Gnade dieses leuchtenden Tragwerks auf alle und alles auf der Erde auszudehnen.

»**Beginne mit dem Netz aus Licht zu arbeiten**«, sagen sie, »**indem du an ein riesiges leuchtendes Fischernetz denkst, das sich über die Erde und in die Ferne erstreckt so weit das Auge reicht. Dies ist das große Lichtnetz, das die Erde und alles Leben auf diesem Planeten während der kommenden Zeiten des Wandels halten und tragen wird. Das Lichtnetz bedeckt die Erde von oben, es bedeckt sie von unten, und es durchdringt die Erde wie ein großes Gitternetz, das in allem ist, es berührt und hält. Dies ist das Netz aus Licht, das die Erde halten wird, wenn sich die Ener-**

gien von Yin und Yang verschieben. Und sie werden sich verschieben«, sagen die Großmütter, »der Wandel hat bereits begonnen.

Tritt vor und nimm deinen Platz im Lichtnetz ein. Irgendwo, wo sich zwei der Stränge zu einem X oder T verknüpfen, ist ein Ort, der sich für dich genau richtig anfühlt. Tritt vor und nimm dort deinen Platz ein. Hier kannst du dich ausruhen und dich vom Lichtnetz halten und tragen lassen, während gleichzeitig du es hältst und trägst.

Wir haben dir immer wieder gesagt, dass das Lichtnetz vom Juwel des Herzens erleuchtet wird. Und das ist wahr«, sagen die Großmütter. »Erlebe jetzt, wie sich das strahlende Juwel deines Herzens zu öffnen beginnt und sein Licht entlang der Stränge des Netzes ausstrahlt. Jeder Mensch, der mit dem Lichtnetz arbeitet, ist im Licht mit anderen verbunden, die ebenfalls mit ihm arbeiten. Erlebe deine Vereinigung mit Menschen auf der ganzen Welt, die jetzt durch das Lichtnetz verbunden sind. Einige von ihnen nennen es ein Lichtnetz, andere nennen es ein leuchtendes Gitter, wieder andere nennen es Indras Netz, aber wie auch immer sie es nennen, es ist das gleiche Gebilde.

Rufe das Netz an und finde deinen Platz darin«, sagen sie, »denk daran, Licht aus diesem riesigen Netzwerk zu empfangen und in es hineinzuschicken. Und wenn du diesen Gedanken denkst, wird ihm sofort eine Energie folgen, und du wirst das Lichtnetz spüren, das in dir und durch dich wirkt.

Erlebe deine Vereinigung mit uns und mit all denen, die mit uns arbeiten. Es gibt Tausende von euch auf der ganzen Erde. Erlebe auch deine Vereinigung mit den geweihten und heiligen Orten auf diesem Planeten und den geweihten und heiligen Wesen, die in dieser Zeit gekommen sind, um die Katastrophe abzuwenden, die die Erde bedroht – die großen Heiligen, Weisen und Avatare, die jetzt gekommen sind und im Dienst gerne ihr Leben geben. Erlebe deine Vereinigung auch mit jenen Gutherzigen, die nach dem höchsten Guten für das Leben auf der Erde streben. Erkenne und fühle die Kraft dieser Vereinigung und lass deinen Körper diese Kraft des Guten und die Kraft für das Gute erleben.

Sobald du diese Kraft deutlich gespürt hast, beginne, das Netz aus Licht jenen zuzuwerfen, die noch nichts von ihm wissen. Wirf es aus, wo immer es auf Erden Leid gibt«, sagen sie, »**wirf es Menschen und Tieren zu oder Zuständen, wirf es allen Lebensformen und Mutter Erde selbst zu. Wirf es auch Menschen zu, die dienen möchten, aber noch keinen Zugang zum Göttlichen gefunden haben, denn wenn du das Lichtnetz auswirfst, werden viele, die bis heute nichts von der grundlegenden Verbindung, die wir alle teilen, wissen, allmählich erwachen und den Funken der Göttlichkeit in sich spüren, der zum Leben erwacht. Bitte nun das strahlende Lichtnetz, alles Leben in seiner Umarmung zu halten, und wisse, dass du jedes Mal, wenn du so arbeitest, zur Ausdehnung und Macht des gewaltigen Netzes beiträgst.**

Wirf das Netz allen Frauen und Männern überall zu«, sagen sie. »**Wirf es den Führern dieser Welt zu, um sie daran zu erinnern, dass sie ein wertvoller Teil des Lichtnetzes sind, das das Leben trägt und hält. Wirf es dem Tierreich zu und bitte darum, dass jedes Tier das bekommt, was es am meisten braucht; desgleichen mit dem Pflanzenreich und auch mit dem Mineralreich. Wirf es allem zu, was lebt**«, sagen die Großmütter, »**und wenn du das getan hast, bitte: ›Mögen alle auf der ganzen Welt glücklich sein.‹**

So«, sagen sie, »**arbeitet man mit dem Lichtnetz. Es gibt keinen größeren Dienst, den du leisten könntest. Wir bitten dich, von Herzen zu geben und jeden Tag mit dem Lichtnetz zu arbeiten. Tue es für dich selbst und tue es für alles, was lebt.**

Wir segnen dich.«

MEDITATION ÜBER EIN LEBEN ALS DAS GEFÄSS, DAS DU BIST

Vielleicht ist eine der stärksten und aussagekräftigsten Eigenschaften der Yin-Energie ihre Fähigkeit, das, was da ist, zu halten, anzunehmen und zu nähren. Wenn wir nicht gegen etwas angehen, nichts ausschließen oder verurteilen, sondern stattdessen das, was uns in den Schoß fällt, dort halten, damit es zur Ruhe kommen und seinen Platz finden kann, erlauben wir Yin, durch uns zu arbeiten: nicht die Herausforderung des Augenblicks dramatisieren, nicht vom Schrecken des Augenblicks gebannt sein, sondern einfach mit dem Augenblick *sein*. Diese Qualität der nährenden Akzeptanz gehört zur Mutter, und so können wir uns selbst dem weiblichen Prinzip öffnen und uns auf diese Weise mit Menschen, Ideen und Situationen – kurz gesagt: mit allem, was ist – auseinandersetzen: Es annehmen, alles annehmen. Zunächst mag dir diese Idee seltsam vorkommen, fremd – aber nur, weil dieses Konzept in unserer Welt schon so lange fehlt.

Eine Position der Offenheit und Annahme schafft ein Kraftfeld der Harmonie. Es gibt eine unbestreitbare Größe in dem, was die Großmütter das Gefäß nennen. »Die, die hält«, akzeptiert, was ist, und diese Annahme erlaubt es jedem und allem, sich zu entspannen und zu sein, wer und was sie sind. Von und mit dem Gefäß gehalten, werden wir »real«. Und weil das so ist, schafft diese Meditation eine Grundlage für harmonische Beziehungen. Es harmonisiert Frauen und Männer, scheinbare Gegensätze, Yin und Yang.

»Es ist Zeit, das Gefäß zu erleben, das du bist«, sagen die Großmütter. **»Du bist das Gefäß, das die Liebe enthält, das das Leben enthält und alles in sich trägt, was lebt. Dein Fassungsvermögen ist unermesslich. Werde dir deiner selbst gewahr.«**

Um sich als dieses Gefäß zu erleben, von dem sie sprechen, beginne, dich in einen Zustand der Entspannung zu versetzen, indem du mit unverschränkten Armen und Beinen und gerader Wirbelsäule dasitzt. Lege deine Hände mit den Handflächen nach oben auf deinen Schoß und spüre, wie es ist, in einer so offenen Haltung dazusitzen. Wie fühlt sich dein Körper an, wenn du so sitzt? Wie fühlst du dich? Beurteile dich dabei nicht und versuche auch nicht, etwas an dir zu ändern – spüre es einfach. Wenn du so dasitzt, wirst du in einen tief empfänglichen Zustand fallen, zum Gefäß werden: offen und empfänglich für das, was kommt. Diese Haltung erinnert an die Gegenwart der Großen Mutter – sie, die alles Leben annimmt und alles hält. Wenn du so dasitzt, kannst du dir gewahr werden, dass sie bei dir ist, dich hält und zur gleichen Zeit in dir wohnt.

Nimm dir ein paar Minuten Zeit, um deine kraftvolle Verbindung mit der Großen Mutter zu genießen, indem du offen und empfänglich bist.

Beim Sitzen kannst du dir auch des Stuhls unter dir und der Unterstützung, die du sowohl vom Stuhl als auch vom Erdboden erhältst, gewahr werden. Genau in diesem Augenblick bist du am richtigen Platz.

Nimm dir jetzt eine kleine Weile, um das einzuladen, was auf der Leinwand deines Denkens erscheint. Lasse es so kommen, wie es will, und wenn etwas erscheint, halte es ruhig. Halte einfach, was sich zeigt. Bewege dich nicht darauf zu und nicht davon weg. Lass es zu dir kommen und so lange bei dir sein, wie es will, und wenn es aufsteht und geht, nimm es hin und halte dann, was immer als nächstes kommt.

Du wirst feststellen, dass du dies kannst, weil du ein Gefäß bist und es das ist, was ein Gefäß tut. Es hält. Ein Gefäß wird in keiner Weise von dem beeinflusst, was es enthält. Wenn du Wasser in einen Topf gießt, bleibt der Topf unverändert. Wenn du Milch hineingibst, ist er immer noch derselbe. Werde dir gewahr, wie es sich anfühlt, einfach so zu halten – nur für diesen Augenblick, unbeeinflusst von dem, was dir in den Sinn kommt. Kein Urteil, keine Bewertung, und wenn ein Urteil auftauchen sollte, dann halte auch das Urteil auf diese nicht wertende Weise.

Die Großmütter führen dies mit dir zusammen durch– halten dich und halten mit dir, damit du lernst, wie es ist, das Gefäß zu sein, das du tatsächlich bist. »**In der Weite deines Seins kannst du das tun**«, sagen sie. »**Du bist groß genug, um alles zu halten.**« In diesem Moment könnt ihr euch der Wahrheit in ihren Worten bewusstwerden: dass ihr gerade jetzt alles annehmen und halten könnt.

Eine Reihe von Menschen, Problemen und Geschichten können dir durch den Kopf gehen. Lass sie kommen. Du kannst da sitzen, und wenn du weißt, dass die Großmütter bei dir sind und dich halten, kannst du dich entspannen und alles beobachten. Du wirst vielleicht, wie ich, entdecken, dass es wie im Kino ist. Szenen kommen und gehen, steigen auf und versinken wieder, und sollte eine Szene für eine Weile dableiben, in der Hoffnung, vielleicht zum Hauptfilm zu werden, lasse es so sein. Einfach halten. »**Halten, halten, halten**«, sagen die Großmütter, solange es nötig ist; und während du hältst, achte auch auf deinen Körper und beachte, wie du dich fühlst. Wie ist es, ein Gefäß zu sein?

»**Wenn ihr durchs Leben geht**«, sagen die Großmütter, »**bleibt im Gewahrsein des Gefäßes, das ihr seid, und haltet alles, was zu euch kommt. Haltet es, wie ein Becken Wasser hält oder wie ein Pflanzgefäß Erde hält. Wasser verändert nicht die Form oder Farbe eines Beckens. Die Erde verändert nicht die Größe oder Form eines Topfes. Ein Gefäß *ist.* Es hält. Du hältst. Du kannst all dies umfassen, weil es in deiner Natur liegt, das Gefäß zu sein. Das**«, sagen sie, »**ist Yin.**« Fühle es.

ARBEITEN MIT DEM STEINKREIS

Ich bat die Großmütter um eine einfache, sichere und leichte Möglichkeit, mit ihnen zu arbeiten, und sie gaben uns den Steinkreis. Die Großmütter setzten sich auf den Boden und bildeten einen Kreis, jede mit einem großen, glatten Stein vor sich. »**Dieser Kreis ist ein heiliger Raum, eine Öffnung für das große Unten und das große Oben**«, sagten sie. »**Du brauchst nicht mehr auf die bisherige Art zu reisen, es sei denn, es gefällt dir besser**«, sagten sie. »**Stattdessen kannst du uns die Geister zu dir rufen lassen.**

Diese Art zu arbeiten wird vielen Menschen leichterfallen, weil sie die Arbeit nicht allein tun müssen, sondern unter unserer Führung und unserem Schutz auf verschiedene Ebenen der nichtalltäglichen Wirklichkeit reisen können. Wir werden dort sein, um ihnen den Weg zu zeigen und ihnen zu helfen, dorthin zu gelangen, wo sie hinwollen.« Was folgt, ist eine einfache Arbeitsweise, die du nutzen kannst, um mit dem Großen Rat der Großmütter zu kommunizieren.

Um zu erfahren, wie es ist, mit den Großmüttern zu reisen, denk daran, dass sie direkt vor dir in dem oben beschriebenen Steinkreis sitzen. Dann geh vor, bis du in ihrer Mitte stehst. »**Fühle deinen Platz in diesem Kreis**«, sagen die Großmütter, »**und erinnere dich, dass alle Formen des Göttlichen bei uns sind, wenn wir zusammenarbeiten. Du bist ein integraler Bestandteil dieses Kreises, und die Tatsache, dass du Teil dieses Kreises**

bist und nicht von ihm getrennt, ist wichtig. Du bist eins mit uns«, sagen sie, »**eins mit dem Göttlichen, und das gilt für jeden, der sich entscheidet, mit uns zu arbeiten. Wenn du in diesen Kreis trittst, wirst du zum Mittelpunkt des gesamten Kreises. Deine Fragen werden hier beantwortet.**

Stelle jedes Mal nur eine Frage, wenn du in den Kreis trittst, und wie im Schamanismus üblich«, sagen sie, »**ist alles, was du nach deiner Frage hörst, siehst und erlebst, die Antwort. Also gib acht, was passiert, nachdem du gefragt hast, und halte dich an deine Frage.**«

Du kannst auf dem monotonen Schlagen einer Trommel zu den Großmüttern reisen, zum eintönigen Hin und Her der Scheibenwischer oder zu jedem anderen eintönigen Geräusch reisen. Du kannst es auch in der Stille tun. Zehn bis dreißig Minuten sind genug Zeit für eine Reise.

Frage die Großmütter nach etwas, in das du bereits etwas Energie gesteckt hast, und stelle keine Ja-oder-nein-Frage, denn die Antwort darauf wird dir nicht viel sagen. Frage die Großmütter etwas, das du *wirklich* wissen willst, und nimm dir die Zeit, deine Frage auszufeilen. Ich schlage vor, dass du deine Reise zu den Großmüttern in Demut beginnst und etwas fragst, das neben dir selbst auch anderen helfen wird. Das Göttliche ist Mitgefühl und arbeitet daher mit Mitgefühl. Wenn sich deine Frage also auf das Dienen in der Welt bezieht, ist es viel wahrscheinlicher, dass sie beantwortet wird.

Vom Steinkreis aus kannst du sowohl in die Obere als auch in die Untere Welt gelangen, aber da das Reisen nicht Gegenstand dieses Buches ist, werden wir nicht darauf eingehen, wie die Arbeit in diesen Welten aussieht. Der Steinkreis soll das Reisen einfacher, sicherer und leichter machen, und, wie ich bereits erwähnt habe, kann alles in der nichtalltäglichen Realität erforscht werden, wenn man vom Mittelpunkt dieses Kreises ausgeht.

Nachdem du deine Frage formuliert hast, begrüße die Großmütter und stelle dann demütig und aufrichtig deine Frage. Nachdem du das getan hast, achte auf das, was zu dir kommt. Was siehst du? Hörst du? Berührst du? Fühlst du? Denkst du? Riechst du? Schmeckst du? Die Großmütter können dir etwas sagen, dir etwas zeigen oder dich etwas erleben lassen.

Diese Reisen zu und mit den Großmüttern können emotionale Ereignisse und auch Überraschungen sein. Die Großmütter wissen, wie sie die Grenzen deines Verstandes umgehen und direkt in dein Herz gelangen. Sie wissen genau, was nötig ist, um dich zu einem Verständnis der Frage zu bringen, die du gestellt hast, und das ist es, was sie dir geben werden.

Nachdem du gefragt hast, öffne deinen Geist weit und *beobachte.* Sei neugierig auf den Vorgang, an dem du teilhast, und während du wahrnimmst, was auch immer du wahrnimmst, denke daran, diese Erfahrung, die Großmütter oder auch dich selbst nicht zu beurteilen. Beobachte einfach. Die Großmütter sind vollendete Lehrerinnen und wissen, was sie tun, also sei eine gute Schülerin und richte dein Bewusstsein auf das, was kommt. Vielleicht findest du es hilfreich, deine Reise auf Band zu sprechen, dann fällt es dir leichter, dich an alles zu erinnern, was mit den Großmüttern geschieht. Wenn du es aufnimmst, kannst du dir später auch noch einmal anhören, was sich bei deinem Abenteuer ereignet hat.

Wenn du dich entscheidest, in den Kreis der Großmütter zu treten, betrittst du das Reich der nichtalltäglichen Wirklichkeit, und wenn du aus ihrem Kreis hinaustrittst, gehe bewusst wieder in die Alltagswirklichkeit zurück. Wenn deine Reise also vorbei ist, danke den Großmüttern, dass sie sich diese Zeit mit dir genommen haben, und dann tritt respektvoll aus dem Steinkreis hinaus.

Wenn wir zu den Großmüttern und mit ihnen reisen, tun wir das, um zu lernen, wie wir uns in der Welt, in der wir leben, besser einbringen können. Die Arbeit mit den Großmüttern ist nicht als Flucht vor dem Schmerz der Welt gedacht, sondern als ein Mittel, um *in* und *für* diese Welt und alle Welten zu dienen. Um in der Welt wirksam zu sein, musst du mit den Füßen auf dem Boden bleiben, also schlage ich vor, dass du nicht mehr als zwei- bis dreimal pro Woche zu den Großmüttern reist.

DIE AHNENLINIEN HEILEN

Die Arbeit mit den Vorfahren vergrößert die Kraft all dessen, was wir mit den Großmüttern tun. Wir laden die Vorfahren ein, sich uns jedes Mal anzuschließen, wenn wir mit dem Lichtnetz arbeiten, und bei unserer Arbeit mit ihnen haben wir gelernt, dass das, was für uns hilfreich ist, auch für die Vorfahren hilfreich ist, weil es keine wirkliche »Zeit« gibt. Was immer uns heilt, kann auch die Ahnen heilen. Wenn wir die Ermächtigung der Großmütter an andere weitergeben, bieten wir sie auch ihren Vorfahren an, die sie ihrerseits weitergeben dürfen. Auf diese Weise wird nicht nur das Leben im gegenwärtigen Augenblick geheilt, sondern das Leben wird als Ganzes geheilt.

Das hier ist eine sehr wirkungsvolle Arbeit, die du tun kannst, um deine eigenen Ahnenlinien zu heilen. Arbeitet zu dritt und wechselt euch ab. Ihr entscheidet, welche Person zuerst die *Empfängerin* sein wird. Sie steht mit dem Rücken zu den beiden anderen, faltet die Hände über dem Herzen, um sich daran zu erinnern, die Arbeit dort zu zentrieren. Die beiden anderen, die die *Ahnenvertreterinnen* ihrer mütterlichen und väterlichen Linie sind, stehen: ihre mütterliche Vertreterin hinter ihrer linken Schulter, ihre väterliche Vertreterin hinter ihrer rechten Schulter.

Gemeinsam schließen alle die Augen und fühlen, imaginieren oder stellen sich das Lichtnetz vor. Ruft die Großmütter an, die euch dann mit dem höheren Bewusstsein der Vorfahren des Lichts verbinden werden. Die Ahnen des Lichts sind jene, die vor euch gegangen sind und die euch in dieser Zeit zu Diensten sein möchten. Wie du, arbeiten auch diese Wesen aus vergangenen Zeiten für das höchste Gute für alle.

Wenn ihr eine gute Verbindung mit dem Lichtnetz, den Großmüttern und den Lichtahnen hergestellt habt, bittet die *Empfängerin* die Großmütter, ihr eine Wunde zu zeigen oder sie zu einer Wunde zu führen, die lange Zeit mitgetragen wurde – etwas, das vielleicht aus ihrem eigenen Leben stammt oder vielleicht von jemand anderem in ihren Ahnenreihen getragen wurde. Unabhängig davon, ob sie im Moment mit dieser Wunde in Kontakt kommen kann oder nicht, allein weil sie darum bittet, mit ihr in Kontakt zu treten, wird die richtige Energie an diesen verwundeten Ort geschickt, um Licht und Heilung zu bringen.

Die *Empfängerin* dreht sich dann um und steht den beiden anderen gegenüber, und alle drei begrüßen sich mit einem Namaste, mit den

Händen in einer Gebetsposition auf Herzhöhe. (Namaste bedeutet: »Ich grüße die Göttlichkeit in dir.«) Wenn sie sich bereit fühlt, spricht die *Empfängerin* – die Hände noch in der Mudra des Namaste – das klassische hawaiianische Hoʻoponopono-Gebet zu den beiden anderen – eine nach der anderen – und sagt: »Es tut mir leid, bitte vergib mir, danke, ich liebe dich.« Die Vertreterinnen mütterlicher- und väterlicherseits antworten nicht, während sie zu ihnen spricht, sondern sie empfangen einfach mit den Händen vor ihrem Herzen.

Als nächstes denkt die *Empfängerin* an die Segnungen, die sie in dieser Lebenszeit erhalten hat, und entbietet den *Vertreterinnen der Vorfahren* ein Gebet der Dankbarkeit und des Segens. Sie mag einige der Gaben erwähnen, die ihr bei der Geburt geschenkt wurden (z.B. »Danke für meine Intelligenz, für meine starke Konstitution« usw.). Sie kann diese Segnungen laut oder still für such sprechen, aber es ist kraftvoller, sie laut auszusprechen. Während die *Vertreterinnen und Vertreter der Vorfahren* die Vergebung und die Anerkennung der Segnungen und Geschenke von der *Empfängerin* entgegennehmen, bleiben ihre Hände über dem Herzen gefaltet, damit sie die Wirkung dort empfangen und verankern können.

Die *Empfängerin* dreht sich dann um und wendet sich von den *Vertreterinnen der Vorfahren ab.* Die Vertreterin der mütterlichen Linie berührt die Rückseite der linken Schulter der *Empfängerin* und die Vertreterin der väterlichen Linie die Rückseite der rechten Schulter. Während sie in dieser Position stehen, rufen alle drei das Netz aus Licht an, um Vergebung so weit wie möglich die Ahnenlinien hinabzusenden. Die *Ahnenvertreterinnen* sprechen dann beide der *Empfängerin* leise Worte der Liebe, Ermutigung, Solidarität und Stärke zu. (Zum Beispiel: »Ich bin stolz auf dich. Mir gefällt, wer du geworden bist…« usw.)

Die *Ahnenvertreterinnen* halten sich an den Händen, während die andere Hand auf der Schulter der *Empfängerin* bleibt, und sprechen ihr gemeinsam das Hoʻoponopono zu. »Es tut uns leid, bitte verzeihe uns, danke, wir lieben dich.«

Danach nehmen die *Ahnenvertreterinnen* ihre Hände von den Schultern der *Empfängerin*. Die dreht sich nun wieder um und ihnen zu, und alle verbeugen sich mit einem Namaste. Alle nehmen sich eine oder zwei Schweigeminuten und teilen dann in aller Stille miteinander, was jede von ihnen gefühlt oder erlebt hat. Die Arbeit geht dann weiter, wobei die beiden anderen nacheinander die Position der Empfängerin einnehmen.

Viele weitere Meditationen der Großmütter findet ihr hinten in den beiden anderen Büchern *Selbstermächtigung* und *Unsere Liebe ist unsere Macht.*

Nachwort

»Du bist geboren, um zu lieben –
um deinen Planeten zu lieben und zu erheben.«

Ich war nun an einem Punkt angelangt, der das Ende dieses Buches zu sein schien. Es fühlte sich an, als hätte ich alles gesagt, was ich zu sagen hatte, und als hätte ich seit geraumer Zeit keine neuen Nachrichten mehr von den Großmüttern erhalten. Aber gerade als ich das Buch abschließen wollte, kam diese Botschaft. Sie kam für mich und sie kam für dich, liebe Leserin. Hier ist also das *letzte Wort* der Großmütter – zumindest für den Moment.

»**Du brauchst einen Anstoß, um dich zu bewegen, tiefer in dich selbst einzutauchen**«, sagten die Großmütter und sahen mich über die Nasenspitzen hinweg an, »**um in den Kern deines Wesens zu gelangen. Wir sehen dich und merken, dass die Welt dich ablenkt. Diese ständige Ablenkung wird dich nirgendwohin führen. Du wirst dich im Kreis drehen, wenn du weiter auf die Welt achtest, und du wirst dich verirren. Wir glauben an dich**«, sagten sie. »**Wir glauben an dich, weil wir sehen, was und wer du bist, und deshalb sind wir gekommen, um dich zu ermutigen, dein Gewahrsein nicht nach außen, sondern nach innen zu wenden. Tritt jetzt in dein Herz und rufe uns an. Wir werden dich nie im Stich lassen.**

Du bist ein großes Wesen«, sagten sie, »**und deine Geburt zu dieser Zeit war kein Zufall. Es wartet eine wichtige Aufgabe auf dich. Du wirst gebraucht, um unsere Ermächtigung in die Energie des Yin weiterzugeben – um sie an Frauen und Männer, an Jung und Alt, an Menschen jeder Rasse, jeden Glaubens und jeder Religion auf der Erde weiterzugeben. Gib sie weiter**«, riefen sie.

»**Arbeite jeden Tag mit dem strahlenden Netz aus Licht und lehre auch andere, wie man damit arbeitet. Die Arbeit mit dem Netz ist mühelos**«, erklärten die Großmütter. »**Es ist das Lichtnetz, das deinen Planeten jetzt stabil hält, es hält ihn stabil trotz der Umwälzungen und Tragödien,** die sich jeden Tag ereignen. Lass dich nicht von diesen täglichen Dramen auffressen«, sagten sie, »sondern halte, halte, halte das Netz aus Licht und sieh, wie es dich hält.

Jedes Mal, wenn du dich mit dem strahlenden Netz verbindest, wirst du stärker, und dann wird auch *das Netz* stärker – stärker, weiter reichend und heller leuchtend«, sagten sie. »Dein Herz liefert die Energie für das Lichtnetz, und es sorgt wiederum für Frieden, Kraft und Erfüllung für dich. Und jedes Mal, wenn du dich mit ihm verbindest, bietet das Lichtnetz diese Segnungen nicht nur für dich, sondern für alles, was lebt.

Dies ist eine selbstlose Arbeit, zu der wir dich berufen, und du wurdest dafür geboren. Warum, glaubst du, bist du in dieser Zeit inkarniert? Das ist der Grund«, sagten die Großmütter. »Du bist geboren, um zu lieben – um euren Planeten zu lieben und zu erheben. Wenn du dein Schicksal erfüllen willst, rufe uns an oder irgendeine Form des Göttlichen, das du liebst, und tritt dann ein in dieses gesegnete Werk. Gib unsere Botschaft von der Rückkehr der Yin-Energie weiter und halte dann das Lichtnetz, halte es, halte es. Wir bitten dich, es für dich selbst zu tun und für alles, was lebt.

Diese Arbeit ist nicht schwierig«, sagten sie, »aber sie erfordert ein bereitwilliges Herz. Rufe uns an, dann gehe in dein Herz und denke an das Netz aus Licht. Das wird dich ganz von selbst mit dem Netz verbinden, das euren Planeten umgibt und durchdringt, das jeden Aspekt der Welt im Licht hält und auch dich im Licht hält«, sagten sie. Dann hoben die Großmütter ihre Handflächen empor und sagten: »Wir segnen dich und danken dir für dein willensstarkes Herz.«

Über die Autorin

Sharon McErlane ist seit mehr als drei Jahrzehnten als Lehrerin und Psychotherapeutin tätig. Sie ist auch eine versierte Künstlerin und Gärtnerin, die in ihrem Haus eine Umgebung schafft, die für viele als sakraler Raum gilt. Sie ist verheiratet, hat zwei erwachsene Kinder und reist um die Welt, um Menschen mit der Energie des weiblichen Prinzips zu ermächtigen und ihnen beizubringen, wie sie mit dem Netz aus Licht arbeiten können.

Schlusswort der Autorin

Die Arbeit mit dem Großen Rat der Großmütter und dem Netz aus Licht wird fortgesetzt. Wann immer die Großmütter eine neue Lektion erteilen, geben wir sie weiter. Jetzt treffen sich Menschen auf der ganzen Welt, um diese Lehren zu teilen, die Ermächtigung der Großmütter in die Energie des Yin weiterzugeben und das Netz aus Licht für unseren geliebten Planeten zu wirken und zu vergrößern. Wenn die Heiligkeit, die im Herzen dieser Menschen lebt, erwacht, öffnen sie sich für ihre liebevolle Verbindung sowohl untereinander als auch mit dem Göttlichen. Auf *netoflight.org* findet ihr eine Liste der Leuchtfeuer, das sind jene, die diese Arbeit als Dienst weitergeben.

Wir wissen nicht, wohin uns die Großmütter und das Netz aus Licht als nächstes führen werden, aber die Anziehungskraft dieser »Arbeit« ist unwiderstehlich, so dass wir mit Freude dorthin gehen werden, wohin sie uns führen. Wie die Großmütter es ausdrückten: »**Es ist eine große Freude, mit uns unterwegs zu sein.**«

Sharon McErlane

Hier kann man sich zum **Neue Erde-Newsletter** anmelden:
newsletter.neueerde.de/anmeldung

NEUE ERDE im Buchhandel

Neue Erde ist ein kleiner unabhängiger Verlag, und der unabhängige Buchhandel ist unser natürlicher Partner. Wir unterstützen die Initiative »buy local«.

Sollte es Lieferschwierigkeiten bei den Büchern von NEUE ERDE geben, lassen Sie immer im VLB (Verzeichnis lieferbarer Bücher) nachsehen, im Internet unter **www.buchhandel.de**

Alle lieferbaren Titel des Verlags sind für den Buchhandel verfügbar.

Sie finden unsere Bücher auch auf unserer Homepage **www.neue-erde.de** oder in unserem Gesamtverzeichnis, welches Sie gerne hier anfordern können:

NEUE ERDE GmbH
Cecilienstr. 29 · 66111 Saarbrücken
info@neue-erde.de